MINERVA 歴史・文化ライブラリー 33

世界史とつながる日本史

紀伊半島からの視座

村井章介 監修
海津一朗
稲生　淳 編著

ミネルヴァ書房

はしがき

本書は、分類すれば紀伊半島ないし紀州の「地域史」ということになるだろう。ふつう地域史といえば、「日本」という国家を構成する一部分を切り取って、その来歴を語るものと考えられている。〈地域—日本—世界〉という階層性のなかにあって、地域史と世界史のかかわりは、日本をあいだにはさんで初めて問題となりうる。高校の歴史教科が日本史と世界史に分けられ、「地域史」は日本史のコラムとしてしか登場しないのも、そうした常識に基づいていよう。

しかし本書はその常識を徹底的に拒否するところから出発する。紀伊半島という地域は、太平洋にむけて突き出す地勢と、そこに暮らす人びとの独立不羈《ふき》の精神とがあいまって、世界と直接結びつくチャネルを豊かに育んできた。そこには、地域の視点に立って日本史と世界史との関係に眼をこらすための、豊かな素材があふれている。日本史と世界史を総合する新科目「歴史総合」を構想するという、目前の実践的課題にとって、有用なケーススタディを提供する、ということもできよう。

本書では、二六の章が六つのテーマに分けられている。通史としても読めるよう、ほぼ年代順に配列されているが、紀伊半島がおかれた位置、果たした役割の時代ごとの特徴にも配慮して、テーマ設定がなされている。

「第Ⅰ部　日本のはじまり」では、日本開闢を中国側から語り新宮周辺に色濃く残る徐福伝説（1章）と、紀ノ川河口に位置し大陸風の馬具（国宝）を出土した五～六世紀の大谷古墳（2章）がとりあげられる。さらに、仏教の伝播にかかわる話題として、八世紀に紀三井寺を開いたとされる唐僧為光が鑑真と重ねあわされ（3章）、一三世紀に宋から帰って由良に興国寺を開いた禅僧無本覚心を、径《きん》山寺《ざんじ》味噌と醤油の元祖とする説が示される（4章）。

「第Ⅱ部　宇宙の中心・高野山」では、「日本」からも独立したかのような宗教空間に焦点をあわせ、一二世紀末に宋から帰って東大寺再建の旗を振った重源が高野山に開いた「新別所」（6章）と、一三世紀の蒙古襲来で日本を守ったとされる高野山・丹生社の「神戦」（7章）に注目する。関連して、高野山等を戴く村落連合が自力救済により実現していた「神の平和」を「世界史上の例外中の例外」と位置づけ（8章）、また、一九一一年高野山奥の院に「日本・ユダヤ同祖論」を信奉する英国人女性が「大秦景教（ネストリウス派キリスト教）流行中国碑」（長安所在、八世紀）の模造碑を建てたという秘話が語られる（5章）。

「第Ⅲ部　新・大航海時代」では、一六世紀に日本に到達した西欧人が、独立国に等しい紀州惣国を恐るべき「盗賊島」とよんでいたこと（9章）、同世紀末の朝鮮侵略戦争で朝鮮側に寝返った「沙也加（可）＝金忠善」を、鉄砲であふれかえる雑賀衆の出身とする説（10章）、和歌山東照宮の「和歌祭」で朝鮮通信使をモデルとした「唐人行列」が練り歩いたこと（11章）、世界遺産の熊野参詣道とサンティアゴの道（スペイン）が、中世の宗教的熱狂を今に伝える文化的景観として賑わっていること（12章）、が語られる。

「第Ⅳ部　異国の不審船」では、近世後期～明治期の異国船出現の四事例、すなわち一七九一年アメリカの貿易船レディ・ワシントン号（13章）、一八五四年ロシアの使節船ディアナ号（14章）、一八八六年イギリスの貨物船ノルマントン号（16章）、一八九〇年オスマン朝の軍艦エルトゥールル号（17章）が紹介される。出現地は順に紀伊大島、紀州沿岸各所、熊野灘、大島沖で、うしろ二例は難破である。いずれも近代化をめざす日本に問題をつきつけた事例として、興味はつきない。関連して、一八七〇年代初頭、樫野埼（大島）・潮岬・友ヶ島の灯台建設過程を、文明開化の視点から検討する（15章）。

「第Ⅴ部　世界大戦」では、帝国主義の時代に、命がけでオーストラリアの海に潜って真珠貝を採取した紀南出身の漁民たち（19章）、近代戦争による傷病者治療で重宝されたケシの栽培を手がけ、有田・日高を日本一の産地にした起業家（20章）、軍需むけの金・銀・銅採掘に英国人捕虜を投入した旧紀和町の紀州鉱山（22章）が紹介される。また、和歌山藩士出身で二度の洋行をへて明治政府の外相となった陸奥宗光の心意気（18章）と、ゾルゲ事件発覚のきっかけを作ったアメリカ共産党員北林トモの故郷粉河における暮らしぶり（21章）という、対照的な人物像に照明があてられる。

最後の「第Ⅵ部　現代への警告」では、一八九二年ころに始まる太地からアメリカへの移民を追いつつ国際理解の課題を考え（23章）、一九一〇年紀伊大島を訪れてクジラ標本を作った米探検家アンドリュースの軌跡から近代捕鯨史をたどり（24章）、一八五四年の南海地震で有田郡広村の人びとを救った濱口梧陵の「稲むらの火」から防災の教訓をくみとり（25章）、古座で造られ一九五四年に米核実験で被曝した第五福竜丸の保存活動を通じて反核運動の方向性をさぐる（26章）。

地域が世界史とつながるとはどういうことか。私は20章を読んでいて、和歌山県でケシ栽培の普及に尽力し「阿片王」とよばれた二反長音蔵が大阪府三島郡福井村の出身で、大阪府下は江戸時代以来、製薬の中心地大坂の後背地としてケシ栽培がさかんで、近代にも和歌山・大阪が阿片生産の九八パーセントを占めた、という事実を知って、少なからず驚いた。福井をふくむ茨木市は私が一八歳まで十年ほど暮らした地だが、そんな話は初耳だったからだ。海に突き出た紀州のみならず都市部でも、思いがけないかたちで「世界史」との、生々しくかつ秘められたつながりが見いだせたのである。

また、第Ⅱ部から思い出されるのは弘法大師の「御手印縁起」だ。それによれば、八一六年に空海が賜ったとされる領域は、もともと丹生津比女・高野大明神が応神天皇から家地として賜った所で、その四至《しいし》は「東限大日本国、南限南海、西限応神山谷、北限日本川」と表記されている。ここに出る「日本《やまと》」は大和国の呼び換えにすぎないが、東隣を「大日本国」、北の境を「日本川」（実態としては紀ノ川）とあえてよぶ心性から、高野山は「日本」からも聖別された宗教空間である、との自己主張を読みとることもできよう（村井章介『日本中世境界史論』岩波書店、二〇一三年、四七～四八頁）。中世以前の紀伊半島を宗教的コンミューンとして理解しようという、本書の発想と響きあうものが感じられる。

村井章介

目次

第I部　日本のはじまり

第Ⅱ部　宇宙の中心・高野山

第Ⅲ部　新・大航海時代

第Ⅳ部　異国の不審船

第Ⅵ部　現代への警告

高野山拡大図
女人堂
南院
高野山
大伝法院（根来寺）
大門
金堂
金剛峯寺
奥之院一ノ橋
霊宝館
金剛三昧院
新別所
三重県
奈良県
尾鷲
須賀利
波田須
板屋
英国人墓地
熊野本宮大社
世界遺産センター
熊野速玉大社
徐福公園
新宮
熊野那智大社
那智滝
三輪崎
ノルマントン号の碑
那智勝浦
太地
くじらの博物館
第五福竜丸の碑
熊野灘
田並
レディ・ワシントン号停泊地
大島
潮岬灯台
紀伊大島拡大図
樫野埼灯台
トルコ記念館
エルトゥールル号
遭難海域
大島
樫野
日米修交記念館
苗我島
須江
通夜島
関係略図

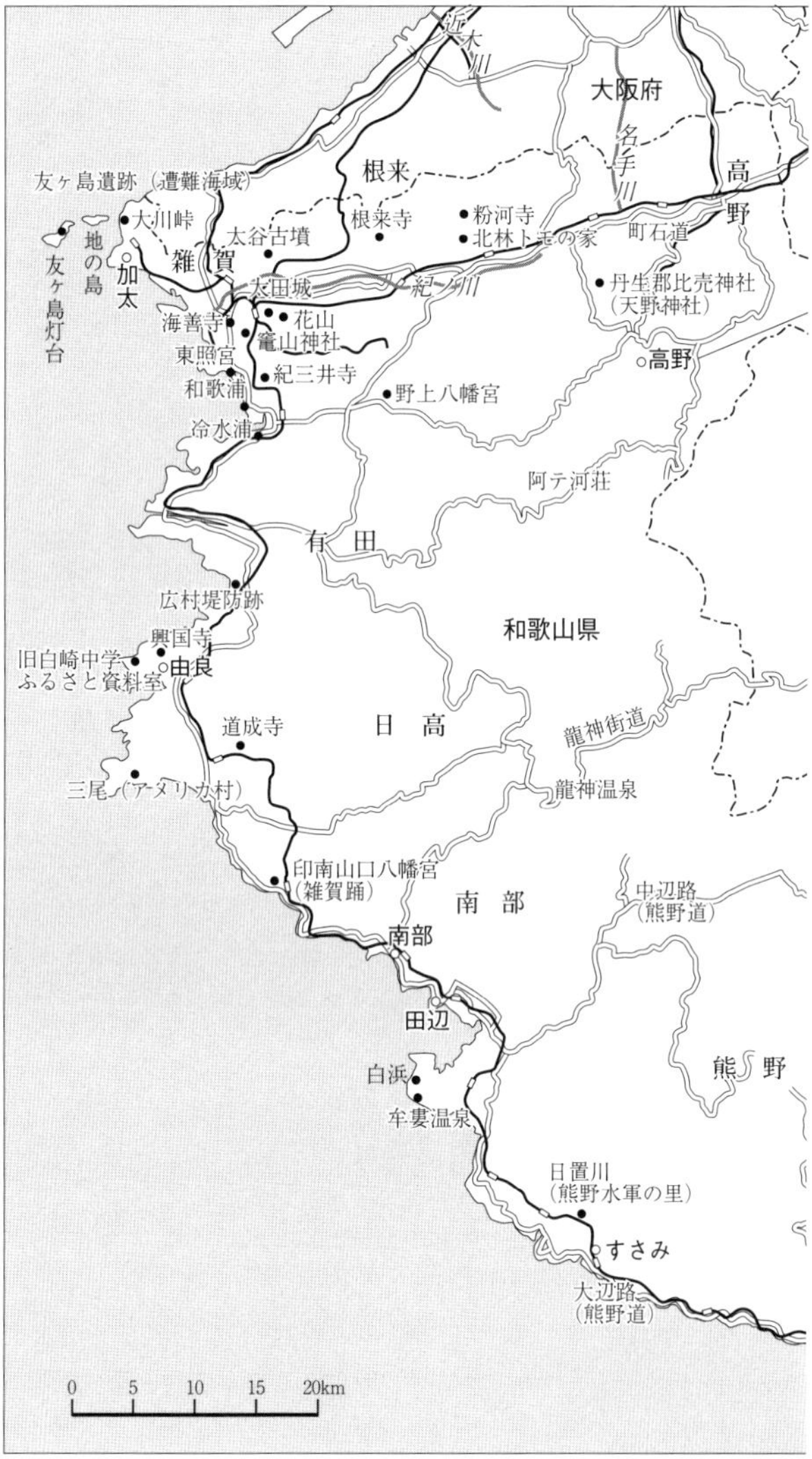
大阪府
名手川
高野
根来
友ヶ島遺跡（遭難海域）
大川峠
地の島
友ヶ島灯台
加太
雑賀
太谷古墳
根来寺
粉河寺
北林トモの家
町石道
太田城
紀ノ川
丹生都比売神社
（天野神社）
海善寺
花山
竈山神社
東照宮
和歌浦
紀三井寺
野上八幡宮
高野
冷水浦
阿テ河荘
有田
広村堤防跡
和歌山県
興国寺
旧白崎中学
ふるさと資料室
由良
道成寺
日高
龍神街道
三尾（アメリカ村）
龍神温泉
印南山口八幡宮
（雑賀踊）
南部
中辺路
（熊野道）
南部
田辺
熊野
白浜
牟婁温泉
日置川
（熊野水軍の里）
すさみ
大辺路
（熊野道）
0 5 10 15 20km

紀伊半島

序章　なぜ紀伊半島から世界史を考えるのか

海津一朗

1　紀伊半島は厄介者の「こもりく」なのか

半島と聞けば、どのようなところを連想するだろうか。津軽半島、下北半島、房総半島、伊豆半島、紀伊半島、日本海に至って能登半島など、日本列島には多くの半島がある。

半島は三方が海に囲まれた陸地のことである。英語の「ペニンシュラ」の語源も、ラテン語の「paene（ほとんど）」と「insula（島）」がくっついたもので、「ほとんど島と言ってよい」、「半ば島」という意味だそうだ。紀伊半島南部の新宮《しんぐう》に生まれた中上健次は、半島について次のように述べている。

半島とはどこでもそうであるように、冷や飯を食わされ、厄介者《やっかいもの》扱いにされてきたところでもある。

理由は簡単である。そこが、まさに半島である故。紀伊半島の紀州を旅しながら、半島の意味を考えた。朝鮮、アジア、スペイン、何やら共通するものがある。アフリカ、ラテンアメリカしかり。それを半島的状況と言ってみる（『紀州　木の国・根の国物語』）。

この本は、中上が新宮を拠点に紀伊半島各地を半年以上かけて聞き取り歩いたルポルタージュである。これに対して、『スペイン史』などの著書で知られるフランスの歴史学者ピエール・ヴィラールは、半島を次のように捉えている。

> イベリア半島は、アフリカとヨーロッパの大西洋と地中海のあいだに位置する四つ辻、出会いの場である。たしかに、へんに起伏のある四つ辻であり、ほとんど障壁ともいえるものだ。だが、出会いの場であることには変わりはなかった。そこには、はるか昔から、さまざまな人間と文明が入りこみ、対立し合い、その痕跡を残している（『スペイン史』）。

確かに、「半島」には「僻地《へきち》」「閉鎖的」といった閉ざされたイメージがあるが、それはモータリゼーションが発達した現代から見た場合であり、鉄道や自動車もない海上交通が中心だった時代においては、むしろ人や物の交流の場であった。半島は海を媒介として開かれた空間であり、そこでは現在の閉ざされたイメージとは異なる世界が展開していたのである。

2　世界に開けた「イリヤ・ドス・ラドロイス」

紀伊半島は日本列島のほぼ真ん中に位置し、太平洋に突き出た我が国最大の半島である。この地理的位置こそが、紀伊半島が日本史や世界史に様々な影響を及ぼしてきた所以《ゆえん》である。紀伊半島は標高一〇〇〇メートルから一五〇〇メートル級の紀伊山地に覆われ、陸から見れば障壁のように映るかもしれないが、海から見ると紀伊半島沖は海上交通のメインルートであり多くの人や物が海から入ってきた。古くは秦《しん》の始皇帝の命を受け不老不死の秘薬を求めてやってきた徐福、那智山を開山したと言われるインドの裸形上人、また、吉備真備が乗った遣唐使船が太地《たいじ》に漂着したとの伝承もある。

紀伊半島は、五〜六世紀頃、朝鮮半島とも通じていた。和歌山市の大谷古墳で発見された馬冑《ばちゅう》と同様のものが韓国慶尚南道釜山福泉洞一〇号墳で出土しており、朝鮮半島の進んだ技術や文化が紀伊半島に伝わり、紀ノ川を回廊として大和に伝えられていたのである。

熊野信仰も、海を通じて日本各地に伝えられた。熊野神社は北海道から沖縄まで約三〇〇〇あるが、黒潮に乗って太平洋岸各地に広まったのであろう。黒潮には、日本列島の太平洋岸を東北に流れ、熊野灘から遠州灘にかけて、黒潮本流とは逆に流れる「黒潮反流」と呼ばれる現象がある。紀伊半島から多くの人や物が九州・沖縄方面に移動したのも「黒潮反流」を利用したものと考えられている。

一一世紀後半、太平洋が航路として安定し船の往来が活発になってきたことで、紀伊半島南部の熊野沿岸に住む人々は目前に広がる海で漁労や輸送を生業にしてきた。彼らは、戦時には熊野別当《べっとう》（三山の長官）によって水軍に編成され、源平の戦いではキャスティングボートを握るなど重要な役割を演じた。また一四世紀から一六世紀にかけて、朝鮮半島沿岸や中国沿岸を荒らした倭寇《わこう》の中にも紀伊半島の海商集団が多くいた。国家に従わない海商集団の巣窟である紀伊半島は、日本政府からは「紀州惣国一揆《そうこくいっき》」と呼ばれ、イベリア半島の宣教師たちは「おおいなる悪魔の共和国」と恐れた。

一六世紀後半、「大航海時代」になると、紀伊半島と周辺海域は「イリャ・ドス・ラドロイス（I. dos ladrois）」すなわち盗賊たちの島（なわばり）と地図上に明記されるようになり、海洋独立国家として最盛期を迎えた。一五四三年、種子島《たねがしま》に漂着したポルトガル人が伝えた鉄砲は、すぐさま海を通じて紀州雑賀《さいか》に伝えられ、根来《ねごろ》や堺で製造された。種子島と紀伊半島は海を通じて交流があり、船に乗れば二日か三日で行くことができたという。中国倭寇勢力との連携の下で、大量の武器と先端技術を駆使して日本の中央政府（織豊権力）に抵抗し続けたのである（一五八五年秀吉の太田城水攻めで滅亡）。このように、どん詰まりの「こもりく」「避難所」と思われた紀伊半島は、海外とネットワークで結ばれたハブであり、その先端技術を受け入れた革新者たちの夢見る国だったのである。

3　近代の紀伊半島――その光と影

海に開かれた紀伊半島の特性は、鎖国（海禁）政策がとられた江戸時代以後にもますます重要な役割をはたしていく。日本の近代は紀伊半島にはじまる、といっても過言ではない。

一六八七（貞享四）年、紀伊大島の苗我島《みょうがしま》にルソンの船が漂着、また、一七八九（寛政元）年には中国船も津荷浦《つがうら》（串本町津荷）に漂着した。アメリカ船が最初にやってきたのも紀伊半島であった。一七九一（寛政三）年、アメリカ商船レディ・ワシントン号とグレイス号が大島近海に寄港し、一一日間滞留した後、立ち去った。ペリー来航の六二年前のことである。日本側の史料には「風浪のために漂着した」とあるが、アメリカ側の史料では「ラッコの毛皮を売る目的で日本の南の港に入港した」とあり、日米の出会いは紀伊半島からはじまったのである。

一七五八（安政五）年、安政の五カ国条約によって日本が開国すると、多くの外国船が来航した。横浜には二〇〇〜三〇〇隻、神戸や長崎にはそれぞれ一七〇隻が来航したと言われている。当時、横浜に向かう外国船にとって、紀伊半島沖は「遭難海岸」と呼ばれたほど、海難事故多発地帯であり、諸外国が光力の強い洋式灯台の建設を求めた際、イギリス人技師ブラントンによって、真っ先に大島と潮岬に灯台が建設された。しかしながら、遭難事故は無くなることはなかった。

一八八六年一〇月、イギリス貨物船ノルマントン号が熊野灘で沈没した。日本人乗客全員とアジア系の船員が溺死したにもかかわらず、船長はじめイギリス人の多くが助かった。神戸で行われた海難審判の結果、船長が無罪となったことに、日本人の多くが憤慨し、不平等条約の撤廃を叫んだ。続いて、一八九〇年九月、大島沖でトルコ軍艦エルトゥールル号が沈没し六〇〇人以上の犠牲者を出した。東・西アジアの立憲国家（日本とトルコ）同士の悲劇的な接触は、その後、欧米列強に仲間入りしようとして破滅するという大日本帝国の運命を象徴する事件であった。

紀伊半島は、多くの移民を送り出したことでも知られ、人と人のネットワークを介して海外の文化や思想がもたらされた。和歌山県日高郡美浜町三尾や東牟婁郡串本町田並は、アメリカ村とも呼ばれてきた。明治末年、民主主義の伝統が根づいていた新宮市では大逆《たいぎゃく》事件が発生した。アジア太平洋戦争のもと、政府による思想弾圧によって日本国内の諸組織が解体される中で、紀伊半島には最後まで革新思想の根が息づいた。アメリカ共産党の関係者だった斎藤トモが一九四一年に婚家の粉河《こかわ》北林家で検挙され、二〇世紀最大の国際スパイ事件の主謀者たるゾルゲ諜報団の存在が明らかになった。海外に開けた紀伊半島の地には、国家権力に対する反逆者たちが潜伏できる要素が多く残っており、粉河騒動、大逆事件、ゾルゲ事件など近代日本の変革を主導していた。

そのような伝統は、たとえば秀吉政権の征明事業（文禄・慶長の役）に対する反逆者「沙也可《さやか》」（金忠善）を、紀州人であると我田引水気味に宣伝するという歴史意識にも通底している。日本のどこをみても、降倭《こうわ》「沙也可」を礼賛して観光資源とするようなところは和歌山県のみである。

4　第二回世界半島会議——那智勝浦町（一九九九年）

一九九九年、紀伊半島南部の那智勝浦町で第二回世界半島会議が開催された。世界半島会議は、日本政府が半島地域の歴史や文化を生かした先進的な取組みを行っている国内外の団体に呼びかけて始まったもので、第一回は伊豆半島の下田で開催された。第二回世界半島会議に参加したのは、コーンウォール半島（イギリス）、ケープコッド半島（アメリカ）、ヨーク半島（カナダ）、ブルース半島（オーストラリア）と、国内からは、国東《くにさき》半島の大分県杵築市、紀伊半島の三重県熊野市、奈良県吉野町、和歌山県新宮市であり、会議ではそれぞれの半島が抱える諸事情についての報告と二一世紀に向けた半島振興への取組みについての提言がなされた。

ここに集った地域は、多く共通する歴史をもつ。たとえばイギリス南端のコーンウォール半島と紀伊半島には、長いリアス式海岸があり、天然の良港が多く、漁業や貿易に従事する船の停泊地として賑わった歴史が共通する。海上交通のメインルートであることや、都から遠く離れた僻遠の地で、官憲の目が届かないことなどから、海が荒れた日などには難破船への略奪行為も繰り返されていた。

会議の中で、コーンウォール半島の代表スチュアート・スミス氏（アイアンブリッジ博物館長）は、自らの報告を次のように締めくくった。

半島に住む人々というのは、やはり国の他の地域の人とはかなり違うわけです。たとえば、コーンウォールの住民でもロンドンへ行ったことがなくても、サンフランシスコで仕事をしたという人たちがいるのです。内陸に目を向けるのではなく、むしろ、世界に目を向けるというのが半島の人々の特徴だと思います。半島の歴史・文化を考える場合、このような世界的広がりやつながりの中で評価していくことも重要だと言えます。

この会議で明らかなように、外部世界との交流の窓口である半島には、現代社会の抱える諸問題が先鋭的に現れてくる。過疎化にともなう外国人労働者の受け入れと難民の流入、原発・基地誘致計画、文化財の拉致被害問題などである。加えて、日本列島の東西の要に位置する紀伊半島では、伝統的な生業であるクジラ（含イルカ）漁に対する「国際的」な非難と圧力、南海トラフ巨大地震の体験と危機なども加わってくる。特に、捕鯨問題については、映画「ザ・コーヴ」（二〇〇九年公開）が太地のイルカ漁の残虐さを指弾して以後、声高な日本バッシングがくりかえされている。欧米「文明」対日本「伝統」という単線的な対立の図式に陥ることのないようにするための工夫が求められる。本書の23・24章はその一例で、世界史の視座から複眼的に論じている。まさしく現代世界の矛盾を知る縮図が紀伊半島なのである。

5　あたらしい歴史学・観光学の可能性

以上のような紀伊半島の世界史につながる特色を、できるだけ包括的に提示することはできないだろうか。一見、小さな地域の歴史と思っていた事象が、紀伊半島の場合、世界につながる広がりをもった事件であることが多々ある。紀伊半島の学校教育現場や博物館・研究現場で真摯に学ぶものは、たいていそのような経験をしている。本書では、若い柔軟な世代に呼びかけて、「紀伊半島から考える世界史研究会」を組織して、六つのテーマに分けて項目編成した。日本国の成立、中世の宗教、近代の幕開け、海難と外交、戦争と外交、現代への警鐘である。テーマごとではあるが、おおむね時代順に並んでおり、通史的な日本史・世界史の叙述としても工夫したつもりだ。

高等学校の新学習指導要領では、新科目として「歴史総合」「地理総合」が必修科目となる（二〇二二年施行）。日本史・世界史という個別の科目として捉えるのではなく、横断的・総合的に近代社会を考える視座を身につける科目なのだという。日本史と世界史の総合とは、言うは易くして至難の課題に思える。だが、紀伊半島のように、地域の中の素材から世界史を学ぶことのできる所こそ、日本史と世界史の懸け橋に他ならない。日本の変革期は紀伊半島から始まる。世界史につながる日本史は、紀伊半島でならば学べる、紀伊半島でしか学べない、と言えるかもしれない。

このような紀伊半島の特色は、「観光立県」をめざす行政にとっても有利な条件といえよう。和歌山県には「観光マインド」にあふれた研究者・教育者が求められており、国立大学和歌山大学には観光学を専門とする学部もできた。世界に通用する広やかな視野から歴史学・観光学を身につけるため、本書が全国の教育現場で活用されることを切に望みたい。

第Ⅰ部　日本のはじまり

第1章　徐福伝説が紀伊半島にもたらしたもの

塩﨑　誠

1　新宮の徐福公園

ＪＲ新宮駅中央口前に、中国風の楼門がよく目立つ徐福公園がある。そこには徐福の墓、徐福関連の土産やチャイナドレスのレンタルが可能な売店がみられる。なぜ和歌山県新宮市にこのような徐福公園があるのだろうか。それはこの地に徐福伝説が残っているためである。その徐福伝説とはどのようなものかを論じていく。

徐福伝説とは、今から約二二〇〇年前に方士（仙術を扱える者）の徐福が秦の始皇帝の命を受け、不老不死の仙薬を求めて蓬萊《ほうらい》の国へ赴くが、秦へ帰ってくることはなかったというものである。帰らなかった理由として、平原広沢《へいげんこうたく》の王となった、始皇帝をだましたため帰ることができなかったなど諸説あるが、この理由を論証することは難しい。現時点では、徐福に関する記述は伝説的ニュアンスで書かれているが、一九八二年に江蘇省で徐福村が発見されたため、徐福の存在は史実だろうということにとどめられる。次に問題として挙げられるのが徐福伝説に関する歴史叙述の変遷であり、特に徐福の渡来地についてである。徐福伝説に関する歴史叙述は一貫したものではなく、時代によってその内容に違いがみられる。中国・日本における様々な文献資料と先行研究から、その歴史叙述の変遷をみていこう。

2　徐福伝説をめぐる歴史叙述の変遷

図１-１　徐福公園
出典：筆者撮影。

まず徐福に関する記述の初見は、前漢時代の司馬遷が著した『史記』の中の「秦始皇本紀第六」である。『史記』は信憑性が非常に高い歴史書としても有名であるが、そこでは「海中に三神山有り、名づけて蓬莱・方丈《ほうじょう》・瀛洲《えいしゅう》と曰い、僊人《せんにん》これに居る」ため、「斎戒《さいかい》し、童男女」とともに仙薬を求めて参りましょうと徐福は上書し、始皇帝はそれに応じる。しかし、徐福は仙薬を持って帰ってくる様子がなく、徐福の言葉は偽りであったと噂されるが、渡海から九年後に徐福は帰ってきて、「常に大鮫魚《だいこうぎょ》に苦しめられる。故に至ることを得ざりき」と弁

図1－2　徐福公園内の徐福像
出典：筆者撮影。

明し、その「大鮫魚」を「連弩《れんど》」で退治したいと願い出る。始皇帝は夢占い師にも勧められたため、要望通りの道具を徐福に与えた。そして始皇帝自らも「大鮫魚」を射止めようと海岸へ進んだといわれるが、病に伏し仙薬を得ずこの世を去ることとなる。

『史記』の中の「淮南衡山《わいなんこうざん》列伝第五八」の伍被《ごひ》の供述でも、徐福に関する記述はみられる。そこで登場する海中の大神は、「令名の男子および振女（＝童女）と百工（＝各種職人）の事とを以てせば、即ち之（仙薬のこと）を得ん」と徐福に言い、それを聞いた始皇帝は大喜びして、「振男女（＝童男童女）三千人」「五穀の種と百工」を用意して徐福を海中の大神へ再び遣わした。しかし、徐福は航海の途中で「平原広沢」を得て、そこに留まり王となって帰ってこなかったというものである。秦始皇本紀第六に比べると、神の登場など物語・伝説的要素が強くなっているが、少なくともこの時点では日本に徐福が来たという記述はみられない。また、中国における正史（『漢書』「郊祀志《こうしし》第五下」、『漢書』「蒯伍江息夫伝《かいごこうそくふ》」、『三国志』「呉書」、『後漢書』「東夷列伝」など）では徐福に関する記述は登場し続けるが、そこでの大きな変化はみられず、日本に渡来したという記述も同様にみられない。

しかし、唐の頃に唐詩では違う徐福像が描かれ始めた。唐（七〇〇年代）の頃に活躍した李白の

「古風五九首」（其三）や白楽天の「新楽府五十首」（其四）などの中で徐福を登場させており、徐福、そして彼が連れてきた童男童女を舟の中で老いさせている。これは、始皇帝を非難するためにこのような話になったと考えられる。

また、唐の頃、徐福を朝鮮半島の新羅国と結びつける詩も登場する。それが唐の顧況《こきょう》の「送従兄使新羅」である。ここでは従兄が新羅使として赴任するのを見送りながら、徐福が迎えてくれるかもしれないと詠んでいる。徐福と新羅を結びつけているものは、日本の『唐鏡』第二「求蓬莱事」の中でもみられるが、数多くはみられない。

日本では、徐福伝説についてどうだったのだろうか。諸説あるが、徐福伝説が日本で初めて書かれたのは、『宇津保物語』（九八〇年）である。ここでも李白・白楽天の詩と同様に、徐福と童男童女は舟の中で老い、蓬莱にたどり着くことができなかったというものである。この後、『竹取物語』、『紫式部日記』、『今昔物語』などでも書かれることとなり、様々な徐福像が登場する。しかし、日本の正史で徐福伝説に関する記述はみられない。

中国資料の中で徐福に関する記述に大きな違いが出たのが、五代の後周の斉州開元寺の僧、義楚《ぎそ》が著した『義楚六帖』「国城州市部」第四三である。『義楚六帖』は、九五八（顕徳五）年日本にいる僧からの聞き取り方式で形成されたものであり、そこでは日本は秦の頃に徐福が訪れた地であり、徐福は蓬莱の地に止まり、今では子孫が皆秦氏と名乗っていると書かれている。聞き取りという形式であるということは、このときすでに日本では徐福渡来地＝日本とする考えがあったということである。

八〇五（永貞元）年、空海が日本へ帰国する際の宴で、鴻漸《こうぜん》が詠んだ詩「奉送日本国使空海上人橘秀才朝献後却還」の中で、徐福を出して空海の帰国を悲しんでいる。高橋良行氏は唐で徐福の渡来地＝日本とする考えがあったと述べているが、これにのっとるならば、日本で初めて徐福渡来地＝日本としたのではなく、中国で徐福渡来地＝日本とした可能性が非常に高い（高橋良行「唐詩における徐福」上）。また、その後中国では様々な文献で徐福が日本に渡来したという記述がみられるようになっていく。

七〇〇～九〇〇年代にかけて、徐福伝説に関する歴史叙述に大きな変化がみられるが、特に八〇〇年代には徐福渡来地＝日本が登場した。どうしてなのだろうか。推測の域を出ないが、当時の唐の状況が影響しているのではないだろうか。七〇〇年代より唐の社会では貧富の差が開く一方で、安史の乱といった内乱の勃発、周辺民族の侵入などによる唐の領土縮小など様々な国難が起こっていく。最終的に唐は一〇世紀のはじめに滅亡することとなるが、この国難を乗り越えるためにまず重要になるのは外交関係である。日本とは古来より関係が深いことを主張して、関係を悪化させないようにしていた（もしくは支援をうけようとしていた）のではないか、ということをひとまずここで述べておく。

3　紀伊半島における徐福伝説

次に課題となるのが、徐福は日本に渡来したとするならば、日本のどの地に渡来したかということである。日本には、徐福渡来地と称される箇所は全国各地に二〇カ所以上存在し（図１－３参照）、中国・朝鮮も含めるとその数は四〇カ所以上となる。その中でも注目したいのが、紀伊半島南部に位置する和歌山県新宮市・三重県熊野市波田須町（両地は古来熊野といわれる地域）である。熊野に徐福が渡来したという初見は、無学祖元の詩「徐福祠献香詞」であり、次に示す。

献香於紀州熊野霊祠

先生薬を採りて　未だ曽て回らず　故国の関河　幾塵埃

今日一香聊か遠きに寄す　老僧亦た秦を避けて来ると為す

山口泰郎氏によると、この詩は一二八一年から一二八四年頃に詠まれたものであり、無学は幼少期徐福が船出したと伝えられる舟山列島（岳山島）の近くに住んでいたため、徐福の日本渡来のことを知っていたと推測している（山口泰郎「熊野新宮における徐福関連の詩碑について」）。先述したとおり、中国では徐福の日本渡来という考えは浸透しており、無学もそれを知っていたため熊野の地にきてこのような詩を詠んだのではないかと考えられる。また、日本の僧絶海中津《ぜっかいちゅうしん》も明の太祖に謁見の際、熊野の徐福祠の話をしている。日本でもおそらくすでに徐福渡来の地＝日本と捉えていたのだろう。この後、熊野の地と徐福を結びつける記述は散見されており、徐福渡来の地を特定したのは熊野が最古であると述べる研究者もいる。

紀伊半島と徐福伝説が結びついたのはなぜだろうか。三石学氏は熊野で漂着伝説が多くみられるの

図1-3　主な徐福渡来地

は、黒潮という海流の存在が大きく、徐福伝説もその漂着伝説の一つとして紀伊半島にきたのではないかと述べている（三石学「熊野の漂着神と徐福信仰」）。確かに、徐福伝説がみられる他地域も沿岸部で黒潮・日本海流などの影響を受けやすい場所である。また、熊野という地域は『日本書紀』によると不老不死の常世への近道とされており、その常世は蓬萊山であると信じられていた。中国の常世信仰と日本の常世信仰は違うものであり、同一にみてはならず、徐福伝説は沿岸部なら派生しやすかったと述べている。このように紀伊半島という地理的位置、常世信仰などが影響して徐福渡来の地とみられた。この他に有力となる根拠はみられず、今後の研究進展を期待したい。

徐福はただ日本に渡来したわけではなく、様々な文化をもたらした「殖産の神」と崇められている場合が多い。例えば、紀伊半島に伝えられた文化としては農耕、捕鯨といった漁法、徐福紙、医薬品などが挙げられる。また、他地域では機織り、造船、製鉄なども伝えられたと言われており、特に佐賀県佐賀市では、徐福伝説と農耕伝来の関連性を密接に捉えることで徐福渡来の地とみている。まさに、徐福は日本に多くの文化をもたらした存在と捉えることができるだろう。

和歌山県新宮市と三重県熊野市波田須町における徐福伝説に関する史跡等を紹介しておきたい。和歌山県新宮市には、室町末期よりすでに徐福の墓が存在したとされており、徐福の碑には一八〇〇年代に仁井田好古《にいだこうこ》が書いた文が残っている。碑文は長文のため割愛するが、徐福についてと碑文を作った背景について書かれている。また、丹鶴城跡の東には蓬萊山という山がそびえたち、弥生時代の住居があったとされる阿須賀神社の小さな祠には徐福に関する碑文が元々あったと考えられている。

図 1-4　徐福公園内の徐福の墓
出典：筆者撮影。

三重県熊野市波田須町にも徐福の祠と墓がみられ、波田須は昔「秦住」・「秦栖」とも呼ばれていた。新井白石の『同文通考』にも徐福の一行が波田須に上陸し、その後新宮へ移ったと書かれている。他には、昭和三〇年代において秦の時代に鋳造された大型半両銭の大量発見、橘南谿《たちばななんけい》が徐福について詠んだ五言絶句が刻まれた文字岩などが存在する。

図1－5　波田須町で伝えられる徐福上陸地
出典：筆者撮影。

4　現在につなぐ紀伊半島の徐福伝説

徐福伝説に関する歴史叙述の変遷・徐福伝説の紀伊半島渡来に関わる事象を論じてきた。最後に、徐福伝説を通じて何を学ぶことができるのか述べる。

徐福伝説は農耕といった中国の技術や文化だけを伝えたと捉えるのではなく、徐福伝説が伝えたモノをもっと広く捉えるべきと考える。二〇一六年七月五日の『紀南新聞』において、新宮徐福協会理事長の仲田恵子氏が中国の徐福研究所より日頃の徐福伝説研究とその社会への還元に対して感謝状を受けたという記事が掲載された。この徐福伝説研究は理事長の義理の父の頃より続けられてきたことであり、その功績が徐福研究所に認められたということは非常に喜ばしいことである。また、この徐福研究を通じて華僑との交流が深まったと仲田さんは述べている。二〇一七年三月一日の『紀南新聞』では、八丈島における徐福伝説についての講演会が新宮市で開催されたと記載されている。古来の伝承が現在でも地域間（あるいは世界各国間）の深いつながりをもたらしているということが、大変意義深いものではないだろうか。日中・日朝関係の悪化が様々なメディアで取り上げられているが、現在一部の人たちにより日中韓合同で徐福伝説に関する遺跡等の世界遺産登録を目指す動きがみられるそうである。徐福伝説という一つの事象を通じて、各地域はつながり、研究の深化等に向けて努力している現実を知っておく必要がある。

徐福伝説は紀伊半島にただ中国の技術や文化を伝えたわけではなく、過去・現在における世界・地域とのつながりをもたらしたものと捉えることができる。まさに紀伊半島における徐福伝説は、過去・現在における世界と紀伊半島とのつながりを知ることができる。

参考文献

安志敏ほか『日中合同シンポジウム　徐福伝説を探る』小学館、一九九〇年。

王妙発「不老不死伝説徐福――和歌山に来たのか」東悦子等編『わかやまを学ぶ　紀州地域学　初歩の初歩』清文堂、二〇一七年。

尾形勇ほか『中国の歴史一二　日本にとって中国とは何か』講談社、二〇〇五年。

奥野利雄『ロマンの人・徐福』学研奥野図書、一九九一年。

熊野市史編さん委員会編『熊野市史』上、熊野市教育委員会、一九八三年。

新宮市史編さん委員会編『新宮市史』新宮市教育委員会、一九七二年。

高橋良行「唐詩における徐福」（上）『早稲田大学教育学部学術研究　外国語・外国文学編』四三、一九九五年。

三石学「熊野の漂着神と徐福信仰」谷川健一編『海の熊野』森話社、二〇一一年。

山口泰郎「熊野新宮における徐福関連の詩碑について」徐福フォーラムin神奈川実行委員会『日本中国国交正常化三十五周年徐福フォーラムin神奈川資料集』二〇〇七年。

逵志保『徐福伝説考——「徐福渡来説」の謎を追う』一季出版、一九九一年。

逵志保『徐福論——いまを生きる伝説』新典社、二〇〇四年。

第2章　大谷古墳にみる古墳文化の国際性

福田光男

1　大谷古墳の発見

「昭和三二年（一九五七）一二月一八日（水曜日）、いよいよ石棺《せっかん》の蓋が開く日。読経《どきょう》があり、今まさに石棺の蓋が開く時である。『ギーッ』という音とともに蓋石が機械で開いていく。蓋石が取り除かれると、多数の人々は一斉に中に見入った。中に塗られた朱色がより一層鮮やかに輝いたのである」。『大谷古墳発掘調査日誌』に記述された大谷古墳発見の瞬間である。和歌山市楠見の大谷に所在し、紀ノ川の河口部北岸の晒山《さらしやま》古墳群の一つで和泉山脈の一支脈の突端、標高五〇メートルの小山にある全長七〇メートルの前方後円墳である。墳丘の裾をめぐり円筒埴輪《はにわ》列も見られた。後円部の頂上を掘って置かれた石棺は、長さ約三メートル、幅、高さとも約一・四メートルの組合式石棺で（蓋は家《いえ》形《がた》、身は長持形）、底石は、長さ二・七メートル、幅一・四メートル、厚さ一八センチメートルもある

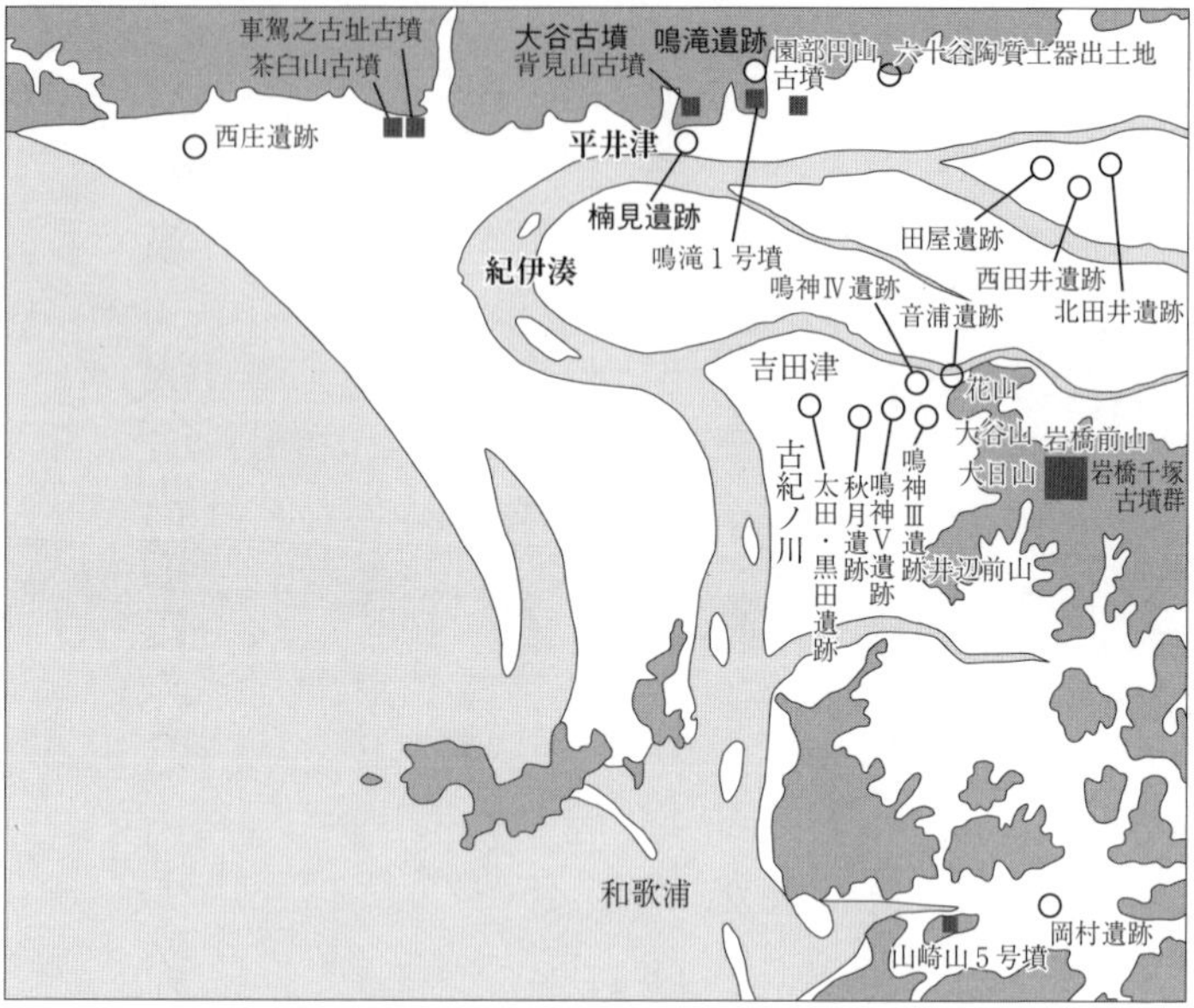

図２－１　紀ノ川河口付近の地形（1500～1100年前頃）と古墳時代の主要遺跡分布図

出典：日下雅義氏作成の地形図（和歌山市立博物館所蔵）をもとに一部筆者修正。

巨石で造られている。副葬品などから、五世紀末から六世紀初の造営と思われる。この古墳の出土品は、これまでの日本史の常識を変えた。

二〇一七年九月「中世の紀州地域と東アジア海域史」と題するシンポジウムが行われ、九州福岡の考古学者桃崎祐輔氏（福岡大学）が、この大谷古墳の出土品について報告した。馬は古代の王のシンボルであるが、ここからは轡《くつわ》、引手《ひきて》、手綱《たづな》、鏡板《かがみいた》（馬の頬の飾り板）、鞍《くら》などの馬具がほぼ完全なセットで出土した。これらは、青銅製の文様板に別作りの鈴を取り付けるという手の込んだ作りで、とても当時の倭国《わこく》の技術では作れないという。これらは朝鮮半島の伽耶国《かやこく》の古墳に類似しており、紀伊《きい》湊《みなと》を通して、倭国と伽耶国が文化交流していることを立証する。だが桃崎氏はさらにその文様版のデザイン「唐草文様」に注目した。このように尖った花弁が扇のように広がった唐草文は、パルメットと呼ばれ、古代のアッシリア人が、しゅろ（パルム）の木の葉を図案化したものだ。一体なぜ、西洋風の唐草文が、大谷古墳の馬具に表現されているのだろうか。桃崎氏は、中国山西省大同の雲崗石窟《うんこうせっくつ》に、大谷古墳の馬具とほぼ同時期のパルメットを確認し、アレクサンダー大王のペルシア・インド遠征（紀元前三二六）で、西洋の唐草文がインドに広まったものと想定した。つまり、紀伊半島には仏教の伝来よりはるか以前に、仏教文化が入り込んでいたことになる。

図2－2　大谷古墳
（和歌山市立博物館所蔵）

図2－3　鈴付剣菱形杏葉《ぎょうよう》
（重要文化財，文化庁保管）

それを立証したのが、大谷古墳から出土した金剛宝座《こんごうほうざ》のパルメット文様の馬具であった。桃崎氏は「紀州は最初から、釈迦《しゃか》成道《じょうどう》の地につながっていたのである」と強調した。

2　朝鮮とのつながり・インドへの道

このように、五世紀後半・六世紀初めの紀伊半島、紀ノ川の河口部には、朝鮮半島、中国、インドにつながる文化交流の太いパイプが存在していた。私たちは日本列島を島国として孤立して考えてしまいがちだが、少なくとも紀伊半島の権力者たちは、中央アジア・南アジアをまたにかけた文化圏の中で生きていたのである。

馬冑《ばちゅう》が発見されたのは、国内で大谷古墳が初めてであった。これは、馬の顔の上半部を覆うようにつくられた面覆い部、その後端に垂直に立てた庇、両側に垂下する頬当の三部分からなっている。全長は五二センチメートル、最大幅二四・五センチメートルで、目の所に孔二カ所を開けている。眉間板は前後からなり、左右の側板に上重ねされる。眉間板後端中央にはU形の抉り込みを入れる。頬当部は左右各一枚からなる（図2-4）。発見当時は大変な話題になっており、朝鮮半島の出土事例と比較検討がなされた（後、いくつかの古墳から発見されている）。現在、国宝として、東京上野の東京国立博物館に一式展示されている。

発掘調査報告書『大谷古墳』には結論でつぎのように述べられている。

応神から雄略にかけての時期は、わが国の勢力が南朝鮮に及び、北方の高句麗と相対して最も活動的に経営のことが行われていたときであり、一方倭の五王が南朝の東晋や宋と交渉を結んだ時期でもある。かくて、この地に勢力をはっていた紀氏は武将として誉たかく、朝鮮出兵にもたびたびしたがった。しかも一方この一族は大和朝廷とも関係の深い家柄である。この豪華な副葬品を蔵した本墳の主人公を、この紀氏一門に推定することはかならずしも無稽のことでないように思えるのである。

この報告書は一九六〇年代の調査水準によるものであり、先に桃崎氏の提起で見た通り、いまではははるかに広大な文化交流が想定されているのである。

図2－4　馬冑（重要文化財，文化庁保管）

3　紀伊湊と当時の東アジア情勢

大谷古墳を中心に地理的に考えると、西側に木ノ本の釜山古墳、金の勾玉《まがたま》で注目された車駕之古址《しゃかのこし》古墳、貴志の高塚古墳、東側に雨ケ谷《あまがたに》古墳群、鳴滝古墳群、六十谷《むそた》古墳群等の古墳そして、大谷古墳の南には朝鮮半島や中国大陸との関係があると考えられる楠見遺跡が見られる。また、この辺りには、国際的交易のあった平井の津があったのである。

さらに、東側には、巨大な木造倉庫群も発見されている。一辺一〇メートル四方の高床式倉庫が七棟も発見されているのである。発見された当時は、「古代の謎」「山城か、米倉か」と騒がれた鳴滝遺跡である。この木造倉庫群は、大和朝廷《やまとちょうてい》（ヤマト王権）の朝鮮への拠点であったと考えられる。船出をするための準備のための物資が置かれていたのであろう。また、中国大陸や朝鮮半島から帰ってきた船から降ろされた荷物を置く倉庫であったであろうと考えられる。

図2-5　鳴滝遺跡
（上：遺構面〈発掘当時〉　下：復元レプリカ）
出典：（上）和歌山県教育委員会提供，（下）和歌山県立紀伊風土記の丘提供。

当時の紀ノ川河口は、『古事記』や『日本書紀』で「紀伊水門《みなと》」（紀伊湊）と記された古代の交通の要所である。大和朝廷にとって、西へ向かうためには必要な場所であったのである。

『日本書紀』巻第九、神功摂政元年二月条には

神功《じんぐう》皇后が、朝鮮半島（新羅《しらぎ》）への遠征への帰路、忍熊《おしくま》王たちの反逆を聞き、武内宿禰《たけのうちのすくね》に命じて、皇子（応神）をいだいて、迂回して南海より出発して、紀伊水門に泊らせた

という記述がある。

神功は存在しない架空の人物であるが（斉明《さいめい》天皇の事績を仮託するカ）、紀ノ川河口に軍事拠点の要港があったことが推測される。

この紀伊水門は、現在の和歌山の北・南港のように海に向かって開いている港ではなく、紀ノ川河口に近い内陸部に川港として位置づけられていたようである。これらのことから、記紀神話の想定した時代において、海からの船と川を上る舟とを結ぶ基地として紀ノ川河口部が重要な意味をもっていたことがわかる。なお、当時は紀ノ川の流れは現在と異なり、和歌浦に流れ込んでいたとされていて、河口部近くで大きく曲がり深く海に注いでいたようである（図2-1参照）。

4　世界に目を向けた紀ノ川の王

以上のように考えてくると、被葬者は、紀ノ川の河口付近を本拠地とし、中央でも活躍した紀臣氏《きのおみうじ》の一人で、同時に朝鮮半島でも活躍した武人ではなかったろうか。この紀ノ川の下流域には、武具、馬甲から考えて、特に大陸文化の影響を強く身につけた豪族がいたことが知られている。再び『日本書紀』の中からその手がかりを見てみよう。

まず第一に神代《かみよ》の物語では、紀伊国の主要な産物である樹木に関するものが多い。素戔嗚《すさのお》尊の子五十猛《いたける》の命《みこと》は大八洲国《おおやしまぐに》に植樹したが、その神の所在は紀伊国であった。紀伊国は木の国ともよばれ、木材の産地としての歴史は古いものがある。

第二に、神武《じんむ》以後応神《おうじん》頃までの記事では、紀伊国は位置情報が不正確で、人物との関係で記されるのみである。五瀬命《いつせのみこと》が竈山《かまやま》神社に葬られたり、景行期には、天皇の命により紀伊国の神々を祭るために派遣された屋主忍男武雄心命《やぬしおしおたけおごころのみこと》が、紀直《きのあたえ》の遠祖菟道彦《うじひこ》の娘影媛《かげひめ》を娶り武内宿禰を生むとある。また、応神天皇の王女に紀之菟野皇女《きのうののひめみこ》の名があるなど、紀氏と大和朝廷との婚姻関係を類推させるものがある。

第三として、応神以後は紀氏を名乗る人物がかなり登場してくる。武内宿禰、その子紀角《きのつのの》宿禰、雄略朝には、朝鮮における日本勢力挽回のための遠征軍の将にも紀氏が起用されている。ことに紀角宿禰の孫紀小弓《おゆみ》、その子紀大磐《おおいわ》宿禰は朝鮮半島との関連で登場してくる。彼らが騎馬をつかっていたことも知られており、本古墳の被葬者を考える上でとても興味深い。

5　大陸文化への窓口として

大谷古墳の出土遺物のもつ素晴らしさとともに、古墳時代の和歌山が海外への船出の拠点であったこと、大和朝廷にとって重要な場所であったこと等をみてきた。当地から多数の豪族や人々が朝鮮半島と往来していたものと推定されるが、紀伊の水軍の本拠地でもあり、紀ノ川から河川につながる河川交通と海上交通の接点として、国内統一に果たした役割は多大で大陸文化への窓口となっていたのは注目すべきことである。

さらに、大谷古墳の造営の技術、当時の石工や鉄工の技術が進んでいること、金属工芸の粋をつくしたあの貴重な副葬品からは、古墳文化の国際性が見出せる。冒頭で見たように、馬具のパルメット文様は、アレクサンダーの遠征軍がインド・マウリア朝にもたらし、中国・朝鮮半島をへて紀伊半島にもたらされた。それが列島全土に広がっていったのである。七世紀の日本国の成立はこのような古墳文化の広がりの中で捉えられる。

大谷古墳、和泉山脈上に築かれた数々の遺跡、そして紀伊湊の存在は、古代世界史へのロマンをかきたてるものである。

参考文献

井上光貞監訳『日本書紀』Ⅰ・Ⅱ・Ⅲ、中央公論新社、二〇〇三年。
京都大学文学部考古学研究室『大谷古墳』和歌山市教育委員会、一九五九年。
『大谷古墳とその遺物』和歌山市立博物館、二〇〇〇年。
『紀伊大谷古墳』和歌山市立博物館　一九九二年。
『和歌山市　楠見郷土誌』楠見公民館、二〇〇〇年。

第3章　紀三井寺の開基・唐僧為光と「天平の甍」

海津一朗

1　日中平和友好条約の碑

紀州では空海、文覚《もんがく》、覚鑁《かくばん》、明恵《みょうえ》、覚心《かくしん》など個性的な宗教者たちが活躍して、一六世紀・中世終期になると「紀州惣国《そうこく》」という宗教共和国連合が成立する（本書第9章参照）。このような綺羅星の如き巨人たちの中で、紀三井寺の為光《いこう》ほどに破天荒で劇的な生涯を送った人はなかろう。海に開かれた紀州の礎を作った「外国人」の物語を紐解いていこう。

紀三井寺は、和歌山市の名草山の中腹、国の名勝にも指定された景勝地・和歌浦を一望できるところにある。救世観音宗総本山の寺で、正式名称は紀三井山金剛宝寺という。本尊は木造十一面観世音立像（国重文）で、西国三十三カ所観音霊場の二番札所《ふだしょ》の大寺である。今日では桜の名所として名高い。中世までは和歌浦天満宮や玉津島宮とならんで、紀伊一宮日前国懸《ひのくまくにかかす》社（所謂日前宮《にちぜんぐう》）の守護末寺

図3－1　札所の為光（威光上人）像（西国三十三所順礼元祖十三人御影像〈部分〉大橋直義氏蔵）

として雑賀《さいか》の国の首都圏の一角を担っていた。

境内の鐘楼のうしろあたり、「中日友好千年萬年」と刻まれた石碑がある（図3－2）。これは一九七八年に日中平和友好条約が締結されたことを記念して、和歌山県の日中友好協会に贈呈された書を基に翌一九七九年に建立された記念碑である。裏に刻まれた「由来書」には次のように書かれている。

一九七八年十月、宿願の、日中平和条約、ついに締結さる、われらのよろこび、これにすぐるものなし、更に、県民の心を結集して、子々孫々世々代々に、両国の平和と友好を、不動のものたらしめよう、唐僧《とうそう》為光上人《しょうにん》創建の、こゝ、紀三井寺に之《これ》を建つ

日本は田中角栄首相、中国は周恩来《しゅうおんらい》首相、一九三一～四五年の一五年にわたって全面戦争をしてきた日本と中国が、冷戦体制の雪解けの下でついに国交を樹立した記念すべき年一九七八年、友好の地として選ばれたのはこの和歌山市の紀三井寺であった。なぜ紀三井寺なのか。碑文にもあるように、ここが「唐僧為光上人創建」だったからである。冒頭で名前をあげた紀州ゆかりの高僧たち。いずれも異国に学んだ日本人だった。紀三井寺為光は中国人僧、弘法大師空海よりも四〇年早く紀州の地に

仏法をもたらした国際人だったのである。

2　唐僧為光の「竜宮城」伝説

『紀伊名所図会』所収の紀三井寺の縁起によれば、為光は七七〇（宝亀元）年に仏法を広めるため唐から来日したという。以下、この縁起の要点をピックアップしてみよう。

① 為光上人は来日した後、名草山で千手観音を感得した。しかし一般に公開すると霊像（千手観音）の徳が汚れることを恐れて、自ら十一面観音像を彫刻して本尊とした。

② 名草山に荘厳な伽藍が建立された後、仏教興隆のために自ら大般若経六〇〇軸を書写して埋めた。

図3－2　日中平和友好条約の記念碑

図3－3　開山堂（ともに紀三井寺境内）

③　あるとき、龍女《りゅうじょ》が為光上人の前に現れ、「あなたのおかげで水の生き物たちも観世音の徳を受けられるようになったので、この恩に報いるために海上から浄燈を献じて、上人の高い徳を世に照らしましょう」と言った。

④　為光上人は龍女に龍宮に招かれ、そこで説法をしながら三年間を過ごした。その後、上人が帰るときに七種の宝（五鈷・鈴・錫杖《しゃくじょう》・法螺貝《ほらがい》・梵鐘・応同樹《おうどうじゅ》・海樹）を持たせた。

なんと、紀三井寺を開いた為光は、中国出身だというだけでなく、海底にあるという竜宮城に渡って七種の宝をもたらしたというのである。この秘宝のうち、五鈷・鈴・錫杖は現存しており、かつては本堂の奥の方で安置されていたが、今は別の場所で保管されていて直接見ることはできなくなっている。応同樹は、病に応じて薬になると言われている木で、この木の葉を浮かべた水を飲んだり煎じて飲んだり、あるいは首にかけておくと病気に効果があるといわれている。境内の大階段の中ほどにある応同樹こそ、為光が持ち帰ったものの孫木だという（図3－4）。海樹とは、桜の木のことである。紀三井寺はいまも県内有数の桜の名所であるが、その歴史は天平の昔にさかのぼるのであった。

以上をみると、為光は到底実在の人とは思えない。神話の世界の創作物と判断せざるを得ない。唐人との交易によって請来《しょうらい》された財宝の数々が、「異界」（竜宮城）からもたらされたものに仮託されたのであろう。紀三井寺も観光アナウンスとして為光の事績を言い立てていない。しかし、日中友好の局面では、中国出身僧の作った寺という由緒が注目されたのである。奇獣のパンダを土産に用いた独自の外交を得意とする中国に対して、為光上人を使って説得を試みた日本には知恵者がいたものだと思う。

3　鑑真和尚と天平文化

　中世には強調されていて、現代にも日中友好でよみがえった唐僧為光の伝説だが、問題なのはなぜこのような話が作り出されたのか、という疑問である。為光の話が全国に普及したのは、諸国を行脚《あんぎゃ》している回国聖《かいこくひじり》や上人たちが寄宿先の別所・往生院で周辺民衆に説いていたからだという。紀伊国北部においては彼らの活動範囲が紀三井寺を含む西国三十三カ所観音霊場であった。「紀三井寺参詣曼荼羅《まんだら》」（図3－5）の絵解《えと》きとともに、霊場巡りの聖・上人たちの「為光上人伝承」語りが普及の力になった（図3－1）。

図3－4　応同樹
（石段の中腹・三井水の向かい）

　いかにも胡散《うさん》臭い為光の事績であるが、この話を聞いた人々は、間違いなくあの実在の唐僧を思い浮かべたはずである。小説・映画の『天平《てんぴょう》の甍《いらか》』で有名になった唐招提寺《とうしょうだいじ》鑑真《がんじん》である。唐僧鑑真が苦難の末に日本に渡ってきたのは七五三（天平勝宝五）

年、為光は七七〇（宝亀元）年だから、約二〇年遡る。天平文化の立役者、日中の架け橋となった同時代人である。鑑真は戒律だけでなく医学・薬学も伝えた。鑑真が持ち込んだ薬には動物薬や丹砂《たんさ》（硫黄と水銀によって作られた暗赤色の鉱物）などの鉱物薬が多く、その精製方法も学んだという。為光も病に応じて薬になると言われている応同樹を持ち帰っているという。人々は為光の話を聞いて、実在の高僧鑑真に重ね合わせて理解したことであろう。中世の人々にとって、仏法を伝えた鑑真は、私たちが教科書で習う以上に大きな存在であり、それに対する追慕の念が「紀州の鑑真」を作り出す力になっていた。

この「為光上人伝承」はおおまかに分けて為光上人による千手観音の感得や伽藍建立などの紀三井寺創建に直接関わる話と、為光上人が龍宮から七種の宝をもたらす話（仮にこれを「龍宮の説話」とする）とに分けられる。竜宮城と龍女については、古代貴族の神仙思想と関わるものという。龍女とは、八大龍王のうち雨を司《つかさど》る娑伽羅《しゃがら》龍王の娘で、八歳にして悟りを開いたという説話がある。当時の仏教思想では女性は男身を得なくては成仏《じょうぶつ》できないと説かれた。龍女は龍と女という仏教における二つの穢れた要素を持つ「救われない」存在で、為光上人はそのような穢れた存在でも祈禱《きとう》によって救うことができると強調した。紀三井寺も「浦島太郎」を元に作り上げた為光上人を縁起に取り入れた可能性が考えられる。

4　描かれた神話——穀屋の絵解き法師

それでは紀州の地に大陸文化をもたらして天平時代を花開かせた為光の紀三井寺を訪れよう。そこには、古代・中世の日本人を瞠目させた天平の世の残り香が見られるはずだ。図3-5を見てほしい。「参詣曼荼羅」という一種の境内案内図である。寺社の中にも学問寺として修行の場になった森閑の寺社と、庶民がひっきりなしに立ち入り市・宿・見世物《みせもの》小屋や賭場《とば》が立つ猥雑《わいざつ》な空間となる寺社がある。「参詣曼荼羅」の作られるところは、後者の中でもとびきり巨額の金品が動いていた経済の中心だった。このような寺社には、参詣者を管理している穀屋《こくや》（本願《ほんがん》）という事務組織があって広報・観光・宿泊その他の一切を取り仕切っていた。今日の旅行業者と思えばよい。

紀州の寺社で「参詣曼荼羅」をもつのは、紀三井寺以外には粉河寺《こかわでら》・熊野那智神社・日光《にっこう》神社（廃絶・有田郡の山奥）くらいしかない。紀三井寺のある名草山の一帯は、中世以来の一大歓楽街であった。その集客に使われたのがこの「参詣曼荼羅」である。識字率が高いといわれる日本社会であるが、中世の当時、字の読める人や難しい宗教講話の分かる人は多くなかった。字の解せない一般人には、視覚・聴覚・嗅覚を駆使した「布教」こそがキーポイントになる。美しい女性宗教者や容姿端麗の僧侶が、人々の集まる門前や境内で、「参詣曼荼羅」を使って功徳《くどく》を解説したのである。よく見ると、「参詣曼荼羅」には同一の参詣者（つまり聴き手）が、導線に従って何度も現れている。絵を使った説明、

図3－5　紀三井寺参詣曼荼羅の絵解き解説

①巨勢金岡と筆捨松・硯石　②海中の梵鐘と布引松　③為光上人と龍女の対面
④拝殿における読経　⑤本堂における女性の参籠　⑥寺僧による法会
⑦龍女が捧げる燈明　⑧和歌浦玉津島明神と衣通姫
a「山伏」　b「巡礼」　c「高野聖」　d「琵琶法師」　e「六十六部」
f「湯屋前で法螺貝を吹く人物」　g「比丘尼・小比丘尼」

出典：大高康正『参詣曼荼羅の研究』岩田書院，2012年，209頁の図に加筆。

つまり絵解《えと》きにより、聴衆を魅惑の異界に誘っていったわけである。語りの現場では、ありがたいお香や紫煙にあわせて遊女の白粉の香りも漂っていたはずである。

「紀三井寺参詣曼荼羅」は、山門の少し奥にある穀屋に伝来していた。県の指定文化財になっている。これをよくみるなら、例の為光の宝物各種、釣り鐘はいままさに海から引き揚げている瞬間が描かれる（図の②）。現代の紀三井寺は、為光を観光資源としては強調しないと書いた。だが、中世・近世の同寺は、竜宮城帰りの為光の奇跡の霊験をことさらに強調していたのである。

良く探そう。乙姫様が訪ねてきてくれている（図③と⑦）。参詣者たちは、異界の龍女の残香に少しでも触れたいと願って紀三井寺に殺到していたのである。なお、現在も一番高い位置、多宝塔の左隣には為光像を祀った開山堂があり（像は本堂内に移されている）、右隣に多宝塔（重要文化財）と本地堂《ほんじ》（鎮守社）がある。参詣曼荼羅に描かれている通りの伽藍配置である。現地に行ったら、日中友好碑をみた後に壇上に登って、本地堂の前の春子《はるこ》稲荷を良く拝んでほしい。羽柴秀吉が紀州征伐の兵を起こした一五八五（天正一三）年、寺の女房の春子が巨大な白狐《びゃっこ》に化身《けしん》して秀吉軍を撃退したと伝承されている。中世の神戦《しんせん》の考えをよく伝えている伝承である。紀三井寺の境内には、このような新旧の様々な伝説がちりばめられている。ここが民間信仰の本拠地だったためである。

5　アジアのなかの天平文化──為光の正体

異国僧が開いたという紀三井寺は、日本における天平時代の唐風文化の拠点であった。中世になると、紀三井寺の穀屋聖が為光上人の神話を創作して、絵解きと巡礼ルートによってはなばなしく宣伝した。その努力は、近代における日中国交回復の日本側の立役者になるという形で結実したのだった。以上、おおむね先行研究にしたがって為光上人の事績を追ってきた。ひとつだけ新知見を加えたい。いつ、なぜ為光上人が創作されたのかを解明する手掛かりとなると思われる新事実である。和歌山大学教育学部で古代・中世史を学んだ樋浦愛氏（旧姓湯峯）が、日前国懸社（日前宮）と高野山大伝法院（根来寺）との熾烈な訴訟合戦の裁判文書のなかに「為光入道」の名前を見つける。「日前宮の八講は元々為光入道によって勧進されたもので、日前宮とは無縁の仏事であった」という一一四二（康治元）年「大伝法院陳状案」の一節である。この裁判記録によれば、この時期、新興勢力である根来寺が、覚鑁上人の威光を盾にとって次々と日前宮の既得権益を否定した。これにたいして、劣勢の旧勢力・日前宮が起死回生・窮余の一策として持ち出したのが「為光入道」だった。長大な訴状の中の一節で誰もが見落としていたのである。

日前宮（その系列寺院の紀三井寺）勢力は、勧進聖の為光を利用して日前宮領周辺の民衆を「法華八講」に組織していた。当時は飛ぶ鳥を落とす勢いだった覚鑁に対抗するために、宗祖空海よりもはるか以前の為光を持ち出して権威に服するように説得を試みたのではないか。この樋浦氏の推測が正しいとすると、紀三井寺開山・唐僧為光とは、中世のはじめに覚鑁の権威を押さえつけるために日前宮が創作したものということになる。「為光入道」の実態が不明のため、いまだ仮説の域を出ないのだが、中世成立期の紀州には天平の唐僧を語るような世界史的視野をもった知恵者がいた可能性を指摘できるであろう。

参考文献

大高康正『参詣曼荼羅の研究』岩田書院、二〇一二年。

下出積与「道教思想の消長」中村元ほか編『平安仏教〈貴族と仏教〉』佼成出版社、一九七四年。

鈴木昶『日本医家列伝　鑑真から多田富雄まで』大修館書店、二〇一〇年。

林晃平『浦島伝説の研究』おうふう、二〇〇一年。

三浦佑之『浦島太郎の文学史　恋愛小説の発生』五柳書院、一九八九年。

矢野憲一『亀』（ものと人間の文化史一二六）法政大学出版局、二〇〇五年。

湯峯愛「物国の国境　日前宮領との境界相論」海津一朗編『中世都市根来寺と紀州惣国』同成社、二〇一三年。

第４章　無本覚心の布教が変えた日本人の舌

海津一朗

1　径山寺味噌の由来から

「キンザンジ味噌」の名を聞いた人は多いと思う。調味料としては用いず、おかずや酒の肴としてそのまま食べる「なめ味噌」のひとつである。では、「キンザンジ」とはどこか、誰が作ったものか、と聞いたら、大抵の人は知らないだろう。和歌山の人のなかには、「法燈国師《ほっとうこくし》が中国宋《そう》代の径山寺から製法を和歌山県由良の興国寺に伝えた和歌山の名産品」と明確に答えられる知恵者がいるはずだ。あのお坊さんが中国から味噌と醤油をもってきて和歌山の名産にした、というぐらいは大抵の子どもも知っているだろう。

紀州の地誌『紀伊名所図会』中には「或はいふ、径山寺《きんざんじ》味噌は興国寺の開山法燈国師、宋より帰朝の後、かの寺の製法を伝へて興国寺にて製しそめしといふ。故に今も近郷にて製して、諸国に運送し国産の一種とす。実に未曾有の味なれバ紀州径山寺の称遍く他邦にも聞こえたり」とあるから、一九世紀の初頭にはこの話、かなり広く流布していたのだろう。

味噌と醤油という日本人の味覚には欠かせない、日本食の調味の原点は一人の渡海僧に始まる。いまは金山寺・経山寺と書くものもあるが、本来は法燈国師無本覚心の学んだ中国宋代の寺院「径山万寿禅寺」（略して径山寺）にちなんで径山寺味噌が正しい。醤油はその生成過程で作られた副産物だ（湯浅醤油・由良醤油）。

さて、日本列島に生活革命を引き起こした、無本覚心とその教団（臨済《りんざい》宗法燈派）の真相を見ていこう。

図4－1　無本覚心木像
出典：筆者撮影，野上八幡宮蔵。

2　「渡来僧の世紀」の日本僧

法燈国師の名で親しまれ、その門流も法燈派とよばれる覚心だが、法燈禅師は亀山天皇からの贈り名（諱）で、国師号は後醍醐《ごだいご》天皇より得たものだ。生前は心地《しんち》坊・無本《むほん》覚心と呼ばれた。以下、覚心と呼ぶことにする。

一二〇七（承元元）年に信濃国に生まれ、一〇歳の時東大寺で受戒、その後高野山に登って真言密教を学んで、禅定院（のち金剛三昧院）で臨済宗の栄西門下の行勇に師事して禅僧となった。京都・鎌倉・関東と要寺を巡り、一二四九（建長六）年に入宋をはたした。

……というと、「またか」とあきれる読者がいるかもしれない。本書第Ⅰ部「日本のはじまり」の第1～4章すべて坊主の日中交流史ではないか。紀伊半島には武士や貴族は居ないのか、という疑問といらだちを覚えている読者の姿が思い浮かぶ。だが、実はその通りなのである。日本列島の前近代、豊臣秀吉の天下統一戦争が行われる以前の社会では、文化や学問はもちろん政治・外交・経済・産業・技術のあらゆる分野で寺社などの宗教勢力が主導的な地位をしめていた（第7章では、戦争も武士ではなく神と仏が牛耳っていたことが示される）。秀吉による天下統一は、ある意味では神仏の権威による宗教権力を世俗の手に取り戻す戦いとも定義できる。

秀吉以前、日本にとっての世界史は、中華帝国である中国諸王朝の支配文化圏にほぼ等しかった。一三世紀後半の蒙古襲来のような事件をのぞけば、中国王朝の優位は圧倒的であり、日本は国家貿易・民間貿易を通じて直接・関接に中国の文化を一方的に受け入れるのみであった。ここでいう文化は、知・学術の総体であり政治・経済・科学技術すべてである。秀吉以前の日本は、独自の貨幣さえ鋳造できていないことを想起したい。中国と違って厳しい科挙制度を持たず、家による役職の世襲を行っていた古代・中世の日本では、有能な官僚が生まれにくかった。したがって、文化交流の担い手としては官人でなく、実力主義で師弟関係を継承する寺僧たちに白羽の矢が立った。鎌倉時代、一三・一四世紀になると、村井章介氏が「渡来僧の世紀」と名付けた空前の日宋文化交流の時代がやってくる。日本と宋には正式の国交（朝貢貿易の冊封体制）はなかったが、諸階層の間で民間交易が行われていた（詳しくは第6章を参照）。「渡来僧」とは、中国大陸より日本に来航した僧侶（主に禅僧）集団のことである。村井氏によれば、明の成立以前、「禅僧たちのかつてない規模の交流は、両国禅宗界を結んで共通の〈世界〉（エキゾチックな場＝海津註）を成立させた」という。紀伊半島は、徐福（第1章）や為光（第3章）で触れたように、伝承世界のなかで「渡来僧」がいち早く注目される土地柄であった。紀三井寺のある和歌浦や、徐福伝説の分布する紀南の港湾部は、村井氏の言う「エキゾチック世界」そのものであった。渡来僧により、早くから多くの知識が流入したのである。

この影響をうけて、渡来僧の弟子の中から、朝鮮・中国、さらには天竺に渡りたいという冒険的な禅宗の僧侶「渡海僧」が生まれてくる。第5章の重源、インドを目指した明恵《みょうえ》（有田川筋の湯浅党のシンボル）、そして無本覚心など、鎌倉時代の紀州は渡海僧のメッカでもあったのである。

3　唐船・仏舎利・尺八の請来

一二四九（建長元）年、無本覚心はパトロンである葛山景倫《かずらやまかげとも》・法名願性（由良荘地頭）の本拠の由良湊を出航して九州博多に下り、貿易船に乗って宋に渡った。願性は、鎌倉幕府三代将軍源実朝の側近御家人《ごけにん》であり、唐船《とうぶね》で中国に渡り阿育王山《あいくおう》に詣でたかったという主君の宿願を果たすために、適当

図4－2　中国寧波・阿育王寺の仏舎利
出典：筆者撮影。

な学識者を探していたという。そして高野山の金剛三昧院（その子院禅定院）で出会った覚心に資金援助をして宋の明州（寧波《にんぽう》）に送り出した。願性のような地頭クラスの御家人が、覚心らの寺社勢力をブレーンにすることによって権勢を強めることは鎌倉時代の有力領主の常道だった。原田正俊氏は、願性が北条政子（実朝母）から実朝の遺骨を預かるなど深い関係にあったため、覚心の渡海も執権北条一族の大陸仏教の導入政策の一翼を担ったものと評価している。

三月二八日に博多津より貿易船にのって出発し、四月二五日に杭州湾の多島海・舟山《しゅうざん》諸島の補陀落山（観音霊場）に至り、翌一二五〇年には明州阿育王山（現寧波市郊外）に行った。ここは源実朝の宿願の地だった（図6－3）。阿育王山には重源の材木輸出によって作られた舎利殿《しゃりでん》がある。重源は日本における渡海僧の草分けであり、東大寺を復興するなど日本の中世社会の牽引力になった人物である。高野山で共に学んだ覚心は、必ずやこの舎利殿に臨み、仏舎利の拝観・分与を切望したに違いない。この時の宗教的な体験は、覚心に大きく作用した模様で、八七歳の時に造った自らの像の頭部内には真鍮製の仏舎利塔が奉納されている（興国寺開山堂の非公開、法燈国師木像・重要文化財）。異例の像である（図4－3）。

一二五二年には台州天台山に赴き、五三年杭州護国寺の無門慧開《むもんえかい》に参じて、一二五四年六月に博多津行の貿易船に便乗したが遠賀川河口の芦屋津に到着。紀伊湊に至った。帰国時に招来した品々は、無門慧開の下賜になる頂相・語録・公案集・袈裟など禅宗の聖典、大般若経版本や二〇体の羅漢像（のち由良荘西方寺山門に安置）などである（大塚紀弘氏の御教示による）。このような品々は、地元由良、高野山、さらには鎌倉で公開されて、覚心教団の隔絶した知性を内外に示すものとなった。それは当然、願性ら地元の領主一族にとっても支配の正当性を高めたに違いない。一二五八（正嘉二）年願性は、由良荘の西方寺に覚心を迎えて禅宗寺院とした。後の興国寺である。

覚心が日本に伝えたものは文物のみではない。冒頭にみた径山寺味噌については、癡絶道冲《ちぜつどうちゅう》のもと径山興聖万福禅寺に二年止住の際に学んだという。さらに忘れてならないのは、覚心が普化尺八《ふけしゃくはち》を吹ける四人の居士を連れて帰国したという伝承で、覚心のもとに尺八に深編笠姿の虚無僧《こむそう》の教団が

図４－３　法燈国師像坐像
出典：『紀伊名所図会』後編四巻海部郡。

図４－４　苅萱堂の絵解きの様子

成立した。これは、江戸時代になると普化宗（普化禅宗）として由良の興国寺を本山としている。また、高野山には苅萱堂《かるかや》という民間信仰の拠点があるが、ここを拠点とする萱堂聖という集団（絵解きなどの教導を主催）もまた覚心を始祖とした（図4-4）。中世末期、熊野信仰の伝播で活躍した女性宗教者（熊野比丘尼）も、その始祖は覚心の母妙智と伝承されている。

大陸帰りの覚心は、仏舎利信仰や中国本場の禅宗文物で文化的な優位を示すのみでなく、民衆の衣食生活や生産技術に深く根ざして、高野山信仰・熊野信仰などの聖地参詣組織にも食い込んだ。渡来僧たちのエキゾチック文化に学びつつも、彼らにはできない泥臭い土着の組織を再編して、由良・高野山・那智を中心にした広域の教線を獲得したのである。

4　日前宮領の開発をめぐって——西大寺派律宗との対決

日本の中世社会は、幕府政治や武士団・開発や戦争が主流ではなくて、全国の大小の寺社勢力が治安・教育文化・経済活動を主導している社会だ、という立場は学説史上「権門《けんもん》体制」国家論と呼ばれている（黒田俊雄氏の提唱）。それが正しいのか否か、いまは議論しない。けれども、紀伊半島から世界史を見ている限り、日本の中世は明らかに寺社勢力が支配的な「権門体制」である。紀伊半島には、中世の最末期まで異国人が「悪魔の共和国」と呼んだ宗教共和国が維持されていたからである（第9章参照）。では、大名の支配を受けない宗教自治の国ができるきっかけとは何か。無本覚心の法燈派禅宗集団のなかに、その謎を解明する手がかりがあるように思う。

一九八〇年代以後の中世史学界において、産業・開発（神殺し）や戦争（祈禱）や医療・教育・福祉等の社会政策を担った集団としてひときわ注目されたのが西大寺派律宗《りっしゅう》とよばれる叡尊《えいそん》教団である（私的な総括だが、考古学者の馬淵和雄氏が一九九八年刊の『鎌倉大仏の考古学』あとがきに「アレをやり出すと何でもその関係に見えてしまう」「律宗病」と書いたのがピークだったように思う）。もちろん西大寺派は、紀州でも積極的な動きを見せており、特に注目されるのは日前《ひのくま》・国懸《くにかかす》神社（以下略称日前宮《にちぜんぐう》）での神領興行（再建事業）である。一二六九（文永六）年に日前宮の国造《こくぞう》紀宣親《のぶちか》に招かれた叡尊は、境内に禁酒令を発して封郷の一九ケ郷を殺生禁断とした。この時参集した八九四名に菩薩戒を授け、国造自身も出家したという。叡尊は同じ活動を一二七八（弘安元）年に紀ノ川上流の隅田荘《すだのしょう》（二四〇名の受戒）、一二八二年隅田荘・相賀荘《おうがのしょう》・粉河寺領（二七一五名の受戒）でも行っている。律宗の民衆教化は、特定寺院をまるごと改宗させるというのではなく、改革本部のような形で子院や寺社頭に仮寓して執行されるのが普通である。

文永から弘安にわたるこの時期は、蒙古襲来による危機意識の高まりで、西大寺派の教線拡大活動が顕著になっている時期である。とくに高野山上では「弘法大師御手印《おていん》縁起」を用いた旧領回復運動の嵐が吹き荒れているさなかだった（第7章）。叡尊と教団幹部は、絶対の自信をもって紀伊半島に進出してきたはずである。ところがここで予想外の事態が発生した。自らの菩薩戒をうけて出家したはずの新国造淑文《よしぶみ》が、亡父の追善供養と称して無本覚心を招聘して報恩寺を建てたのである（紀三井寺

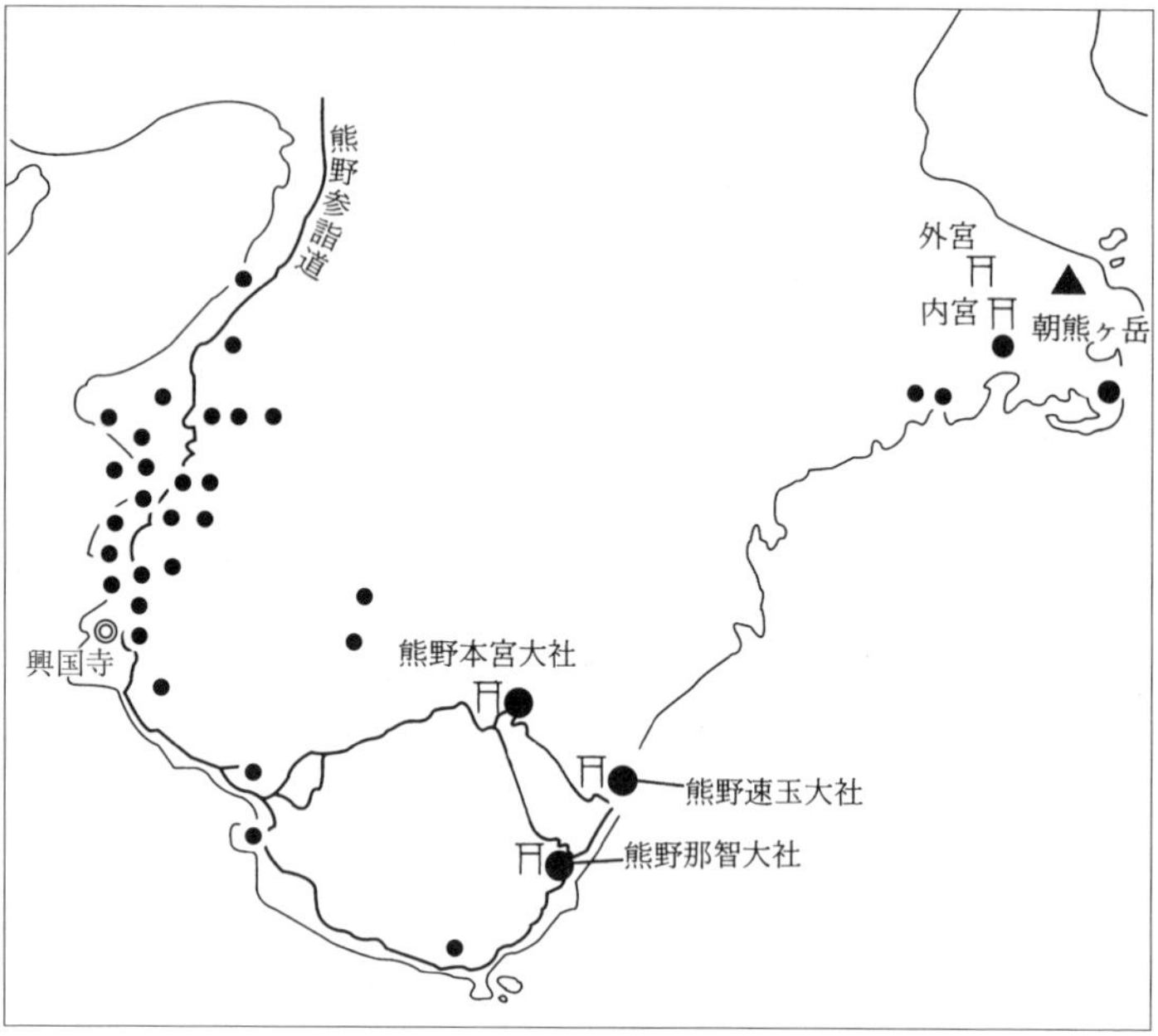

図4－5　紀伊半島における臨済宗法燈派末寺分布地図
出典：原田正俊『日本中世の禅宗と社会』吉川弘文館，1998年。

の門前遍照寺として現存）。覚心は、由良西方寺において教線を広げている時期に当たる。代替わりに際して、新国造淑文は前任時代の西大寺派律宗と手を切り、新興勢力の覚心教団（のちの法燈派禅宗）にのりかえたことになる。

この時の日前宮は、一二七四年に没する先代宣親と、子の淑文とが激しく対立して、先代は紀三井寺（第4章参照）に遷されて隠遁生活を送らざるを得ないという、骨肉相食む擾乱《じょうらん》の状態にあった。この背景には、西大寺派律宗か、法燈派禅宗か、という二大改革派教団勢力との路線対立が伏在していたと思われる。子の淑文（法名心浄《しんじょう》）、孫の淑氏《よしうじ》は、覚心教団関係の史料のあちこちに見えている熱烈な覚心贔屓《びいき》の神官である。一二九五（永仁三）年に至り、日前宮領全体の回復（復活）のための所領調査、「永仁の大検注《だいけんちゅう》」が実施された。それを主導したのが、覚心教団の助力を得た淑文・淑氏の勢力であったことは疑いない。

地域開発をめぐる西大寺派と法燈派の対決は、日前宮の主導権をめぐる内紛として闘われた。そして勝利したのは覚心教団側であった。以後、高野山の山麓一帯、および熊野参詣道沿いの紀伊半島沿海部は、法燈派の教線が広がっていった（図4－5）。永仁の大検注によって復活した日前宮領は和歌山平野のほぼ全域にわたっている。この地は一五世紀末になると雑賀惣国と呼ばれる宗教共和国のひとつになる。その原型をつくったものが、覚心の教団の総合的な技術力だったことはいうまでもない。

5　天狗を祀る興国寺——覚心の魔力

無本覚心が、最全盛期の叡尊をもしのぐ実力を備えていたことを見てきた。残念ながら開発という地域振興の場面だけしかお見せできなかった。由良興国寺に行けば、例の舎利塔が顔面内に入った木像（開山堂）や、巨大な天狗面（現代の物）を奉じた天狗堂がある。無本覚心を開山とする法燈派の本拠地に天狗堂がある理由はなにか。この天狗、じつは後鳥羽上皇《ごとばじょうこう》である。承久《じょうきゅう》の乱で敗れて悲運の隠岐《おきる》流刑《けい》ののち、世を恨んで天狗となり様々な不幸をもたらす悪の元凶になってしまった。覚心は、このあわれな怨霊《おんりょう》を、愛染法・五大尊法の秘術により救済してやったのだという。以後、天狗は興

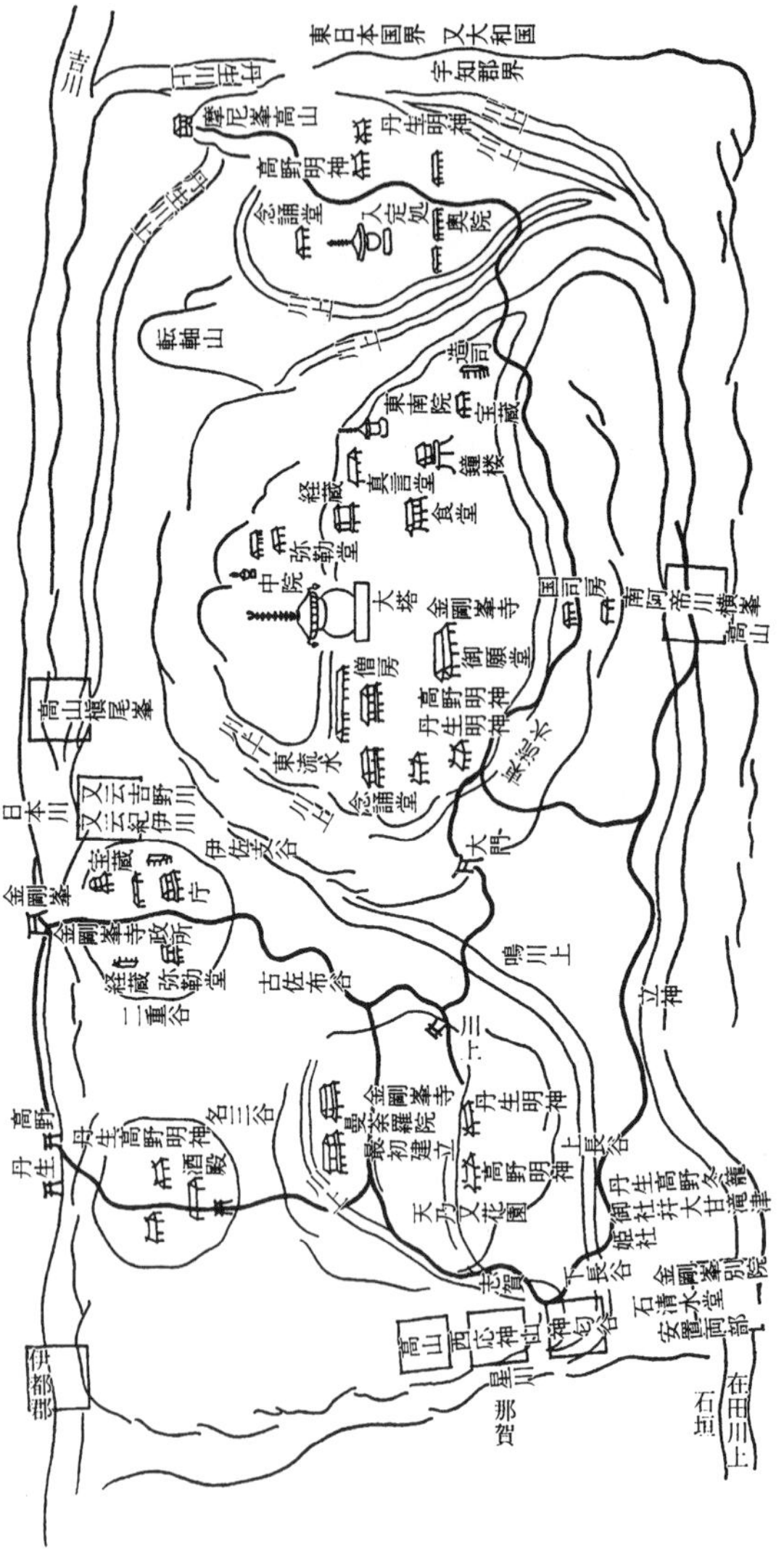

図４－６　太政官符案幷遺告　高野絵図

出典：小山靖憲『中世寺社と荘園制』塙書房，1998年。

国寺の守護神となって教団を守る側になった。境内では、これにちなんで「天狗醤油」や天狗ひょうたんなど、いかにも地力の増進を約束してくれそうな利益の品を販売している。強力な霊験により、女人や非人をも救済し、自然災害や諸々の人災をも鎮圧できるという説話群は、残念ながらもう紹介している余裕がない。

次の第Ⅱ部より、高野山が取り上げられる。前近代の紀伊半島を考える上で、高野山にできた宗教共和国の位置は大きい。はしがきの末尾で言及されたように、高野山には空海の神話を現実の世に再現するという動きが中世の初めから現れてくる。覚心は「カルカヤ上人」などとも言われ、高野山に苅萱堂を興して、聖《ひじり》集団に広報（布教）活動をさせた（萱堂聖）。先述の尺八・虚無僧の集団もこれと接点があるだろう。味噌・醤油・霊薬をひろめて民衆の支持を勝ち得たエキゾチック集団の法燈派は、いかにして空海の神話を事実に変えたのだろうか。この解明は、世界史の視座がもとめられるようだ。第6章につづく。

参考文献

海津一朗「中世日前宮の成立と民衆運動」木村茂光編『日本中世の権力と地域社会』吉川弘文館、二〇〇七年。

坂本亮太「鎌倉後期の禅僧無本覚心と地域社会」『和歌山県立博物館研究紀要』一九、二〇一三年。

原田正俊「高野山金剛三昧院と鎌倉幕府」大隅和雄編『仏法と文化史』吉川弘文館、二〇〇三年。

原田正俊『日本中世の禅宗と社会』吉川弘文館、一九九八年。

原田正俊「由良荘」『きのくに荘園の世界』清文堂、二〇〇二年。
馬淵和雄『鎌倉大仏の中世史』新人物往来社、一九九八年。
村井章介『東アジア往還　漢詩と外交』朝日新聞社、一九九五年。
村井章介『東アジアのなかの日本文化』放送大学教育振興会、二〇〇五年。
山本幸司『頼朝の天下草創』講談社、二〇〇一年。
『由良の興国寺』興国寺、二〇〇〇年。

第Ⅱ部　宇宙の中心・高野山

第5章　和歌山の景教碑

小原　淳

1　一九一一年の景教碑

和歌山に、今から一二〇〇年余り前にネストリウス派が大流行したことを記した碑がある。ネストリウス派とは、五世紀前半のコンスタンティノープル総主教ネストリウスの教えを奉じた古代キリスト教の一派である。彼らはキリストの神性と人性を分離し、キリストの母マリアが神の母であることを否定したために、四三一年のエフェソス公会議で異端とされたが、その信仰はササン朝を経てインド、中央アジア、モンゴルに、そして六三五年には中国へと伝わり、そこでは「景教」と呼ばれた（中国に伝来してからしばらくの間は「波斯《ペルシャ》教」、「波斯経教」と呼ばれたが、七四五年にビザンツ帝国から聖職者の信和〔ゲオルギオス〕が来朝したのを機に、「大秦景教」の呼称に改められた）。

当時の中国は唐の時代だが、都の長安は現代ならニューヨークにも匹敵する世界都市、東西の人と文物、富と芸術、思想と風俗が集まるところだった。景教もイスラームやゾロアスター教、マニ教とともに人々に受け容れられ、信仰を集めた。当時の景教の隆盛を記したのが七八一年に長安の景教寺院、大秦寺に建立された「大秦景教流行中国碑」である。道教に傾倒した第一八代皇帝の武帝による外来宗教の弾圧、会昌の廃仏（八四〇〜八四五年）で四六〇〇を超える景教寺院が廃止された後は大秦寺も荒廃の一途をたどり、景教碑は土中に埋没した。碑は明末に発掘され、一九世紀半ばの回教徒の騒擾などを乗り越えて、現在は西安の碑林博物館が所蔵している。

和歌山のものはこの長安の碑のコピーだが、どこにあるかというと、高野山奥之院の一ノ橋のほど近く、建ち並ぶ無数の墓碑の一隅に佇んでいる。それでは一体誰が建てたのか。答えは碑のすぐ傍にある。脇にある墓の主、「英国イエゴードン夫人」なる人物が一九一一年に景教碑を建立したのである。この人物は何者か。何ゆえにこの碑を建てたのか。そして、和歌山の景教碑は私たちに何を語りかけてくるのだろうか。

図５−１　和歌山の景教碑
出典：筆者撮影，2017年３月23日。

2　エリザベス・A・ゴードンの日本体験

「イエゴードン」ことエリザベス・アンナ・ゴードンは、産業革命を牽引した都市マンチェスターで、A&Sヘンリー綿業会社を営むジョン・S・ヘンリーの長女として一八五一年一二月二一日に誕生した。一八〇四年に家業を始めた祖父アレクサンダーは、穀物法廃止（一八四六年）の翌年に同法への反対運動の牙城から自由党の庶民院議員（任期は一八四七〜五二年。以下も同様）に選出され、父は第二回選挙法改正で都市労働者に選挙権が拡大された後に保守党議員となり（一八六八〜七四年）、また叔父のミッチェルは自治協会に所属する議員としてアイルランドの自治を擁護した人物で（一八七一〜八六年）、一族はパクス・ブリタニカの時代の転変を体現するブルジョワの名家といえよう。

二〇歳にして宗教をテーマにした著作を発表する才女だったエリザベスは、ヴィクトリア女王の女官を務める傍らで学業を続け、オックスフォード大学で教鞭を執っていたドイツ系の東洋学者Fr・M・ミュラーの教えを仰ぐ。イギリスで女性の高等教育に門戸が開かれたのは一八四八年、オックスフォードに最初の女性向けのカレッジが創設されたのは一八七八年のことである。なお、ヒンドゥー教、仏教、道教、儒教、ゾロアスター教、ジャイナ教、イスラームの聖典を集成した『東方聖典叢書』全五〇巻の編纂者でもあるミュラーの元には、南条文雄や笠原研寿、高楠順次郎といった仏教学者が学んでおり、エリザベスの後の日本とのつながりの一因はここに窺える。

エリザベスは二七歳の時、法曹家・実業家で保守党議員（一八九五〜一九〇六年、一九一一〜一四年）のスコットランド貴族、ジョン・E・ゴードンと結婚し、二男三女をもうけた。一八九一年に家族で世界旅行に出かけ、その途上で初の来日を果たし、帰国後すぐに『周遊』と『東方の寺院』を執筆して日本の文化を広く紹介し、創立されたばかりの「ロンドン日本協会」に入会するほどの傾倒ぶりを示した。さらに彼女は高楠順次郎や、歌人で日本における女子教育の先覚者である下田歌子をはじめとした在英日本人を熱心に援助して、「英国一の日本熱愛女」、「英国における日本の母」と称されるようになる。ヴィクトリア女王の信が厚かったゴードン夫人は、歌子が女王に謁見したり王族の子弟の教育を間近に視察するのに便宜を図ってやっただけでなく、一八九四年に紀州出身の陸奥宗光が日英通商航海条約を締結して不平等条約の撤廃に成功した際には、女王が日本に好意的な理解を示すのに尽力したとされる。

日露戦争の開戦の日である一九〇四年二月一〇日、日本政府は「日露戦争関係各国輿論啓発ノタメ」に、元逓信大臣で伊藤博文の女婿だった末松謙澄の発案で、末松自身を団長とする一行をイギリスに、数日後には金子堅太郎を米国に派遣して広報外交を展開した。この時に末松に随行したのが、かねてからゴードンと面識のあった高楠であり、彼はおそらくは日英友好の強化の一策として、ミュラー教授夫人やゴードンに英語の本の日本への寄贈を願った。これに応えたゴードンは英・米・カナダの新聞紙上で日本への図書の寄贈を呼びかけ、すでに戦争が終結した一九〇七年、約一〇万冊を自ら持参し

図5－2　エリザベス・アンナ・ゴードン
出典：E. A. Gordon, *Symbols of 'The Way': Far East and West,* Tokyo 1916.

て再来日を果たす。高楠は当初、日露戦争の戦勝記念図書館として「東京戦役記念図書館」を建設する計画を抱いていたが叶わず、ゴードンから寄贈された書籍は翌年に開館された日比谷図書館に所蔵されることとなった。これらは一九四五年五月二六日に東京大空襲で図書館とともに灰塵に帰すが、明治末年に貸し出されていた数百冊は山口県立図書館と長崎県立図書館に残った。

3　「東西合一」の夢

ここまで、日本を愛したヴィクトリア期イギリスの一女性の半生を概観したが、なぜゴードンが高野山に景教碑を建てたのか、そしてその意味するところが何であるかを考えるには、彼女のその後の生涯を辿らねばならない。

東京都への図書寄贈を機にゴードンは単身日本に留まり、麹町に邸宅を構えて学究に専心する日々を暮らすようになる。一九〇九年八月に雑誌『新佛教』第七巻八号に「一名、物言う石教ふる石」として掲載され、丙午出版社から『弘法大師と景教』の題で出版された論文に示されるように、その研究テーマは、仏教とキリスト教は同根だったとする「仏耶一元論」である。同論文は冒頭で、「仏耶の両教義を比較し、其間に於て喜ぶべき思想の融和を見つけたり」、「若しその古伝の研究愈進み、両教聖典の対照その宜しきを得れば、現に不可能視せらるゝ歴史上の連鎖も、遂に発見し得られるべし。従って夫の精神的連鎖も愈明確なる根拠を有するに至り、仏耶両教徒相互の利益となるべきは明白なり」とし（『弘法大師と景教』一頁）、考察の題材として空海を取りあげる。ゴードンが空海を初めて知ったのは厳島の弥山山頂で、空海が八〇六年に修行した際に焚かれて以来絶えることなく燃え続ける護摩の火を目にした時で、そこにクリスマスイブに燃やす大薪、ユールログとの「思想の連絡あるを信」じ、その近くに建つ奥之院の帳幕や懸燈にクレタ島のクノッソス宮殿にあるのに似た双斧の印を見つけた時だった（『弘法大師と景教』二〜三頁）。さらに京都で「弘法大師の考案」とされる送り火を見た彼女は、ここにエジプトの「死者の書」に記された風習との連関を思い、東西文明の相互交流を検討するための格好の人物として、空海に着目する。

周知のとおり、空海は八〇四〜八〇六年に唐に渡り、長安に学んだ。ゴードンの議論では、「企業心に富める遊学者にして、皇命を奉じて入唐し、宗教の攻究調和を計るべき目的を有したる」空海そして最澄が、それぞれ「当時長安に於ける第一流の紳士、宗教家、政治家に会見を求」め、「長安に於て必かの有名なる大石碑」、すなわち景教碑を、そしてそこに刻された十字架の文様や「彌尸訶《メサイア》」の文字、さらにはアッシリアの宗教に起源をもつ「『光翼』の奇票」を目撃し、「その説明を求めて、その好奇心を満足せしめたるは、日を見るよりも明か」だった（『弘法大師と景教』八頁）。ゴードンの主張には納得しうる根拠は示されておらず、その立論の強引さは容易に指摘しうる。しかしあえて彼女の説に歩み寄ろうとするならば、空海が長安で最初に師事した醴泉寺のインド人僧、般若三蔵がソグド語で書かれた『大乗理趣六波羅蜜多経』を漢訳した際、ペルシャ僧景浄という僧侶がこれに協力した事実を挙げることはできる。この景浄こそは、大景教流行中国碑の碑文を撰した人物、景教僧のアダムである。また、醴泉寺や、空海が長安で居を構えた西明寺は、景教碑のあった大秦寺から遠くなく、十字架や西方由来の語に加えて、古体のシリア文字までもが記された二七〇センチを超える大碑を空海が目にした可能性は決して低くないだろう。

当時、世界中の宗教が入り乱れていた長安。様々な知識を貪欲に吸収して従来の日本の思想と信仰を一変させた空海が、この大都市に流れ着いて多数の信者を集めていた景教を知らなかっただろうか。空海、般若三蔵、景浄が繋がるとすれば、日本、中国、インド、ペルシャ、そしてローマ帝国が結ばれることになる。このようにゴードンの思考に寄り添えば、以下に述べるように、その後の彼女の活動の意義、そして景教碑の複製を高野山に建てた理由も明らかになる。

空海に東西融合のようすがを見出したゴードンは、高野山に景教碑の複製を建立しようと試み、一九一一年に念願が成就した。この事業には、彼女の協力者だった高楠や、ネストリウス派の東伝についての日本における権威で「景教博士」と呼ばれた佐伯好郎も称賛を与えており、さらに数冊の著作が続いたこの時期は、ゴードンの研究の最も円熟した時だったように思われる。しかし、祖国が第一次世界大戦に突入し、その最中の一九一五年に夫がロンドンで病没し、翌年には長男がフランス戦線で戦死したことで、彼女の日本での生活は中断される。一時帰国を余儀なくされた彼女は、研究のために収集した図書約一五〇〇冊、仏画・器物約五〇〇点を大隈重信との以前からの親交を縁に早稲田大学に寄贈し、これらは早稲田大学図書館「ゴルドン文庫」となっている。

ところで、学生時代に早稲田大学高田図書館に通った筆者にとってゴルドン文庫以上に馴染み深いのは、同図書館の入口に据えてある一対の石羊である。この二匹の羊は、李氏朝鮮時代に王陵の守護として置かれたもので、ゴードン夫人の寄贈品の一つである。二〇〇九年に世界遺産に指定されたソウルの朝鮮王陵や、中国の明・清王朝の皇帝墓群を訪ねた折にもよく似た像が陵墓を守るのを目にした。墓や寺の守りに犬や獅子を置くのは日本の社寺だけではなく、朝鮮、中国は勿論、遠くは中近東に及ぶ。ゴードンは高野山に景教碑を建立した五年後に朝鮮の金剛山長安寺にも同じ碑を建てているが、それは、石羊の収集と同様に、彼女が日本のみならず広くユーラシア全域を対象にして、東と西の一体性を構想していたことの証左ではないか。

図5-3　早稲田大学高田図書館前の石羊
出典：筆者撮影。

二年間のイギリス帰国中に亡夫の資産の整理を済ませたゴードン夫人は、大戦終結から間もない一九一九年二月に故国を去り、再び日本に戻る。その後の彼女は六年にわたり京都ホテルに滞在し、南方熊楠とも親交の深かった高野山管長の土宜法龍らと学問的対話を続けながら、余生を研究活動に費やした。一九二五年六月一七日、腎臓病が悪化し、京都ホテル一号室で七四歳で息を引き取ったゴードンは、西洋人として初めて真言密教の灌頂を授かった。その葬儀は空海の建てた東寺で営まれ、遺骨の半分が金剛山長安寺に、もう半分が高野山奥之院の景教碑の傍らに納められた。ゴードン自ら設計した高野山の墓碑は、空海が入唐して証得したという遍照の大日を八葉蓮華の台と十字架が支えている。

4　ゴードンの親ユダヤ主義

ゴードンの死後、遺稿を含む蔵書六三八冊が高野山大学図書館に託されたが、器物の一部は故人の遺志によりエルサレムのヘブライ大学に寄贈されている。ヘブライ大学のキャンパスが開校されたのはゴードンの死の直前の一九二五年四月一日のことで、後にはアインシュタインも遺産と蔵書を同大学に寄贈しているが、本章を終える前に、ゴードンとユダヤ人問題の関連について少しふれておきたい。

イギリスの歴史家ルビンスタインの研究によると、ゴードンは在英時代に奴隷解放論者のキャスリーン・サイモン子爵夫人をつうじてシオニズム運動のことを知った。シオニズムは、一八九四年にフランスで起こったドレフュス事件を契機に始まったユダヤ国家建設のための運動である。世界中に離散していたユダヤ人の祖国獲得の悲願はホロコーストの惨劇を乗り越えて、第二次世界大戦後の一九四八年のイスラエル建国で達成されるが、その過程においては、「約束の地」への帰還にこだわらずに入植先にパレスチナ以外の場所を想定する「領土主義」を支持するユダヤ人たちもいたし、またスターリンによる中ソ国境地帯でのユダヤ民族区の設置や、ナチ政権によるマダガスカル島へのユダヤ人移送計画など、迫害者の側にも様々な移住構想があった。ゴードンがシオニズムへの共感に目覚めた時期には、ロシアでのポグロムによる大量のユダヤ人難民の発生や、オスマン帝国領内にあったパレスチナでの国家建設運動の行き詰まりといった事態を受けて、一九〇三年、イギリス植民地相ジョゼフ・チェンバレンがシオニストたちに、英領東アフリカの土地を入植用に提供することを申し入れた。この提案は、同年にバーゼルで開かれた第六回シオニスト会議の議題となり、激論の末に二九五票中一七七票の賛成で受け入れられた。翌年、現ケニア領のマウ高原に三名の視察団が派遣されるも、危険動物が存在していることやマサイ族が生活していることが明らかとなったため、この「英領ウガンダ計画」は水泡に帰すが、この視察団の費用をほぼ全額、匿名で援助したのはゴードンだった。彼女はその後も、イギリス・ユダヤ人の八〇パーセントが読んでいたとされる新聞『ジューイッシュ・クロニクル』の編集者、レオポルド・J・グリーンバーグとの交遊などをつうじて、死の直前までユダヤ社会への寄付を続け、日本でも周囲の人々にユダヤ人への理解と共感を広めようとしていたという。

図5-4　景教碑の傍らにある
ゴードンの墓
出典：筆者撮影，2017年3月23日。

ユダヤ人に対する関心の深さはその思想にも表れている。ゴードンはイギリス人は古代ユダヤ人の子孫だという信念をヴィクトリア女王と共有しており、さらには、日本人は、旧約聖書に登場するイスラエルの一二支族のうち、アッシリアに征服されて虜囚とされたためにその後の行方が知られていない「失われた十支族」の末裔であり、渡来人の秦氏として古代の日本列島に移ったのだと信じていた。

この、いわゆる「日猶同祖論」は、ゴードン一人の妄信ではない。その起源は明治時代に来日したスコットランド人ノーマン・マクロードの一八七八年の著書『図説日本古代史の縮図』にあるとされるが、一九〇八年一月には、ゴードンと関係の深かった景教研究の権威、佐伯好郎が『地理歴史』に論文「太秦を論ず」を発表し、古代日本の氏族である秦氏は景教徒のユダヤ人であるとの説を唱えている。また、高楠も一九四四年に『知識民族としてのスメル族』を発表して同様の見解を披歴しており、ゴードンの周囲で日猶同祖論が相当な影響力をふるっていたことは疑いえない。こうしたユダヤ人への特殊な関心はさらに、日露戦争の際にロシアの反ユダヤ主義に憤るアメリカのユダヤ人実業家ジェイコブ・H・シフから日本が多額の融資を受けたことをきっかけに、一部の学者たちを超えて、それまでユダヤ人を意識してこなかった軍部や一般社会にも広がっていった。ゴードン死後の一九三〇年代には、ユダヤ人難民を満洲国に受け入れることで彼らの協力を再び取りつけ、またアメリカの対日強硬策を軟化させようとする「河豚計画」も生まれる。

ゴードンのユダヤ理解がその学問の一部を成していたことは想像に難くない。キリスト教の原型をなすユダヤ教が極東に継承されたという願望にも近い世界観は、西洋東洋の一体性を追究する史観を補強するものだったろう。そして、彼女がユダヤ人の苦境に同情し、彼らの歴史と文化、宗教に深い敬意を抱いていたことも否定できない。しかし、その親ユダヤ感情がある種の偏見と無縁ではなかったこと、さらに言えば、対極をなすはずの反ユダヤ主義と実は一定の親和性を有していたことを看過するわけにはいかない。ゴードンが師事したミュラーの師であるウジェーヌ・ビュルヌフは悪名高い人種主義者のエミール・ビュルヌフを甥にもち、ミュラーもまた、太古にインド亜大陸に侵入した人々をアーリア人と呼び、彼らをインド・ヨーロッパ諸語を話す人々の始祖とする説を標榜した。彼の学説は後世の「アーリア神話」、「アーリア学説」に逢着し、ナチス・ドイツによるユダヤ人迫害に理論的根拠を与えることにもなったが、ユダヤを「内なる他者」と見るにせよ「絶対的な他者」と見るにせよ、彼らに一方的な歴史理解を押しつける論法は近代世界が産み落とした病理である。ミュラーの薫陶を受け、高楠や佐伯と手を取り合いつつ自らの思索を深めたゴードンもまた、その呪縛に捕われていたのであって、和歌山の景教碑に仮託された彼女の理想は一端において、民族や人種、文明、イデオロギー、宗教、理性の美名の下に洋の東西を問わず無垢の人々の運命を弄んだ現代史と無縁だったと断言できるだろうか。

5　世界史の中の和歌山、和歌山の中の世界史

太陽の沈まぬ極西の帝国の中核を担う一族に生まれたエリザベス・A・ゴードンは、家族と祖国を離れて東西の合一の証明に生涯を費やした。今日からすれば、それは荒唐無稽な思想を追究し続けた無名の一人物の人生に過ぎず、反ユダヤ主義にすら重なる危うささえ孕んでいたかもしれない。そし

図5－5　現在の西安
出典：筆者撮影，2017年11月26日。

て、どのように擁護したところで、ゴードンは歴史に名を刻んだ人ではないし、彼女の残した著作も、歴史研究が現代ほどの緻密さと科学性をもたなかった時代の滑稽な素人芸として片づけうるだろう。

しかし、いかなる人も時代の中を生きており、その来し方を省察すればそこには当人の生きた時代の一面が刻まれているし、時代を超越した個人の独自性もまた刻まれている。ゴードンの場合、彼女の生涯と思想は、栄華の頂点にあったヨーロッパが世界大戦へと至る道程で自らの存在の根拠を追求した時代の産物であったし、しかしまた戦争と革命を繰り返した社会において、人種、文明、階級、性差の障壁に縛られることなく理想を探求した人の足跡でもある。高野山に残る碑と墓、さらに彼女の人生にふれて奔放や迷妄を冷笑するのはたやすいが、その情熱と真摯さを嘲笑すれば、歴史のなかの個性と、個性に宿る歴史に学ぼうとする感性は失われる。

そして、彼女が和歌山に残した景教碑を調べれば、エジプトの「死者の書」、古代シリアの文字、アッシリアの強勢、古代ギリシャ文明の意匠、ネストリウス派、仏教思想、長安の繁栄、東西の文化的交流、ヴィクトリア朝の栄耀、産業革命と自由主義、アイルランド問題、日本の近代化と不平等条約の桎梏、人種主義、植民地主義、第一次世界大戦、民族浄化、そしてユダヤ人問題等々、世界史教科書の端から端までを巡ることができる。世界史を考える題材は身近にある。

参考文献

安藤礼二「エリザベス・アンナ・ゴルドン夫人をめぐって（明治仏教の国際化と変貌、パネル、〈特集〉第六八回学術大会紀要）」『宗教研究』八三‐四、二〇一〇年。

鎌倉喜久恵「E・A・ゴルドン（一八五一―一九二五）」『ふみくら　早稲田大学図書館報』三八、一九九二年。

イー・エー・ゴルドン、高楠順次郎訳『弘法大師と景教』丙午出版社、一九〇九年。

JACAR（アジア歴史資料センター）Ref. B08090028500、「日露戦役関係各国輿論啓発ノ為末松、金子両男爵欧米へ派遣一件」（外務省外交史料館）。

中沢新一責任編集・解題『南方熊楠コレクション』第一巻、河出書房新社、一九九一年。

中村悦子「E・A・ゴルドン夫人の生涯――早稲田大学図書館一〇〇年の歩み　文庫創設者を語る」『早稲田大学図書館紀要』三〇、一九八九年。

中村悦子「E・A・ゴルドンの人と思想――その仏耶一元論への軌跡」『比較思想研究』二一、一九九四年。

森睦彦「ゴルドン夫人と日英文庫」『東海大学紀要　課程資格教育センター』一、一九九二年。

早稲田大学図書館「WEB展覧会」、No. 36「石羊とゴルドン文庫」（http://www.wul.waseda.ac.jp/TENJI/virtual/gordon/）（二〇一七年三月二五日に最終閲覧）

E. A. Gordon, *Clear Round!: Seeds of Story from Other Countries*, London, 1895.

E. A. Gordon, *Temple of the Orient and Their Message in the Light of Holy Scriptures, Dante's Vision, and Bunyan's Allegory*, London, 1902.

Noboru Koyama, "Cultural Exchange at the Time of the Anglo Japanese Alliance," in : Phillips P. O'Brien (ed.), *The Anglo-Japanese Alliance 1902–1922*, London, New York, 2004, pp. 199–207.
Norman McLeod, *Illustrations to the Epitome of the Ancient History of Japan*, Kiyoto, 1878.
William D. Rubinstein, Hilary L. Rubinstein, *Philosemitism : Admiration and Support in the English-Speaking World for Jews 1840–1939*, New York, 1999.

第6章　日宋文化交流の場・重源の新別所

林　晃平

1　高野山におかれた秘密基地

高野山にある真別処円通律寺《しんべっしょえんつうりつじ》は、現在でも厳格な立ち入り制限があり、関係者以外は参拝することすらかなわない寺院である。同寺は弘法大師空海の十大弟子の一人である智泉《ちせん》の開基と伝わるが、歴史的に注目されるのは一二世紀後半、東大寺の再建に尽力したことで有名な重源が、この地を「新別所」と呼び、「専修往生院《せんじゅおうじょういん》」と称する念仏道場を構え、拠点としたときであろう。重源は勧進（説法を行うなどして寺院の建立などの費用を寄付させること）活動の拠点となる別所を各地に設置し、それらは「七別所」（東大寺別所・高野新別所・渡辺別所・播磨別所・備中別所・周防別所・伊賀別所）と称されているが、新別所もその一つである。周防別所や播磨別所などは東大寺再建の資材・費用を供する所領経営の中核として位置づけられている。では、新別所はどのような位置づけが可能だろうか。

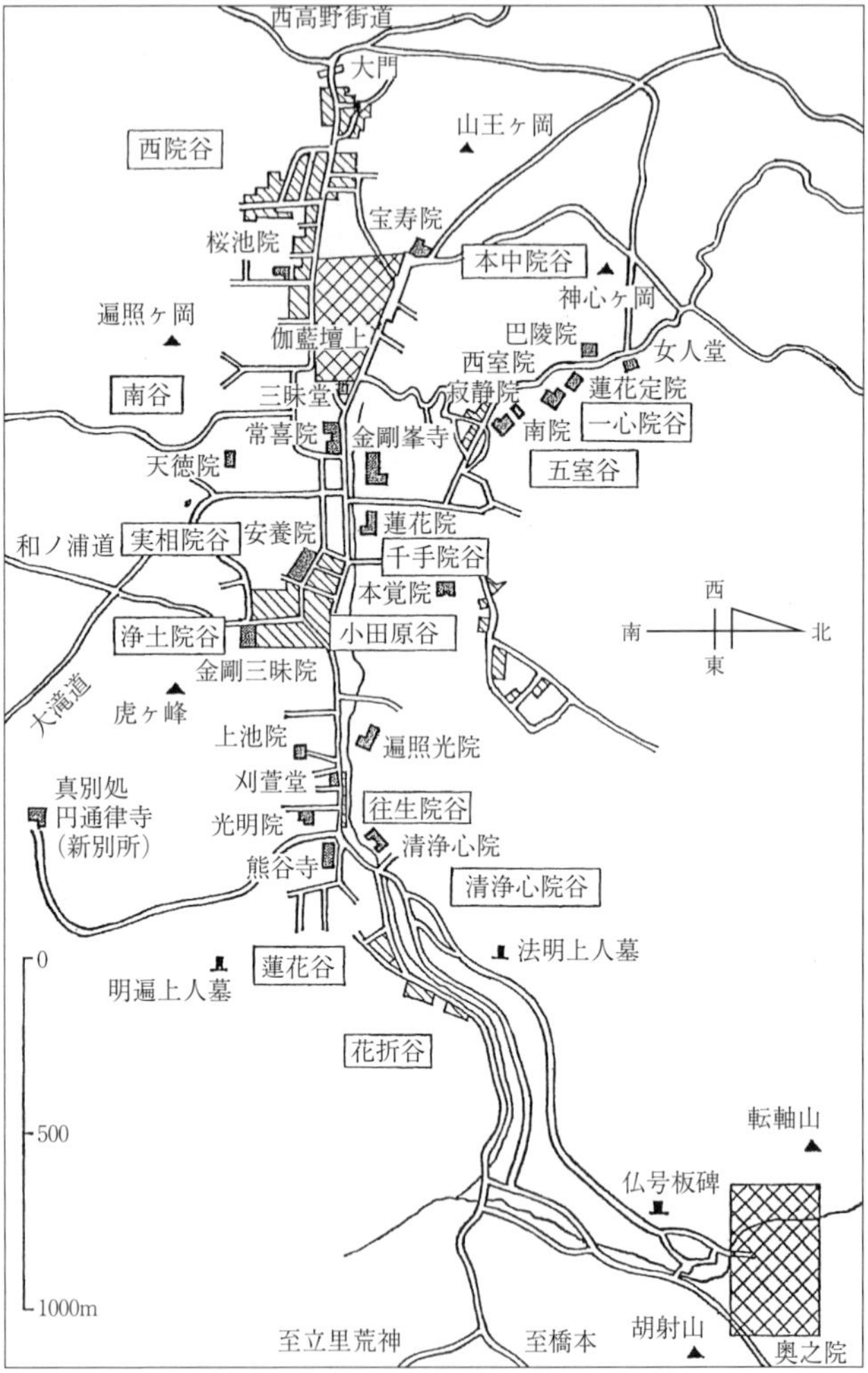

図6－1　真別処円通律寺（新別所）の位置

出典：五来重編『高野山と真言密教』名著出版，1976年，485頁「高野山内略図」を一部改変。

新別所は一二世紀後半に重源の拠点として小堂、三重塔、湯屋、食堂が建設され、重源自ら志の高い配下の僧二四人を選び出し、ここで往生を遂げるべく念仏を唱えさせたという。重源自身は一一八七（文治三）年に新別所を後にしたとされるが、その後も文学作品等の書写が新別所で行われているなど、新別所は文化的活動の場として存続していたと思われる。しかし、重源死去の九年後にあたる一二一五（建保三）年に高野山と吉野山（金峰山寺）との境界争いの煽りを受け、吉野山勢の略奪を受ける。一三世紀後半には新別所が寺領を有していたことが史料からわかる他、現在でも新別所に残されている弘安年間（一二七八～八七年）のものと推定される高野山内でも最大規模とされる石造五輪塔の残欠の存在が知られる。一三世紀後半にも新別所は歴史的に何らかの役割を果たしたことが推測できる。

図６－２　現在の真別処円通律寺

この場所が女人禁制の結界であり，関係者以外はここから立ち入ることができない。

出典：筆者撮影。

新別所の性格を知る上で重視するべきは重源が存命中に果たした作善《さぜん》（仏縁を結ぶための善行）の数々を列記した史料である。この史料には新別所に関する記述があり、そこには重源が新別所に納めた仏教美術品が列記されている。その中には宋からの輸入品（「三寸阿弥陀像　并《ならびに》観音勢至《せいし》（唐仏）」「十六羅漢《らかん》図（唐本）」「十六羅漢図（唐本墨書）」）が含まれている。また、鎌倉時代を代表する仏師である快慶の作品も新別所には数多く納められていたことが近年明らかになり、こうしたことから新別所は日宋の文化が交流する場所であったと考えられる。では、なぜ新別所に日宋の文化交流の場、まさに重源の秘密基地とも呼べる場所があったのだろうか。

2　重源と日宋交流する文物

　和歌山県紀美野町にある泉福寺には「安元二年（一一七六）」の銘文をもつ梵鐘《ぼんしょう》が蔵されている。もともとは高野山内の寺院に施入されたこの梵鐘には「勧進入唐三度《かんじんにっとうさんど》聖人《しょうにん》重源」との銘文があり、この梵鐘を施入するまでに重源は三度宋に渡ったと考えられる。重源の入宋には時期、回数ともに諸説あるが、史料上確認できる一一六七（仁安元）年が最初であるとの理解が有力である。このとき重源は文殊菩薩の霊場である五台山への参詣を希望するが、当時五台山は女真族国家である金の領域になっており参詣することができなかった。その代わりに宋人の勧めもあって天台宗の根本道場である天台山と宋五山の一つである阿育王山《あいくおうさん》に参詣を果たし、帰国することになる。この一度目の入宋の時に重源は栄西と遭遇し帰国まで行動を共にしたといわれている。

　また、重源は自身が参詣した阿育王山の舎利殿《しゃりでん》建立のために周防国産の材木を寄進した事実が近年注目されている。この木材寄進については重源の一度目の渡宋の際に栄西とともに阿育王山から舎利殿建立を請け負い、後白河法皇や平清盛の支援を得て二度目、三度目の渡宋を経て実現させたとする説がある。日宋間を取り結ぶ役割を重源が担っていたことを示す事例である。舎利殿建立事業は重源

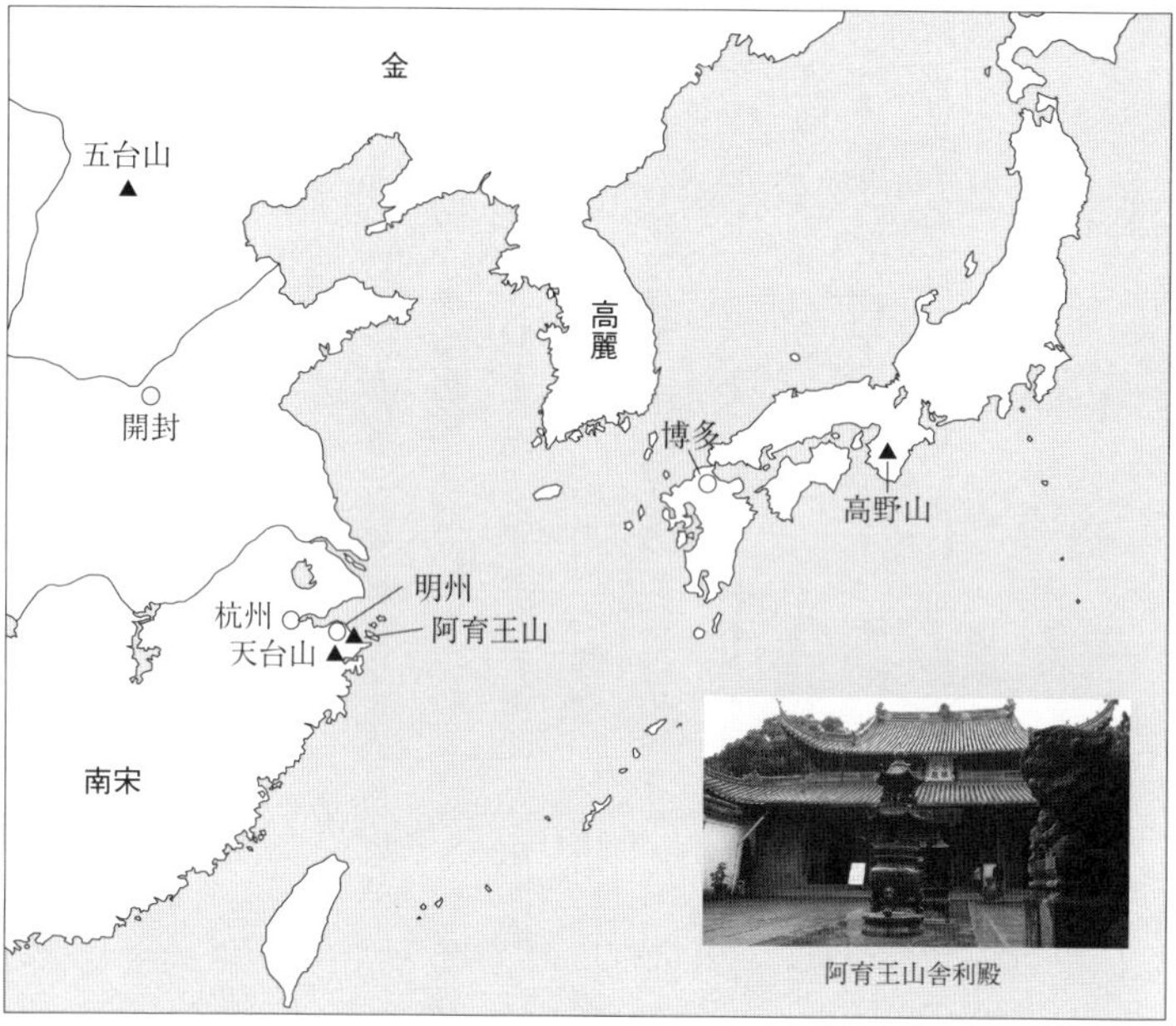

図6-3　12世紀の東アジア

出典：筆者作成。

が東大寺再建の責任者に任命される以前のことであるから、このときの経験が重視され、総責任者である大勧進に就任したと考えられている。

さらに、重源が宋に入った際、一二世紀前半の歌人で能筆家でもある藤原教長《ふじわらのりなが》筆の『和漢朗詠集』を阿育王山の僧侶らに見せて賞賛されたため、阿育王山の宝蔵にそれを納めたという逸話も伝わっている。これらの事例から、重源は単なる聖地巡礼を目的とした入宋僧ではなく、宋との太いパイプをもつことに成功した国際人であったと考えられる。

こうした重源の海を越えた活動の背景には一二世紀に展開した日宋貿易の盛行があった。繁栄した南宋の貿易拠点となった明州からは大量の宋銭が日本にもたらされた。日本側でも平氏による貿易の推進があり、博多を中心に多くの商船が金・硫黄・真珠・工芸品などを積載し宋へ向かった。この商船の往来に乗じて僧侶が宋へ聖地巡礼などを目的として向かうこともあった。重源もこうした日宋間の頻繁な交流を背景に大陸に渡り、新別所に納めたような仏教美術品をはじめ、後の東大寺再建に活用された技術や人材をも招来したと思われる。

こうして、数度にわたる入宋経験をもつ重源は、一一八〇（治承四）年の平重衡《たいらのしげひら》による東大寺焼き討ちの翌年、その再建という国家プロジェクトの総責任者に就任する。重源の再建事業を支えたのは、宋の技術やそれをもつ宋人たちであった。周防国で材木を切り出す時には宋の技術である轆轤《ろくろ》を導入した。現存する東大寺南大門の建築には宋の技術を参考にした大仏様と呼ばれる建築技法を用いた。大仏の鋳造は宋人である陳和卿《ちんわけい》に担当させた。重源の東大寺再建事業にはこのように自身の入宋経験が存分に活かされている。後に成立する鎌倉文化はこうした重源の活動の影響を少なからず受けていると考えられる。

再建事業には様々な困難があったものの、一二〇三（建仁三）年に運慶・快慶によって南大門に有名な金剛力士像が作られ、再建事業は一応完遂する。これらを見届けた重源は一二〇六（建永元）年にこの世を去った。

3　重源の勧進と新別所の役割

宋の文化・技術、あるいは「入唐三度」という経験自体を勧進活動の原動力にしながら、東大寺再建を成し遂げた重源は、自身の拠点である新別所にどのような役割を担わせたのであろう。

重源の勧進活動の様子を伝えるエピソードに興味深いものがある。重源は一輪車を六台用意し、一輪車の左側には安徳天皇の勅書を、右側には勧進状を貼り付け、天皇と東大寺からのお墨付きを得た勧進活動であることをアピールしつつ、全国をこの一輪車を引いて回ったというものだ。このエピソードに登場する一輪車は、当時の日本にはなく、繁栄した宋の都市でよく見かけられた「串車」と呼ばれるものであったとする見解がある。積載量も限られるこの「串車」を重源があえて使ったのは、宋の文化というものを前面に押し出したかったからに違いない。そして、宋の文化＝先進性・斬新さをアピールすることで勧進活動がうまく運ぶことも重源は知っていたのであろう。

新別所に集積された宋の物品もまた、重源のこうした意図の中で活用されたのではないだろうか。当時の高野山は西行や文覚のような重源と同じ勧進僧や諸国を遍歴する高野聖、世捨て人・敗残者まで様々な階層の人々が仏との結縁や往生を求めて集う場所であった。なぜ高野山に日宋文化交流の場があったのか。それは、仏教者が多く集う高野山において仏教の本場と考えられていた宋と自身の繋がりを強調するという重源の意図があったからではないか。そうであるならば、前述した重源が「入

図6－4　重源狭山池改修碑

重源の活動は民衆の生活基盤となるインフラ整備（橋・港湾・灌漑施設等）にまで及んだ。摂津・河内・和泉三国の民衆の求めに応じた重源の狭山池改修工事は老若男女，非人までもがこの工事に加わった上，宋人技術者の関与もあったとされる。こうした民衆に具体的な成果をもたらす勧進の手法は禅律僧や旧仏教改革派に引き継がれ，彼らの主導により各地で地域開発が行われるなど，宗教勢力が民衆社会に広く大きな影響力をもつ中世という時代が形作られていく。まさしく重源の東大寺再建は中世の起点であり，それは，新別所の収蔵品が示すように，大陸の文化・技術に彩られたものだった。

出典：大阪狭山市・大阪狭山市立郷土資料館編『重源と東大寺　鎌倉時代の復興を支えた人びと』2014年より引用。

唐三度」と自称した梵鐘を高野山内の寺院に施入したことも同じ文脈で理解できるだろう。また、平清盛の三男、宗盛の子である宗親《むねちか》が後世の史料で新別所の念仏集団の一人に加えられていることも興味深い。宗親は平家滅亡後に出家し（心戒《しんかい》、幽阿弥《ゆうあみ》と名乗る）、新別所に入ったとされ、その後重源とともに宋に渡ったともいわれている。これは直ちに史実とは言えないが、入宋を志す者には重源と新別所を足掛かりとして大陸との接点をもつ機会があったことを類推させる。

仏教（念仏・往生）を媒介として、様々な身分の人間が集まり、交流をもつ場として新別所が機能していたとすれば、そこで形成される人的なネットワークは重源の勧進活動を有利に展開せしめたと考えられる。

重源が新別所に期待した役割はこうしたことだったのかもしれない。

一二世紀の日宋貿易の盛行を背景に、大陸文化を日本にもたらし、鎌倉文化の成立に大きな影響を与えた重源の日宋交流の足跡は、高野山新別所からも垣間見ることができた。重源が新別所をどのように位置づけていたか、なぜ高野山に日宋文化交流の場があったかについては、本章では多様な人的ネットワークの形成という結論を導き出した。日本中世の幕開けともいわれる重源の東大寺再建事業は、大陸の文化・技術が不可欠であった。そしてそれは、直接的には東大寺再建に関係しない河内国狭山池の改修（図6-4）等にも応用され、重源の活動が民衆社会にまで及んでいたことがわかる。こうした重源の活動の広域化・深化は重源が築いた人的ネットワークと無関係ではあるまい。重源の活動が中世社会の特徴である宗教勢力（後の禅律僧・旧仏教改革派等）の民衆社会への浸透を準備したことをふまえれば、新別所は日宋交流に彩られた日本中世の始まりの一端に位置づけられるだろう。

参考文献

木下浩良「高野山新別所の石造露盤について」『密教学会報』第五一号、二〇一三年。

久野修義『重源と栄西　優れた実践的社会実業家・宗教者』山川出版社、二〇一一年。

五味文彦『大仏再建　中世民衆の熱狂』講談社選書メチエ、一九九五年。

五来重『高野聖』角川学芸出版、二〇一一年（初版は一九六五年）。

渡邊誠「後白河法皇の阿育王山舎利殿建立と重源・栄西」『日本史研究』五七九号、二〇一〇年。

横内裕人「重源における宋文化――日本仏教再生の試み」『アジア遊学』一二二号、二〇〇九年。

第7章　蒙古襲来を勝利に導いた金剛峯寺

前川未希

1　浪切不動の威力

一二七四年と一二八一年の二度にわたって元（一二七一～一三六八）が日本に侵攻してきたことは、蒙古襲来として知られている。鎌倉幕府・朝廷が滅亡する前近代史上最大の危機であった。その危機から日本を救ったのは金剛峯寺だった。

高野山金剛峯寺の子院・南院《なんいん》に浪切不動《なみきりふどう》とよばれる不動明王の木彫立像がある。空海が自ら彫刻したといわれ、名前にまつわる伝承も残っている。空海が唐から日本への帰国途中で暴風雨に遭って船が難破しそうになった時に、不動明王に祈りをささげた。すると、不動明王が剣をふるって波を切りはらい鎮め、事なきをえて空海は無事に博多に到着したという。それによって、浪切不動と名づけられることとなった。この浪切不動が蒙古襲来の際に戦場に出陣したといわれている。蒙古襲来の際には敵国降伏のために様々な祈禱が行われ、神社や寺院で多くの儀式が行われたが、戦場に持ち出されて祈禱が行われたのは浪切不動の出陣だけである。これを明らかにした山陰加春夫氏によると、一二八一（弘安四）年五月筑前鹿嶋《しかのしま》（現福岡市東区志賀島）に浪切不動を供奉して祈禱を行い、たちまち敵は滅んだという。弘安の役の台風が吹いたのは閏七月一日早朝であり、この浪切不動の霊験によって引き起こされた奇跡の「神風」と喧伝された。浪切不動の光背は蒙古襲来以後も現地に残されたといわれている。現在、福岡県の志賀島には、祈禱の壇の跡地に社《やしろ》が建てられて、火焔塚という呼び名で残されている（図７－１）。

図７－１　火焔塚のお堂（志賀島）
出典：筆者撮影。

2　高野山の神戦を頼りにした幕府

全国数ある寺社の中で、なぜ鎌倉幕府は高野山の浪切不動にすがったのだろうか。蒙古襲来の時期の幕府と高野山の関係をみたい。まず石造の町《ちょう》石道《いしみち》である。町石道とは、慈尊院から高野山までの道のりに一町（約一〇九メートル）ごとに卒塔婆が建てられていることから名づけられた参詣道である。この道は八一〇～八二四年の弘仁年間に木製の卒塔婆が建てられたことから始まったとされるが、木製のために腐りやすいことから一二六五（文永二）年に石造の卒塔婆にする計画が立てられ一二八五（弘安八）年に完成した。石造の卒塔婆は蒙古襲来の時期に造られ続けたのである。町石の形式は、総高三メートルほどの花崗岩製の五輪塔型の長石卒塔婆で、梵字、町数、建立の年月日、寄進した人物名が刻まれている。また、町石の下には金光明最勝王経《きんこうみょうさいしょうおうきょう》を記した石（経石《きょういし》）が埋納されていることも調査でわかっている。金光明最勝王経は国を護り鎮める護国の聖教とされていることから、町石を寄進することで護国を願ったと考えられる。町石の寄進者には、後嵯峨天皇、将軍藤原頼経、執権北条時宗をはじめ鎌倉幕府の要人の名もみられるが、個人で寄進した人物で数が多かったのは安達泰盛の五基である。泰盛は蒙古襲来の時期の恩賞奉行、すなわち最高軍事司令官であった。祖父の景盛は、北条政子の意を受けて、高野山上に鎌倉三代将軍の菩提寺・金剛三昧院を造営しており、安達氏は高野山に大きな支援をした一族であった。町石道にある一五八町石と一五九町石は、泰盛が一二七二（文永九）年の二月騒動で亡くなった北条時輔《ときすけ》らの菩提を弔うために建てたものである。泰盛は町石の寄進の他に、高野版《こうやばん》とよばれる経典の出版事業にも力を入れ、その時の版木四八六枚が金剛三昧院《こんごうさんまいいん》に現存する。元との戦争指導に腐心していた安達泰盛は高野山・空海の霊力にすがって蒙古襲来に対応しようとしたのである。

　さらに注目すべきは丹生《にう》神社（現　和歌山県かつらぎ町天野）である。幕府は鎌倉の護持僧を高野山に派遣して丹生神社で「異国降伏祈禱」を行った。「異国降伏祈禱」とは神々への軍勢催促をするもので、中世において、地上の兵士の戦いと同時に天上での神々の戦いがあると考えられていた。中世の神々は異類異形に化身して戦場に現れ、敵兵・敵の神々と戦った（これを神戦《かみいくさ》という）。幕府は、元の最初の襲来から一年後の一二七五（文永一二）年九月、全国の一宮・国分寺以下の大寺社に初めて「異国降伏祈禱」を指令した。

天野の地に鎮座している丹生四所明神は「神武皇后の三韓征伐」において戦功があった神とされている。一二八一（弘安四）年四月五日には、丹生四所明神のうち三大神（第三殿の祭神である気比大神）が元軍の討伐のために神戦を始めるという内容の託宣を下している。四月四日に元軍が高麗から出陣したことが後から判明したことで託宣が元軍の出発を予言したといわれるようになり、丹生神社は全国的に知られるようになった。祈禱によって神戦を行ったことについては、現在も四所明神が黒いカラスに化身して戦場に出現したことを示す掛け軸に残されている。この掛け軸は四所明神の霊験を民衆に教化する際に用いられたと考えられている（図７－４）。

図７－２　一五八町石（高野山）
出典：筆者撮影。

図７－３　一五九町石（高野山）
出典：筆者撮影。

図7-4　蒙古退治丹生四所明神像（高野山西禅院所蔵）

出典：海津一朗「徳政の流れ　仏神から経済へ」村井章介編『日本の時代史10　南北朝の動乱』吉川弘文館，2003年。

3　蒙古襲来とは

ここまで高野山と蒙古襲来との関わりをみてきたが、蒙古襲来とはどのような出来事であるかみていきたい。

蒙古襲来とは、一二七四年と一二八一年の二度にわたって元（一二七一～一三六八）が日本に侵攻してきた出来事である。元と日本との最初の関わりは一二六八（文永五）年で、元が属国高麗より使者を日本に送らせたことから始まる。元のねらいは、日本を服属させて火薬の材料である硫黄を確保すること、南宋侵攻作戦の一環として日本に侵攻し南宋の退路を断つことだったといわれている。使者の持ってきた国書の内容に関して、元が日本を脅すものだったといわれてきたが、杉山正明氏によると元は戦争を望んでいなかったという。いずれにしても、何度か日本に使者がやってきたことに対して朝廷は返答しようとしたが幕府の反対で返答しなかった。

一二七四（文永一一）年一〇月二〇日（西暦一一月二六日）、元・高麗の連合軍三万数千が博多湾に上陸した。これが文永の役の始まりである。個人単位の戦闘で功名目当ての日本の武士たちとは異なり、元の軍は集団戦法をとり、短矢を楽々と届かせ、花火式に爆発する「鉄砲」も用いていたため、日本側は苦戦し博多は炎上した。従来、戦いは一日だけで台風が発生して海上の元軍が一夜で撤退したといわれてきたが、荒川秀俊氏が台風の発生は季節外れと通説への疑問を出したことでしだいに元軍は海上で嵐にあったと考えられるようになった。近年服部英雄氏は、戦闘は七日間ほど続き、寒冷前線の通過にともなう嵐によって元軍は撤退したという新たな説を唱えた。

翌一二七五（文永一二）年九月、幕府は全国の一宮・国分寺以下の大寺社に「異国降伏祈禱」を指令した。また、幕府は再び元が攻めてくることを想定して異国警固番役を課し、九州の御家人に警備とともに博多湾岸に要害城（石築地）を築くように命令し、翌七六年三月を期して高麗への出兵準備も進められた。

一二八一（弘安四）年五月、高麗の東路軍四万、南宋の江南軍一〇万の軍が襲来し弘安の役が始まった。要害城に上陸を阻まれた高麗・南宋の連合軍は七月末に伊万里湾の鷹島を占領した。志賀島も開戦以来元軍に占領され続けている。ところが、閏七月一日（西暦八月一六日）、前夜からの台風に

図7－5　生《いき》の松原元寇防塁（福岡県）
出典：筆者撮影。

よって、高麗・南宋の連合軍は壊滅することとなった。この台風がのちに「神風」といわれるものであるが、服部英雄氏は、台風は日本側にも被害をもたらしたとしている。

幕府は三度目の元の侵攻に備えて、引き続き異国警固体制をとり、石築地の修理・増築も行った。元も南宋作戦の一環としてではなく、国家の威信をかけた日本遠征を計画していた。しかし、元の国内で内乱が起こったため三回目の日本侵攻は実現されなかった。

幕府は一三三三（元弘三）年の滅亡まで元の再来に備えていたが、民間においては日本の貿易船が中国大陸との間を往来していた。のちに誕生する足利政権の時代にも日元貿易が行われており、蒙古襲来があったが日本と元との関係は途切れなかったといえる。

4　蒙古襲来で変わった高野山

中世の高野山には金剛峯寺、大伝法院《だいでんぽういん》（のちの根来寺）、金剛三昧院《こんごうさんまいいん》といった寺社勢力が存在していた。幕府の命で実施した「異国降伏祈禱」によって、高野山は破格の恩賞を得た。鎌倉の護持僧《ごじそう》が派遣された天野の丹生神社は、一二八四（弘安七）年一二月に和泉国近木荘《こぎのしょう》の地頭方を幕府から寄進され、また朝廷からも一二九〇（正応三）年三月、近木荘国方を寄付された。丹生明神の託宣の的中によって丹生神社は新たな所領を手に入れ、また、安達泰盛の後押しもあって紀伊国の一宮（国内最高位の神社）となった。

また、金剛峯寺にも変化があった。一二八三（弘安三）年の弘安の神馬相論とよばれる事件以降、金剛峯寺が丹生神社の確保に成功した。その後、「弘法大師・御手印縁起《おていんえんぎ》」をめぐる動きに変化がみられた。「弘法大師・御手印縁起」とは空海が高野山の地を丹生明神から譲り受けたという証明書のことで、一種の神話で偽書であるが、金剛峯寺では空海の秘宝とされている（五四頁参照）。中世の高野山権力は、領内の地頭を追い出したり、争論地点を確保しようとしたりするときに「弘法大師・御手印縁起」を使い、所領支配の正当性を主張した。大伝法院（のちの根来寺）は、一一三三（長承二）年の相賀《おうが》荘、一一五一（仁平二）年の志冨田《しぶた》荘での所領支配をめぐる問題が起こったときに「弘法大師・御手印縁起」を利用していた。ところが、蒙古襲来以後は金剛峯寺が「弘法大師・御手印縁起」の行使を独占することとなり、所領支配を拡大させていくこととなった。一二九四（永仁二）年には幕府が六波羅探題から軍勢を派遣して、「弘法大師・御手印縁起」の地の悪党勢力を一掃した紀州御《ご》合戦《かっせん》があった。金剛峯寺は蒙古襲来の恩賞として広大な所領を確保できたのである。

一方で、丹生明神と「弘法大師・御手印縁起」を失った大伝法院は一二八八（正応元）年、高野山を撤退することとなった。「御手印縁起」の地の外側の弘田《ひろた》荘の根来を拠点とし、伊太祁曽《いたきそ》神社を一宮にして再出発しなければならなかった。蒙古襲来を境に高野山における寺社勢力の分布が大きく変わることとなった。

5　空海・高野山がもたらした神国思想

偶然の台風が、空海・高野山の仏神の力と信じられたことは、のちの日本社会に大きな影響を残した。

蒙古襲来という対外危機を経て、神国思想が興隆した。南北朝時代に成立した北畠親房の『神皇正統記』がよく知られているが、この史料は一九三七（昭和一二）年に刊行された『国体の本義』で引用され、日本は神の子孫である天皇が君臨するために神国であると主張されている。この主張が神国思想の一般的なイメージと思われる。しかし、『神皇正統記』を代表とする中世の神国思想と『国体の本義』を代表とする近代以降に出てくる神国思想とは異なる。

中世において、他界の仏が神としてこの列島に垂迹しているという本地垂迹説が広まっていた。仏が神の姿をとって出現したから日本は神国であり、インドや中国が神国でなかったのは仏が神以外の姿で現れたからと考えられていた。神国といっても、『神皇正統記』に日本はインドからみて東北の大海にある小島（辺土粟散）という記述がある。他国に対する日本の絶対的優位を主張する意図は込められていたわけではない。また、中世の神国思想の中心に天皇の存在はない。天皇は神仏によって支えられ、命運を左右される存在であり、悪しき天皇は神仏の罰をうけ、ふさわしくない天皇は退位させられて当然と認識されていた。

近代以降に出てくる神国思想は、仏教や儒教といった外来の文化は極力排除された上で天皇が神聖な存在とされた。『国体の本義』でみられる神国は、天照大神の子孫であり、皇祖皇宗の神裔《しんえい》である「万世一系」の天皇が君臨し統治する国であった。また、神としての天皇を戴く日本は他のいかなる国々、いかなる民族をも凌ぐ「万邦無比《ばんぽうむひ》」の神聖国家とされた。近代以降の神国思想は現人神である天皇の存在、万邦に対する日本の優越が中心にあった。

蒙古襲来をきっかけに高まったといわれる神国思想は、その後の歴史の流れを大きく変えた。だが日本を神国とするといっても、中世の神国思想と近代以降の神国思想とは全く別のものであることも忘れてはならないだろう。

参考文献

荒川秀俊「文永の役の終りを告げたのは台風ではない」『日本歴史』一二〇、一九五八年。

海津一朗「徳政の流れ　仏神から経済へ」村井章介編『日本の時代史一〇　南北朝の動乱』吉川弘文館、二〇〇三年。

海津一朗「対外戦争の社会史と現代――「異国征伐」とその時代」『歴史科学』一七二、二〇〇三年。

海津一朗「元寇の神風――神々への軍勢催促」『歴史の常識をよむ』東京大学出版会、二〇一五年。

海津一朗「蒙古襲来と「日本文化」」『新編　森克己著作集　第五巻　古代～近代日本の対外交流』勉誠出版、二〇一五年。

第Ⅱ部　宇宙の中心・高野山
海津一朗編『きのくに歴史探見』白馬社、二〇〇六年。
木下浩良『改訂版　はじめての「高野山町石道」入門』創英社、二〇一五年。
呉座勇一『戦争の中世史「下剋上」は本当にあったのか』新潮社、二〇一四年。
佐藤弘夫『神国日本』筑摩書房、二〇〇六年。
杉山正明『大モンゴルの世界　陸と海の巨大帝国』角川書店、二〇一四年。
服部英雄『蒙古襲来』山川出版社、二〇一四年。
山陰加春夫『歴史の旅　中世の高野山を歩く』吉川弘文館、二〇一四年。
渡辺照宏『不動明王』岩波書店、二〇一三年。

第8章 「紀州応仁の乱」にみる村落フェーデ

海津一朗

1 一揆の時代から平和の時代へ

室町時代の紀ノ川上流域で事件は発生した。図8-1をご覧いただきたい。東西ふたつの勢力の全面戦争である。西サイド枠囲いの集落（西軍としよう）と東サイド下線引きの集落（東軍）が軍事衝突を起こした大事件である。市中で喧嘩沙汰が起きたなどという些細な事件ではない。ほぼ一郡を丸ごと全住民同士の激突、西の那賀郡・粉河寺《こかわでら》勢力と東の伊都郡・金剛峯寺勢力の凄惨な殲滅戦争である。しかも闘っているのは武士ではない。ただの村の住民たちが、身の回りの「道具」をもって戦闘に及んだのである。時は一四六七（応仁元）年五月。まさしく、京都全市が丸焼けになったあの応仁の乱が起こる直前の事件だった。「道具」というのは農具ではない。豊臣秀吉によって刀狩令《かたながりれい》が出される一五八五年以前には、地域住民は刀はもちろん、弓・鑓・鉄砲の兵器を保持して武装していた。当然、

図8－1　応仁の紀ノ川合戦略図

出典：粉河町史，筆者作図。

この事件においても鉄砲弾丸・弓矢が飛び交って、多数の死者・行方不明者が出ていた。

　これだけ大規模な軍事衝突を引き起こしても、処罰されるものはいなかった。大変野蛮な騒動であるが、この時代＝中世には何のお咎めもない「合法」だった。もしこれが江戸時代であったなら、即時に「喧嘩《けんか》両成敗法《りょうせいばいほう》」で指導者は処刑されていたことだろう。だが秀吉以前の中世には、このような武力による紛争解決（これを当時は一揆と呼んだ）が合法だった。このような私的な復讐を世界史上、「フェーデ権」とよぶ。ここでは、この紀州応仁の乱を手掛かりにして、世界史の中の民衆武装自治について問いなおしたい。

2　発端はちいさな水争い

この応仁の紀ノ川合戦の発端は、名手荘《なてのしょう》と粉河荘《こかわのしょう》丹生屋村《にうのやむら》の水争いであった。中央を流れていた水無川（現 名手川）の水利権をめぐる戦いだった。名前のとおり水量の少ないこの河川は、旱魃《かんばつ》の年には周囲の耕地を壊滅させた。農業への依存度が高い中世社会においては、自然災害や渇水にともなう耕地の荒廃はすなわち死を意味しており、住民たちが一致団結して水を確保するために、水源を共有している他村との相論（訴訟）に及んだ。

図８－２　名手川合流付近の水源・椎尾山

名手荘の領主は高野山金剛峯寺、粉河荘の領主は粉河寺。粉河寺の残した荘務日記によると、この事件は次のように記述されている。ごく一部を見ていただこう。

名手と丹生屋と井論して、名手より丹生屋を焼くによって、粉河荘中の寺家軍勢がまた野上村を焼くゆえに、野上九郎左衛門城に切畑・野上衆、野上殿城に江川・静川衆、エタ村ノ上に笠田《かせだ》衆、シン田村に麻生津《おうづ》衆陣取り、丹生屋寺方小畠に寺家・猪垣村・池田衆、中村にシノ村町衆、下丹生屋に長田・上田・松井衆、エタ川原に田中、井田、東村、藤崎に荒見村・杉原村陣取らしめ合戦する……（『粉河寺旧記』）。

私たちが軍記物語や大河ドラマなどで見ている合戦シーンなどとは全く違うことがわかるだろうか。「合戦」「城」「陣取」「焼討」「軍勢」とは言っても、村同士の「井論」に始まる戦闘である。「井論」すなわち用水相論を引き起こしたのは、名手荘野上村と粉河荘丹生屋村の村人であったが、それは次々と周辺の村を巻き込んでいき、とうとう領主の金剛峯寺と粉河寺、さらに周辺の根来寺の僧兵までが救援のため「合力」してくる。史料には多くの地名が出ているが、先の図と見比べて読んでほしい。まず、名手荘側から焼討がかかってきたのだが、粉河荘側も復讐として敵方の野上村を焼討して、双方がこの河原一帯に城を築いて対峙していった。固有名詞が出てくるのは野上九郎左衛門と野上殿だけで、城を持つ「殿原《とのばら》」身分（身分は百姓だが侍扱い）であることがわかる。あとは、村を単位とする○○衆や○○村で、身分の上下を問わずに村人集団という意味合いで村の法人格が認められている。村の中には、有力な御家人《ごけにん》や奉公衆《ほうこうしゅう》のいる村もあるし、武士のいない比較的フラットな構成による村もあった。だが、有力者のいる村も村人の村も、区別なく「○○村衆」としてそれぞれ裁判の主体になっていたのである（これを研究史の上で「中世村落の法人格」とよぶ）。

高野山金剛峯寺の行人方が出兵して来て、これに対して根来寺僧兵が粉河寺に味方するなど、事件は拡大の一途を辿った。そして、五月一九日に至って紀伊守護の畠山氏が介入して、軍事制圧により退陣をさせた。村には一応の平和が戻ったことになる。

3 応仁の乱は紀州から始まった？

まず注目すべきは、この事件が応仁の乱の直前に発生していたことだろう。応仁の乱は、京都を丸焼けにした事件であり、東洋史学者・内藤湖南は「応仁の乱以前の歴史は学ばなくてもかまわない」といったほどに大きな歴史の節目となる事件だった。現代の歴史学では、日本における戦国時代の始まりとして注目されていて、二〇一六年刊行の呉座勇一氏の著『応仁の乱』（中公新書）が驚異的なヒットを飛ばして、斜陽の歴史学界の救世主として注目をあつめている。

水無川（名手川）をめぐる水論は、鎌倉時代の一二四〇（仁治元）年大渇水より連年確認されているが、この応仁の紀ノ川合戦ほどに拡大したのは初めてだった。したがって、これは単なる水争いではなく、事件の背後には中央の政治家の対抗関係が反映しているというのが室町時代研究者たちの考えである。地元の『粉河町史』で史料を集めていた弓倉弘年氏は、応仁の乱のキーパースンである畠山義就《よしひろ》と畠山政長《まさなが》との代理戦争が紀州で行われたのではないか、と考えている。つまり、紀州は東軍の政長が制圧する国であったが、それを奪還するために義就派が高野山に肩入れして、あわてた政長が代官として神保氏・遊佐氏らを派兵して与力させたというのだ。

呉座氏は、『応仁の乱』の中で、紀伊半島の大和国こそが、実は応仁の乱の仕掛け人のいる所であると論じている。応仁の紀ノ川合戦は、中央の政治が地方に波及してきた事件、というだけでなく、もしかすると応仁の乱の直接の原因になった事件かもしれない。呉座氏は和歌山での講演（二〇一七年）において、紀ノ川だけでなく有田川筋の義就派の領主たちが、南朝の皇子をみつけて擁立し、藤白の城に繰り出してきたことを明らかにした（南朝皇子が本拠地にした藤白の城がどこにあったのかは大きな注目をあつめた。①有間皇子所縁の藤白王子社周辺、②守護所のある大野城、そのどちらかと推測される〔ともに海南市〕）。まさに下剋上の騒動が紀伊半島では発生していたのである。

応仁の乱の原因となる事件が、紀伊半島で発生している――日本史の教員であれば、喜んで教材化することだろう。日本史を二分する最大規模の内乱が、紀伊半島の歴史との関係で教えることができる、と。しかし、それは「紀伊半島から考える日本史」にすぎない。この応仁の紀ノ川合戦には、もっと大切な問題が隠されている。

4　日本における「神の平和」運動

文明国家は、武装自治による紛争解決を認めない。江戸幕府以後の日本では国内の集団の武装やフェーデ権を許さず、復讐は公権力の軍隊と法廷に一切を委ねる――ということを冒頭に述べた。応仁の紀ノ川合戦ではどうだったか。

そこでは、あたかも村が法人格をもつ主体「国家」であるかのように、好き勝手に「合戦」「焼討ち」「陣取り」「城構え」をしており、集団的自衛権の発動のごとく周囲の村が連合して殲滅戦争を行う。武士や寺社など領主たちは、それに引きずられて戦闘に参加する。室町幕府は最後にはこれを調停するにはしたが、戦闘行為自体はまるで処罰の対象にはならない合法である。

一揆という言葉は、今日では階級闘争と思われがちだ。団結して武力で支配者に立ち向かい、敗れ去っていく。すくなくとも日本史上の事例で、このような一揆はほとんど実例がない。九割以上が、応仁の紀ノ川合戦でみたような仲間同士の諍いなのである。隣村とのナワバリ争いや、弱い者いじめの集団暴力ばかりである。権力者に立ち向かうなど、ごくごく例外の訴訟事件にすぎない（たとえば、逃散ストライキによる百姓申状闘争）。その内輪もめが国規模まで広がってしまったのが紀州の事件である。このような一揆は、タテ関係の階級闘争でなく、ヨコ関係の紛争解決手段なのである。

武装した騎士身分の者が決闘する行為、これが普通の（西欧法制史にいう）「自力救済」行為（フェーデ・ジッヒ）、フェーデ権である。ところが、日本の中世では、このような武力発動・武力保有が、一六世紀の村（百姓）には公認されていた。民衆が自治を行う、村が法人格をもって武装している、「村落フェーデ」権と呼ぶ。もちろん、時代はしだいにこれを縮小する方向に動いていたものの、秀吉の太閤《たいこう》刀狩令（初令＝紀州一五八五年・全国令一五八八年）まで、民衆は武装権も実力救済も合法とされていた。じつはこのような国家・社会は、近代化に成功した先進諸国の中には見当たらない。それればかりか村落共同体を主役とする民衆フェーデ権の事例自体がほとんど知られていない。日本だけが例外なのである。

ヨーロッパでは、一二世紀以後に「神の平和」運動と呼ばれるキリスト教徒の武器使用・実力行使禁止の宗教運動が興って、騎士身分の自力救済が禁止されていった。このような動向を背景にして、西欧の中世国家は刀狩令と瓜二つの武装禁令を発令して騎士のフェーデ権を剝奪した。日本の社会にはこのような体験が欠けていたのである。

日本中世の村にあって、自検断《じけんだん》（警察権・裁判権をもつ村落共同体）を行い、税の村請を行っているものを惣村と呼ぶことは教科書で常識だろう。私たちは、これをあたりまえのように思っているかもしれない。しかし惣村の「村落フェーデ」権は、世界史上の例外中の例外。それが鉄砲を使った大戦争にまで発展している紀州のような国は、世界にただ一つであったのだ（もっとも、世界には文字で歴史を残さない国や集団もあるため、一六世紀の村落フェーデが日本のみとは断言できない。あくまで現在の研究史の上のことである〈歴史学研究会編『暴力と平和の中近世史』〉）。

5　自治の国への思慕

惣村自治の代表である近江国菅浦《すがうら》においても、琵琶湖の大半を巻き込んだ村の戦争事件が発生している（寛正の境界相論）。この時も、事件の発端は、隣り合った村同士の猫の額ほどの田んぼをめぐる境界紛争だった。それが、合力を重ねて琵琶湖全域まで飛び火した。朝倉・浅井《あざい》・六角など湖北の大名権力の領土をはるかに超えた広がりで闘われた。このような村落フェーデ事件は、各地に惣国一揆があった時代にはそこかしこに見られたはずだ。だが、次々に戦国大名に制圧されて、最後まで残っ

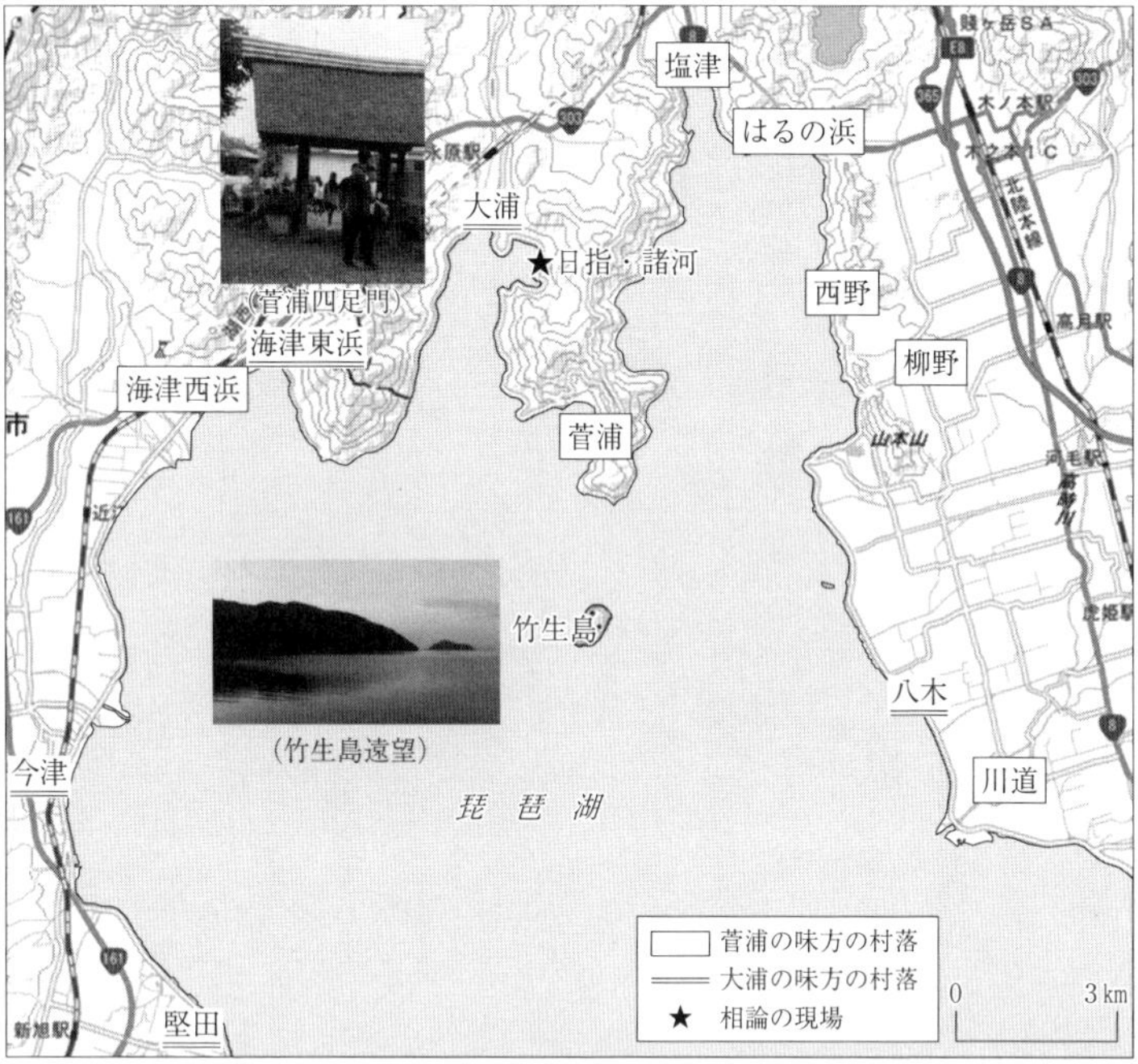

図８－３　菅浦・大浦文安合戦（1445～46年）関係図

出典：筆者作図。

ていたのが、紀州惣国一揆＝紀伊半島の惣国連合にほかならない。

応仁の紀ノ川合戦は、このような世界の中の「未開国家」日本の象徴として見ておきたい。西欧社会および中国文化圏など、文明領域においては、ほぼ一二世紀の段階で私闘の自力救済は否定された。西欧では、「神の平和」運動という武器没収の思潮が高揚して、秀吉に先立つこと四〇〇年も早く、武器使用禁止令（刀狩令）が発動された。

文明国の中にあって、最後まで野蛮な村レベルの自力救済をくりかえしていた日本の室町期惣村、紀伊半島は戦国時代の惣国一揆。それがなぜ、世界に一つの平和憲法・第九条戦争放棄をもつ国家に変貌したのか。この答えを探すことこそ、紀伊半島から考える世界史の鍵のはずだ。紀州人は雑賀《さいか》孫一（鈴木孫一）や沙也可《さやか》（金忠善）など中世の英雄が好きである。太閤や徳川御三家などの権力者は嫌いという人も多い。ここには「消えた民衆フェーデの惣国」への強い思慕の念をみることもできるだろう。

参考文献

稲葉継陽他『村の戦争と平和〈日本の中世12〉』中央公論新社、二〇〇二年。
『粉河町史』第一巻、二〇〇三年、二八六～二八九頁、三九七～四〇〇頁。
呉座勇一『応仁の乱』中公新書、二〇一六年。
呉座勇一「応仁の乱と紀州」海南市春日神社研究大会二〇一七報告。
藤木久志『土一揆と城の戦国を行く』朝日新聞社、二〇〇六年。
藤木久志『刀狩り　武器を封印した民衆』岩波新書、二〇〇五年。
弓倉弘年・小谷利明編『南近畿の戦国時代』戎光祥出版、二〇一七年。
歴史学研究会編『紛争と訴訟の文化史』青木書店、二〇〇〇年。
歴史学研究会編『戦争と平和の中近世史』青木書店、二〇〇一年。

第Ⅲ部　新・大航海時代

第9章　異国人のみた大航海時代の紀州倭寇

海津一朗

1　紀州を制するものは世界を制す

中世から近世へ、豊臣（羽柴）秀吉の治世を境にして日本列島の歴史は大きな変化を遂げる。その変化を誘発した「火薬庫」こそ、この紀伊半島だった。秀吉の軍事侵攻の歩みを見よう。一五八五年の紀伊半島の統一（紀州征伐）から、四国・九州征討（一五八七年）をへて、アジアへの軍事侵攻（唐入り・征明、いわゆる朝鮮出兵・「文禄・慶長の役」）まで、この一五八五～九八年の約一五年間は、アジアの歴史の巨大な歯車が動き出した時代である。その車軸になっていたものこそ紀伊半島である。

秀吉の征明は失敗した。だが、この情勢をみた周辺諸国は、秀吉を見習って次々と明《みん》に反逆を開始。盤石の世界、その中心と思っていた明帝国が、たかだか辺界の小国に攻められて混乱した姿は、アジアの王たちの野心を目覚めさせたのである。紀伊半島から伝播した鉄砲隊の戦法は、アジアに兵器革命をもたらした（本書第10章）。そしてついに一六六二年に明帝国は完全に消滅した。その「世界革命」の起点は、軍事大国の紀伊半島が秀吉に服属した太田城水攻め事件に遡るのだ。

大航海時代という概念は、「地理上の発見」と同様に、ヨーロッパ人勢力がアジア・アメリカ各地に勢力を扶植するという西欧中心主義の近代化論として悪名が高い。ここで、私たちはアジアの海を飛躍した集団や文物《ぶんぶつ》に注目することで、地域から考える新しい大航海時代を提案したいと思う。なによりも、秀吉にとってターニングポイントとなった一六世紀紀州とは、いったいどのような場所であったのか。まずは外国人の目で見直していくことにしよう。

2　大いなる共和国

和泉《いずみ》の国のかなたには、国をあげて悪魔に対する崇拝と信心に専念している紀伊の国なる別の一国が続いている。そこには一種の宗教団体が四つ五つあり、そのおのおのが大いなる共和国的存在で、いかなる戦争によってもこの信仰を滅ぼすことができなかったのみか、ますます大勢の巡礼が絶えずその地に参詣していた（『完訳フロイス日本史』四より）。

和泉の国のかなたの奥地とは、京都を起点にみるから南の果ての辺境、つまり紀伊半島ということである。紀伊半島には、四つ五つの共和国、つまり王政の支配ヒエラルヒーをもたない自治支配の国々が割拠《かっきょ》しており、それは悪魔によって支配されていたという。記者であるポルトガル人宣教師が悪魔と言ったなら、それはキリスト以外のあらゆる宗教、多神教の日本の神仏たちのことである。つまり、紀伊半島には民衆自治を支える宗教権力が「偉大な共和国」として存在して、信長・秀吉はじめいかなる世俗の大名権力をもってしても屈服させられない、というのである。「大勢の巡礼」ですぐに思い浮かべられるのは「熊野参詣」。大名たちの制止を無視して、全国から信者集団が紀伊半島をめざして訪れる。それは、本願寺が北陸・西国の門徒《もんと》集団を一向一揆《いっき》として組織して、大坂まで「結番《けちばん》」させていたのと同じである。熊野三山や高野山など紀州霊場は、見方によっては、全国の民衆に支えられた宗教共和国だった。

フロイスは、さきの引用に続けて、国々を詳細に説明していく。

第一の国は高野山金剛峯寺の支配する高野共和国で、女人禁制である。

第二の国はここから分離独立した根来《ねごろ》惣国で、強大な鉄砲衆を特色として、首都にあたる根来寺境内は金銀財宝を集めた巨大都市である。最近の発掘で湯屋《ゆや》や風葬地もみつかった。

第三は、粉河《こかわ》寺の支配する粉河の惣国。正長の土一揆のとき、粉河門前が襲撃されるほどの財宝をため込んでいた。

第四は、紀ノ川河口部に広がる水郷の雑賀《さいか》惣国。優秀な指導者の平井村の鈴木孫一（俗に雑賀孫市）を中心に、五つの地域にわかれて地域分権を実施する強力な海軍力を持つ海商たちのメッカである。

第五は、熊野国に属する海岸線の諸地域。九州の大名たちも、熊野三山の護符（牛玉宝印《ごおうほういん》）を求めて布施を払い続けているという。

本当はほかにもいろいろあるのだが、所詮は宣教師の聞き書きであるから、不思議の国の様子について正確な情報は入っていない。このような宗教共和国連合が、一致団結して大名たちと戦ったことだけは確実である。

日本の史料には、戦国時代の紀伊半島に「紀州惣国《そうこく》」という国家組織があり、一揆（団結）して自立していたと書かれる。研究概念として、惣国一揆、一向一揆などと呼ばれた。これこそ、世界史的に見れば「宗教共和国連合」だったわけである。日本人があたりまえと思って見過ごしてしまう事実を、異国人は興味深くみつめて本質を見抜いていた。

アジアの一角、日本列島には、ヘルシャフト（タテ関係主従制秩序）の織豊統一権力と、ゲノッセンシャフト（ヨコ連合秩序）の紀州共和制と、二つの異質な国家が対立しつつも共存していたのである。フロイスの目はそれをしっかり見抜いていた。

3　もう一つの日本「イリャ・ドス・ラドロイス」

フロイスがアジアをまたにかけて活躍していたころ、彼らが用いていた地図の一つがこれである（図9－1）。異様な形の日本列島。そこには、ポルトガル人が興味を引かれた出来事が明記されている。まず銀山、そして硫黄《いおう》。イリャ・ドス・ラドロイスの文字。盗賊のナワバリである。紀伊半島に

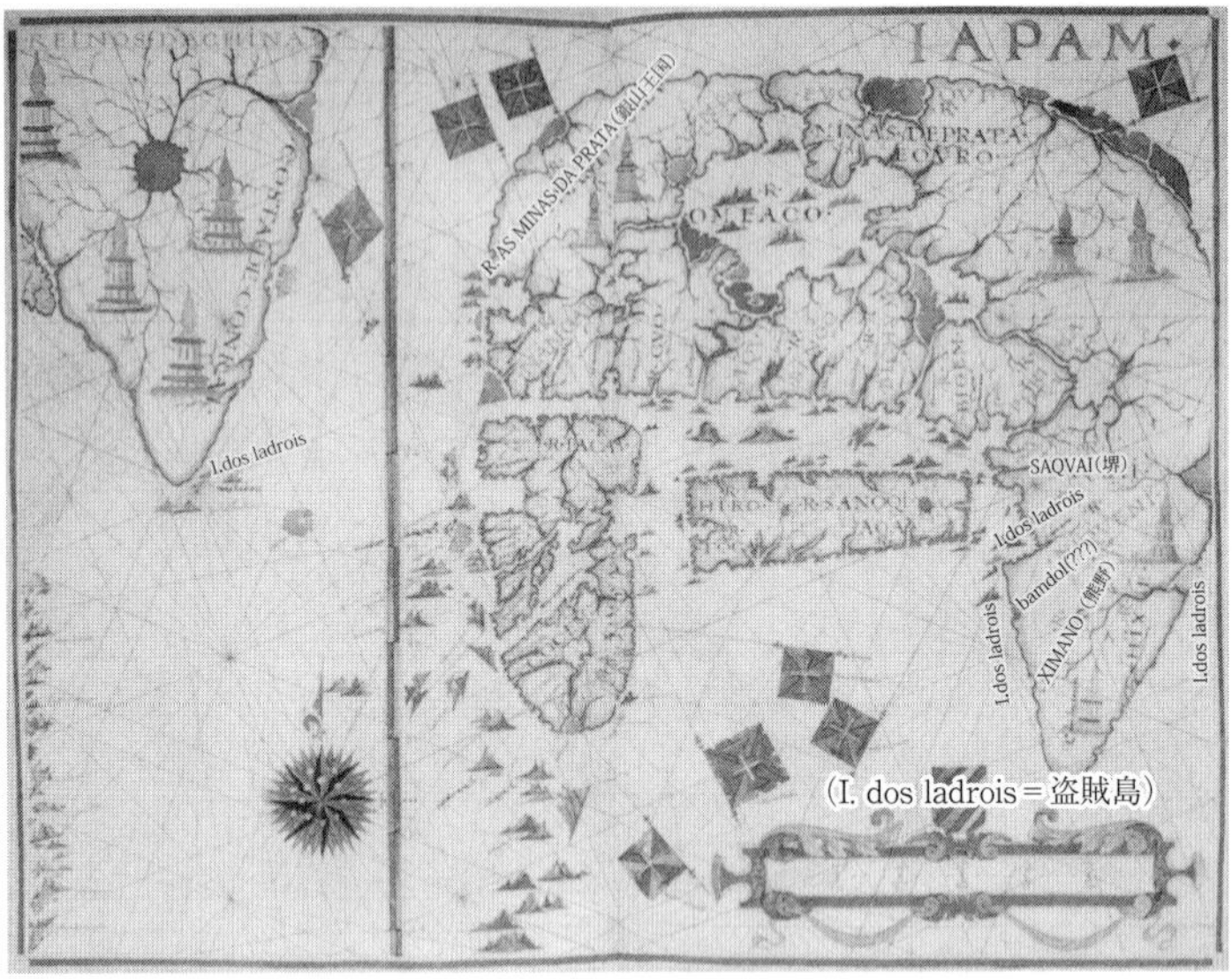

図9－1　フェルナン・ヴァス・ドゥラード作「世界地図帳」
(1568年。マドリッド，アルバ公爵蔵)

は三ヶ所もある。銀は欲しい。されど、イリヤ・ドス・ラドロイスが怖い。なぜなら、彼らは独自の密貿易ルートを開拓して、巨万の富と武器を仕入れていたからである。

日本という国家に悪党・海賊などの反逆者がいたように、アジアの国々にも大規模な反乱勢力がいた。その巨魁が王直《おうちょく》であり、手下に徐海《じょかい》、葉麻《ようま》、陳東《ちんとう》らがいた。海に乗り出す紀州勢力は、このアジアの反逆者と手を結んで、武器を輸入した。信長・秀吉の天下統一を阻止するほどの武器（鉄砲と軍艦）はこのようなラドロイス集団から提供されていた。ふつうは教科書などで「倭寇《わこう》」という。時期的には後期倭寇ということになるだろう。

日本史・世界史の教科書にともに載っている倭寇の図は、おそらく新科目・歴史総合でも扇の要の題材になるはずだ。日本と世界の接点、前近代から近代への移行の接点という、二重の意味で懸け橋になるからである。紀州惣国および周辺海域は、その倭寇集団が最後の最後まで生きのびていた本拠にほかならない。

ドゥラードの作った世界図の日本、イリヤ・ドス・ラドロイスこそ、一六世紀大航海時代のアジアの姿をいまに伝えてくれているのだ。

図9－2　貝塚寺内の鎌倉時代の鐘を「天正十三年銘」に改鋳している（願泉寺）

4　日本にふたつの国家――その国境は？

もう一枚、絵図をみてもらいたい。日本列島にあった二つの国は、どこで接触していたのか。それがわかるのがこの図面だ。江戸時代岸和田藩の兵法家安井家に伝来していた「和泉国古図」であり、後世「根来出城《でじろ》図」と呼ばれる。和泉国のうち岸和田市・貝塚市一帯の様子を描いた絵図である。

「大いなる共和国」が滅び去る直前、一五八五年の四月、羽柴秀吉の大軍が紀州惣国に攻め込んでくる。すでに、王直の倭寇勢力は瓦解しており、ヨーロッパ人の南蛮貿易が倭寇

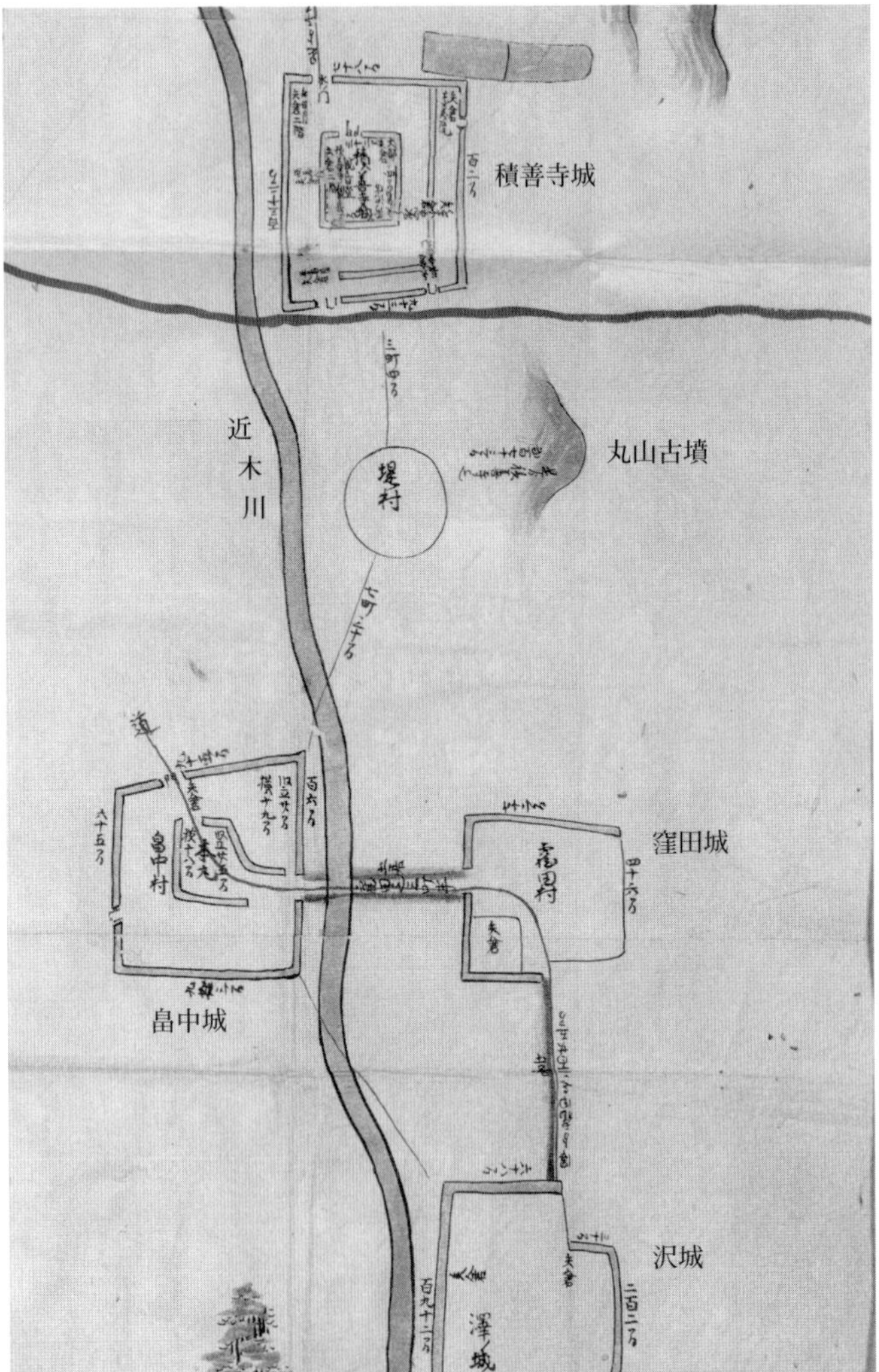

図 9-3　『根来出城図』・部分（岸和田市教育委員会所蔵）

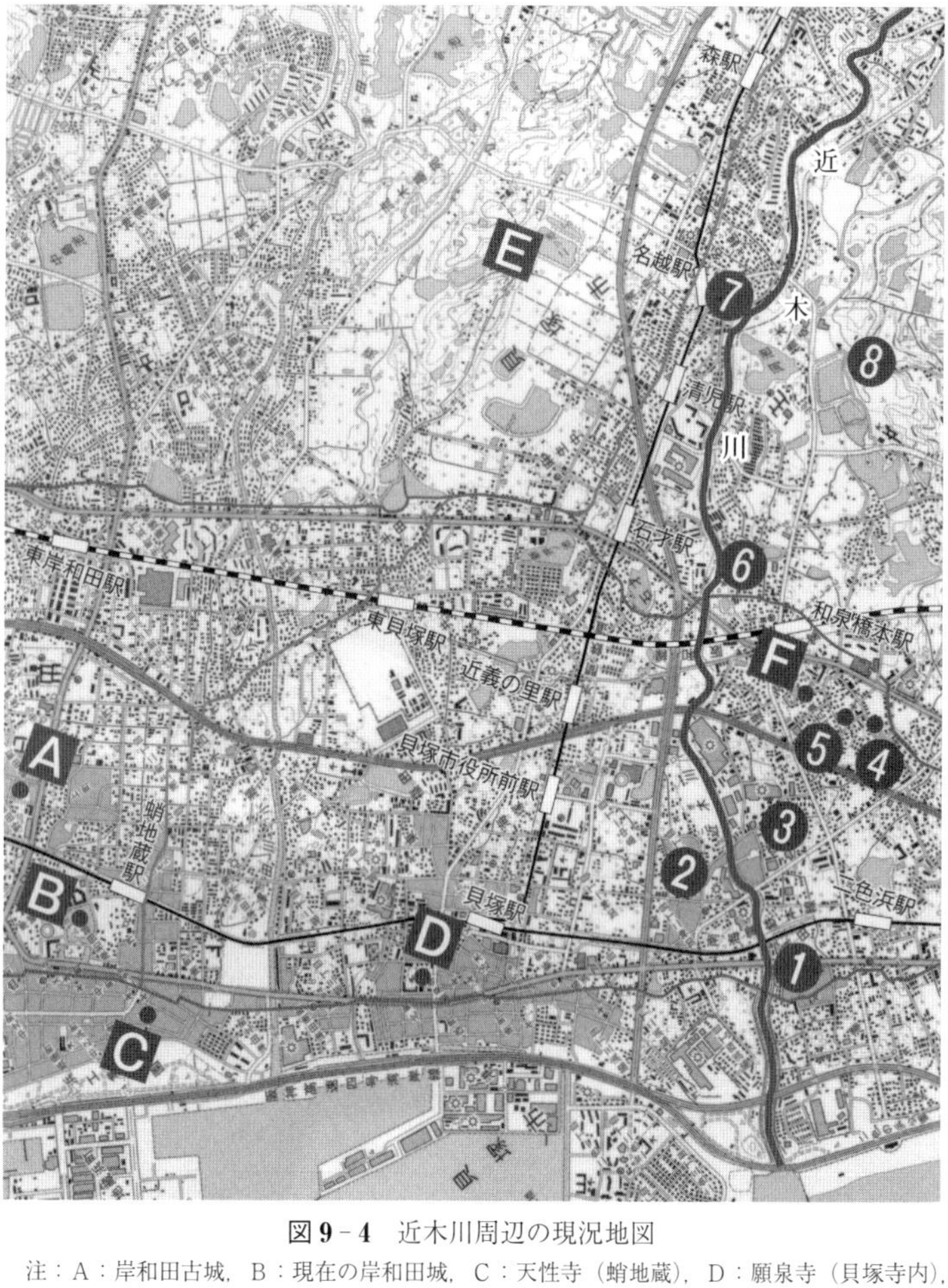

図９－４　近木川周辺の現況地図

注：A：岸和田古城，B：現在の岸和田城，C：天性寺（蛸地蔵），D：願泉寺（貝塚寺内），
E：鐘ヶ谷城，F：丸山古墳
①沢城，②畠中城，③窪田城，④南近義神社，⑤正福寺，⑥積善寺城，⑦高井城，⑧千石堀城

出典：和歌山大学岸和田サテライト編『フィールドミュージアム中世日本の国境地帯』2013年。

の商圏を侵しつつあった。その背景には、信長・秀吉らの統一政権からの軍事援助と保護があった。こうして、紀州惣国など各地の反逆勢力は、十分な対外支援体制がとれなくなって弱体化していたのだろう。和歌山（雑賀）平野の太田城においてあえなく全滅をとげることになる。この絵図に描かれた近木川《こぎがわ》一帯は、紀州惣国と秀吉軍とが全面対決した決戦の舞台であった。

この近木川ラインには「城」が群集して、激戦地であることをうかがわせる（現在の貝塚市）。実際、秀吉軍の死者は、ほとんどがここの戦の被害者だった。このラインこそ、紀州惣国の出城であり権益をまもるための国境線であった。秀吉は国境を越えて、丸山古墳に本陣を張った（図9－3・4参照）。古代王も地の神も恐れぬ秀吉の所業である。対する紀州惣国は、海沿いを雑賀衆、山沿いを根来衆という混成軍であり、「百姓のもちたる城」という畠中《はたけなか》城のような民衆軍団もあった。主従制原理によるピラミッド型の大名権力の軍隊と、水平に連合した人民遊撃戦争を行う惣国と、二つの国の違いをここでもみることができる。

なぜ近木川が国境になったのであろうか。この河口部には「神前船息」という古代以来の港があり、その歴史は兵庫（大輪田泊）とならんで奈良時代にまで遡った（『行基年譜』天平十三年記）。近木の地は、蒙古襲来という対外戦争で、紀州勢力の高野山金剛峯寺がはじめて手に入れた恩賞地だったのである（第7章参照）。紀州はこのような古い伝統をふまえて、それを華々しく宣伝して支配権を誇示した。過去の歴史を活用する能力が卓抜していた集団なのである。秀吉は、まずその近木地区の聖地である近木堂（現正福寺付近）を陥落させたかったのに違いない。あえて国境をこえた地点に侵入する危険を冒してまで、敵地に肉薄したがったのである。

5　秀吉と倭寇のせめぎあう大航海時代

以上、日本列島の中にあった京都・大坂を中心とする秀吉の日本国と、アジアの反体制勢力の日本支部である「イリャ・ドス・ラドロイス」紀州惣国と、二つの国が和泉国近木川を境にしのぎを削っていたことを確認した。この一〇年ほど前より、鉛の同位体の分析で、各地に出土する鉄砲玉の産地がわかるようになった。この別府大学平尾良光研究室の科学鑑定によって、驚くべきことがわかった。和歌山平野の激戦地である中野城合戦（一五七七年孝子《きょうし》峠越えの大軍が鈴木孫一の本拠地を城山より襲撃した合戦）、太田城水攻め（一五八五年）などで使われた一六世紀の鉄砲玉の産地はどこか。その大半は外国製で、中でもタイのソントー鉱山の鉛鉱脈が最も多い。長篠合戦のときの鉄砲玉は半数が日本産だった。これに対して、同時代の和歌山平野で出土したものは、八〇パーセント強がアジア産である。この研究により紀州惣国はどうやら倭寇という外国勢力の支部「イリャ・ドス・ラドロイス」だったことが確実になった。

世界の中心である明（中国）を攻めるという秀吉の野望にとって、海域を支配する「イリャ・ドス・ラドロイス」は絶対に滅ぼさねばならない宿敵であった。一五八五年の紀州征伐の成功で、「イリャ・ドス・ラドロイス」は秀吉の軍隊に吸収された。一五九二年に始まる秀吉の征明事業（朝鮮出兵）では、海賊停止令によって服属させられた倭寇水軍が大きな役割を果たしていた。そして、その企ては、降倭《こうわ》という日本軍からの離脱者によってついに土崩瓦解に至るのである。史上もっとも有名な降倭は、のち金忠善将軍になった沙也可《さやか》であろう。沙也可の物語をみていくと、紀伊半島が世界にもたらした影響の大きさの一端を垣間見ることができる。つぎの項目に譲りたい。

参考文献

東京大学史料編纂所編『描かれた倭寇』吉川弘文館、二〇一四年。

山陰加春夫「総論　中世紀伊国の位置」山陰加春夫編『きのくに荘園の世界』上、二〇〇〇年。

フロイス・松田毅一ほか訳『完訳フロイス日本史』四、中公文庫、二〇〇〇年。

海津一朗編『中世終焉　秀吉の太田城水攻め』清文堂、二〇〇八年。

海津一朗「根来出城図覚書」『泉佐野の歴史と今を知る会会報』三六〇、二〇一七年。

北野隆亮「和歌山平野における円錐形鉛インゴットと鉛製鉄砲玉」『紀伊考古学研究』一六、二〇一三年。

北野隆亮「根来寺遺跡出土の半円柱形鉛インゴットと鉛製鉄砲玉」『紀伊考古学研究』二〇、二〇一七年。

村井章介『世界史のなかの戦国日本』筑摩書房、二〇一二年（初版一九九七年）。

村井章介『シリーズ日本中世史④　分裂から天下統一へ』岩波書店、二〇一六年。

和歌山大学岸和田サテライト編『中世日本の国境地帯』二〇一三年。

第10章　降倭沙也可にみる東アジアの鉄砲伝来

前川未希

1　東照宮にある石碑の謎

和歌山市の紀州東照宮には「沙也可《さやか》」の石碑が建てられている。沙也可については、一七八八年に沙也可の子孫によって編纂・刊行された『慕夏堂文集』という史料に詳しい記述がある。これによると沙也可は加藤清正の家臣で、一五九二（文禄元）年四月から始まった豊臣秀吉の朝鮮出兵において、加藤清正の先鋒将として朝鮮に上陸した。朝鮮の礼儀正しい風習を見、もともと秀吉の出兵に大義なしと考えていたこともあって、三〇〇〇人ほどの配下を率いて朝鮮側に投降したという。その後は、鉄砲の製造法や用兵術を朝鮮軍に教えるととも

図10－1　沙也可顕彰碑（紀州東照宮）

図10－2　沙也可（金忠善）

出典：韓日友好館。

に、朝鮮軍の先陣として日本軍と戦い功労を立てた。また、戦後も沙也可は北方の女真族の戦いに手柄を立てるなど朝鮮両班に劣らない献身的な働きをし、朝鮮国王から金忠善《キムチュンソン》の賜姓や堂上官叙任（両班）と田荘の授与など様々な恩典を授かった。

金忠善（沙也可）の死後一二五年目に孫の金振鳴《キムジンミョン》が建立した祖父の墓誌にも彼の事蹟が記されている。翌年に清道郡守の兪《ユ》秘《ビ》が作成した墓誌には、金忠善が鳥銃火砲搗薬の制をはじめて朝鮮で教え、以後みな鳥銃に精通し、鳥銃が国家の利器となったことが加えられている。

降倭・沙也可が日本で知られることとなったのは、司馬遼太郎の『街道をゆく・韓のくに紀行』（朝日新聞社、一九七二年）が最初といわれている。その後、沙也可の後孫たちの発信もあって、現在では沙也可は不法な侵略戦争に反対した人物として日韓両国の教科書にも掲載されるようになった。

沙也可を日韓友好の懸け橋として持ち出したのが和歌山県であった。沙也可の出自に関する説が様々ある中で、小説家の神坂次郎が『海の伽耶琴　雑賀鉄砲衆がゆく』で展開した「沙也可は雑賀孫市の嫡男」という説を和歌山県が観光行政に用いたのである。

2　沙也可の由来となった雑賀衆とは

沙也可が雑賀衆であるという和歌山説の根拠の一つに、朝鮮に鉄砲を伝来させたほどの射撃の名手だったという事実がある。戦国時代において、紀州勢の保有した鉄砲数は、信長・秀吉をはるかに上回っていたのである。

戦国時代、現在の和歌山市域に及ぶ範囲に雑賀一揆という共同体があり、そこに居住する人々を雑賀衆といった。雑賀孫市（本姓鈴木孫一）は、紀ノ川北岸に位置する十ヶ郷平井の有力者であった。孫市は鉄砲の名手とされているが、彼だけでなく雑賀衆が鉄砲を使用して各地で活躍していた。

鉄砲は種子島にもたらされた後にすぐ紀州根来に伝わったとされている。その後、根来から雑賀に伝わり、雑賀衆が各地の戦いで使うこととなった。孫市をはじめ、雑賀衆が鉄砲を手に入れられた理由を、堺から購入した説や雑賀で製造されていた説で説明されている。それ以外にも、太田宏一氏は、堺の職人が紀州に来ていたことや、船を使って薩摩で商いをしていた雑賀衆が薩摩から手に入れたことも理由として挙げている。

鉄砲を手に入れた雑賀衆など紀州勢は、強力な鉄砲集団として様々な史料に残されることとなった。『信長記』の一五七〇（元亀元）年の九月十二日条で、根来衆や雑賀衆など紀州勢二万人が三好三人衆に対して鉄砲三〇〇〇挺をもって参戦していたという記述がある。さらに、信長と本願寺との石山合戦において、一五七五〜七九（天正三〜七）年の間に本願寺は紀州門徒に対して鉄砲を何度も要求している。一五七八（天正六）年九月二四日付の書状には鉄砲千挺を持参してほしいと記されていた。この書状以外にも多数の催促状が残されており、紀州門徒に対して催促された鉄砲の数は延べ数にすると七〇〇〇前後といわれている。また、雑賀衆は一五七七（天正五）年に織田信長が雑賀に攻めてきたとき、信長勢を鉄砲で攻撃している。

鉄砲を多数保有していた雑賀衆であったが、その後豊臣秀吉の攻撃によって降伏した。その後、秀吉は一五九二（天正二〇）年に朝鮮に出兵している（文禄・慶長の役）が、日本軍の主要武器として鉄砲と日本刀を用いた。秀吉は大名たちに軍役の一つとして鉄砲を課しており、鉄砲の中には紀州のものが含まれていた可能性もある。多数の鉄砲があった紀州だからこそ、金忠善が沙也可という雑賀衆だったという推理が成り立つわけである。

3　根来への鉄砲伝来

雑賀衆が鉄砲をもっていたことを先述したが、紀州で初めて鉄砲が伝わったのは根来である。一五四三（天文一二）年、種子島にやってきたポルトガル人によって初めてもたらされた鉄砲が、その後、根来に伝わったことについての記述は「鉄砲記」と『鉄砲由緒書』などの史料に記されている。

「鉄砲記」によると、種子島時尭が「杉坊某公」の使者である「津田監物丞」に鉄砲一挺をゆずり、

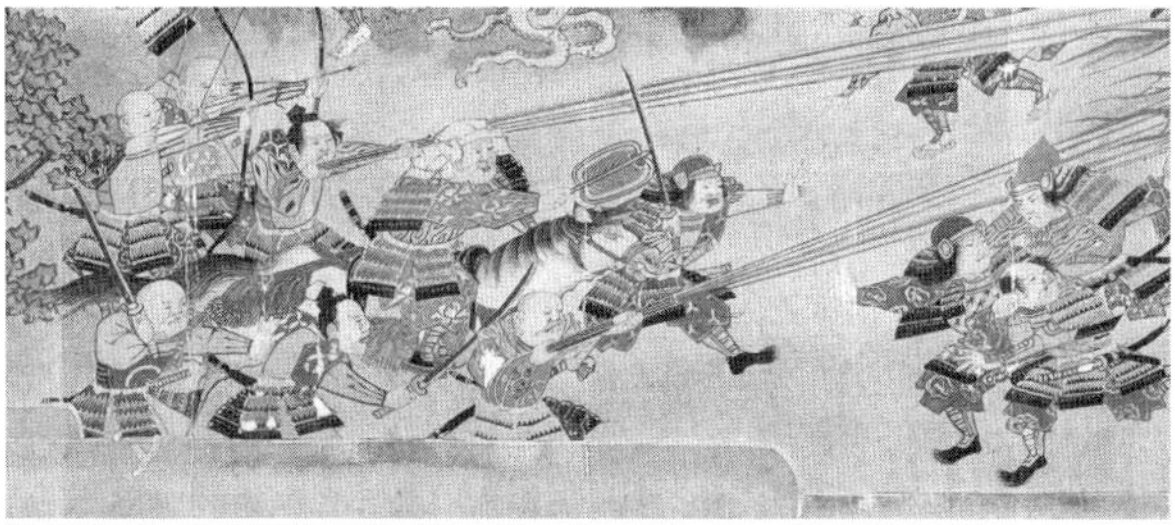

図10-3　闘う根来衆（「蛸地蔵縁起」より，天性寺所蔵）
出典：和歌山大学岸和田サテライト。岸和田市教育委員会提供。

火薬の製法と撃ち方も教えた。津田監物丞は一五四三（天文一二）年に紀州に持ち帰った。

『鉄砲由緒書』は、一六一〇（慶長一五）年に堺の鉄砲鍛冶の芝辻家の由緒が記されたものであるが、根来への鉄砲伝来に関する記述がある。紀州那賀郡小倉の「津田監物算長《かずなが》」が中国大陸に渡ろうとした途中に嵐に遭い種子島に漂着した。種子島の領主の「小城正成《こしろまさしげ》」が算長を種子島にとどめるために一人の女性と結婚させた。算長は屏太郎という職人から鉄砲を習った。十数年の月日が流れたが、妻が亡くなり紀州に帰ることとした算長は一五四四（天文一三）年に鉄砲を譲りうけた。算長は根来寺坂本にいた芝辻清右衛門に鉄砲を製作させたが、その芝辻家が堺に帰ったことで堺に鉄砲生産が始まることとなったのである。

根来に鉄砲が伝わった後については、耶蘇会士《やそかいし》ガスパル・ヴィレラや日本に滞在したルイス・フロイスが記録を残している。二人の外国人の目からみれば、根来寺には二百余の僧院があり、各僧院に多数の衆徒がいた。彼らは戦争を行うことを職業とし、銃身、弓、鑓、刀などの武器をつくり、常に武術の練習に励んでいた。戦いの

図 10－4　大川峠より西方の友ケ島を望む
（左側が紀伊水道，右側が大阪湾）

際には諸国の大名が金銭で根来の衆徒を雇っていたという。鉄砲が伝来した後、根来では多くの鉄砲が戦場で使われることとなった。

鉄砲が紀州に伝わった背景として、紀伊水道をあらゆる船が行き来していたことがある。紀伊半島の中でも加太は、古くから南海の本州最西端の渡航地として陸上交通と海上交通の分岐点となり、北上すれば紀伊湊・堺・兵庫など畿内近国の代表的な港や瀬戸内海航路とつながり、南下すれば南海航路とつながる交通の要地だった。紀州の人が南海航路を使って薩摩方面で活動していたことは様々なところにみられる。一三四四（康永三）年、冷水浦《しみずうら》（現和歌山県海南市）の住人が薩摩付近を航行していたところ、船の積み荷を奪い取られる事件が起きている。一五八五（天正一三）年には薩摩で船の完成祝宴が行われたが、その船大工は紀伊湊の大工で、根来の法師も一緒に参加していたという。また、友ヶ島の北方の海中からは一五世紀前期から中期にかけて明で焼かれた青磁の皿や碗が多数見つかっている。これらは、五島列島から平戸・薩摩・日向・土佐沖を経由し、紀伊水道を通って貿易港の堺を目指していた船の積み荷といわれている。南海航路は、応仁の乱以降、戦乱のために瀬戸内海航路の通航に支障が出て、遣明船が堺から出港するようになったことで発達したとされていた。しかし、海中からの出土品によって応仁の乱以前から南海航路を使って紀伊水道に貿易船が行き来していたといいえる。紀州が海上交通の要地だったことで、鉄砲も早くに伝わったと考えられる。

4　倭寇がつないだアジアの海

ここまで「鉄砲記」等から鉄砲伝来の記述をみてきたが、日本に伝わった鉄砲は引き金をひくと火縄の火が火薬によって点火して、鉛玉を発射する火縄銃である。このような鉄砲の構造はあらゆる点でヨーロッパのものと共通する部分がない。だから日本に伝わった鉄砲は、東南アジアで使われていた火縄銃ではないかと宇田川武久氏は『鉄砲伝来』の中で記している。火縄挟の取り付け位置、火縄挟を起動させる弾金、火蓋の構造などが日本と東南アジアの火縄銃で共通しているのだという。そこで宇田川氏が注目したのが密貿易集団の倭寇である。

勘合貿易が日明間で廃絶され、冊封関係にもとづく公的な往来が姿を消した嘉靖《かせい》年間（一五二二〜六六年）には倭寇の動きが活発となった。海禁によって海外活動が非合法となったため、自由な海外貿易を求める中国沿岸部の商人たちが直接密貿易に携わるようになり、中国人商人を中心にシナ海上周辺で活動する交易者たちが結集した集団ができた。一四世紀に国境を超えて海賊活動を展開していた海民集団の倭寇と区別して後期倭寇とよばれている。倭寇は日本人や東南アジアの人々だけでなく、ポルトガル人とも関わっていた。ポルトガル人のアントニオ・ガルバン著『諸国新旧発見記』（一五

図10－5　倭寇王直の本拠・国際貿易港舟山列島双嶼（復元模型　寧波博物館）

六三年刊）に、一五四二年ポルトガル人がジャンク船に乗ってシャム（現　タイ）からシナに向かう途中に暴風雨に遭って北緯三二度にある島に着いたという記述がある。ジャンク船とは中国式の外洋帆船のことで、倭寇が使っていたものである。なぜポルトガル人が倭寇と関わっていたのかというと、ポルトガル船は明から「仏朗機夷《フランキ》」と呼ばれて打ち払いの対象となり、明から拒絶されていたからである。当時のポルトガルは、一五一一年にマラッカ（現　マレーシア）を占領し王国を崩壊させ、翌一二年にはアンボン（現　インドネシア）に商館を設置し、その後中国大陸南部への進出を考えるようになった。一五一七年に広東に使節を送って明との接触を開始し、一五二〇年にはポルトガルの使節が北京に到着したが、皇帝への謁見が許されず、翌年広州へ戻った。許されなかった原因はポルトガル艦隊による威嚇行動、マラッカ王の使節がポルトガルの侵略を訴えて北京にやってきていたためといわれている。その後、ポルトガルは一五四〇年には倭寇の棟梁だった許棟《きょとう》兄弟に率いられて密貿易の拠点の双嶼《そうしょ》（リャンポー）に到達している。この頃からポルトガルは倭寇の活動ルートに乗って中国、日本との接触がみられるようになったと考えられる。

また、「鉄砲記」には「五峰《ごほう》」という名前で登場し、中国の史料『日本一鑑《にほんいっかん》』にも記されている倭寇の大頭目の王直は一五四〇～四四、四五年の間にシャムと日本を往来していたという。倭寇の密貿易では、硝石や硫黄などを扱っていたといわれ、硝石は火薬の原料となりうるものだった。日本に鉄砲が伝わったのも、倭寇の活動の中でのことといえる。

鉄砲伝来は、製品・貿易ルートともに、ポルトガル人によるものではなく、倭寇集団（日本の場合は王直）によるものとの見方が定着している。すでに中学・高校の日本史教科書にも明記されている。伝わった年代に関しては、村井章介氏の一五四二年説が広まっている。

倭寇集団に日本人も含まれていたといわれ、海上交通の要地だった紀州の出身者もいたと考えられる。沙也可について、国家を簡単に裏切ったこと（倭寇はもともと反国家の利益優先集団）、鉄砲の扱いと導入になれていたこと（倭寇の主要販売製品）、秀吉に対して恨みを抱いたこと（海賊停止令を出して倭寇を禁圧）などから、紀州出身の倭寇と考えることができる。沙也可は、一六世紀の海上国家のシンボルだったのである。

5　降倭がもたらした東アジアの兵器革命

沙也可を糸口に鉄砲伝来から豊臣秀吉の朝鮮出兵までの「大航海時代」のアジアの変動を見てきた。紀州出身の倭寇と思われる沙也可をはじめとする降倭集団は、朝鮮に鉄砲を伝来させて、アジア変動の起爆剤となった。

一五九二（文禄元）年四月から始まった秀吉の朝鮮出兵時点では、朝鮮の主要武器は弓矢であった。

朝鮮の宣祖王は秀吉の軍勢に対して兵力は大部隊、武器も高性能で士卒もよく訓練されていると述べている。日本の鉄砲の威力が戦場で発揮されていたことは、朝鮮の『記鳥銃製造事』や明の『経略復国要編』、フロイスがイエズス会総長に宛てた報告書、島津家文書などいくつかの史料にも見られる。

一五九二年から始まった戦いの初期に朝鮮は「降倭尽殺令」を出している。ところが日本軍の戦線が停滞し、食料・弾薬不足に悩まされ、その上に大陸の酷寒の悪条件が加わったことで、日本側に厭戦風潮が蔓延し戦線離脱者が出始めた。また、この間に朝鮮は日本の鉄砲を研究させていたが製造が難しく、降倭兵から技術を獲得する方向に向かった。一五九四年に朝鮮は「降倭尽殺令」を撤回し、戦力の強化と日明交渉の実情探知のために降倭兵を受け入れる方向に転換した。降倭兵に鉄砲と火薬の製造にあたらせ、また、鉄砲隊養成の訓練都監を新設し、降倭兵の中で射撃に優れた人物を教官に採用した。一五九五年には朝鮮で日本式の鉄砲を製造できるようになってきており、降倭兵からの鉄砲技術が定着してきたともいえる。

秀吉の朝鮮出兵は朝鮮に人的、経済的損失を与え、日本に対する憎悪と不信を招いた戦争といわれる。しかし、鉄砲技術から朝鮮出兵をみると、沙也可の存在や朝鮮での鉄砲技術の向上といった別の側面もあったことが明らかである。

参考文献

伊川健二「鉄砲伝来伝説の系譜」宇田川武久編『日本銃砲の歴史と技術』雄山閣、二〇一三年。

宇田川武久『鉄砲伝来』講談社、二〇一三年。

宇田川武久「鉄砲の伝播と遍歴の砲術師」宇田川武久編『鉄砲伝来の日本史　火縄銃からライフル銃まで』吉川弘文館、二〇〇七年。

太田宏一「堺鉄砲鍛冶と紀州」宇田川武久編『鉄砲伝来の日本史　火縄銃からライフル銃まで』吉川弘文館、二〇〇七年。

太田宏一「「雑賀衆」鈴木一族」『歴史読本　二〇一〇年三月号』新人物往来社、二〇一〇年。

海津一朗「わかやまの反逆者たち――追憶のＳＡＹＡＫＡ」東悦子・藤田和史編『わかやまを学ぶ　紀州地域学初歩の初歩』清文堂、二〇一七年。

貫井正之『豊臣・徳川時代と朝鮮――戦争そして通信の時代へ』明石書店、二〇一〇年。

洞富雄『鉄砲――伝来とその影響』思文閣、一九九一年。

久芳崇『東アジアの兵器革命　十六世紀中国に渡った日本の鉄砲』吉川弘文館、二〇一〇年。

村井章介『世界史のなかの戦国日本』筑摩書房、二〇一二年（初版一九九七年）。

村井章介『シリーズ日本中世史四　分裂から天下統一へ』岩波書店、二〇一六年。

綿貫友子「加太荘」山陰加春夫編『きのくに荘園の世界下巻』清文堂、二〇〇二年。

第11章　和歌祭のなかの朝鮮通信使

稲生　淳

1　和歌祭のなかの唐人行列

二〇一七年五月一四日に開催された和歌祭では、三五〇年ぶりに「唐人行列」が復活した。和歌祭は、初代紀州藩主徳川頼宣が父家康の功績を称え、一六二一（元和七）年に創建した紀州東照宮の例大祭である。一六二二（元和八）年の「和歌山東照宮御祭礼之次第書」には「唐人　五人　本町六丁目」、「唐人　二人　東紺屋町」などと「唐人」が登場している。

「和歌御祭礼図屏風」（一六六五年作、海善寺所蔵）や「和歌浦図屏風」（江戸時代初期、和歌山大学紀州経済史文化史研究所蔵）には南蛮人の恰好をした唐人が登場しており、「東照宮縁起絵巻」（一六四六年、紀州東照宮所蔵）には朝鮮通信使とおぼしき唐人行列が描かれている。「唐人」と聞くと中国人のことを指しているように思うが、中国人に限った言葉ではなく、当時の人々は中国人や朝鮮人、南蛮人を

図11-1　東照宮縁起絵巻（紀州東照宮所蔵）

一括りに「唐人」と呼んでいたのである。本章では、「東照宮縁起絵巻」に描かれた「唐人行列」に注目し、和歌山は朝鮮通信使が通ったルートから離れているにもかかわらず、どうして和歌祭の中に「唐人行列」が登場したのかについて考えてみたい。また、和歌山と朝鮮との関係で言えば、朝鮮人捕虜で儒学者の李真栄・李梅渓親子が紀州藩の藩民教育に貢献したことでも知られている。ここでは和歌祭の中の「唐人行列」や李真栄、李梅渓を通して、江戸時代の紀州と朝鮮について述べたい。

2　朝鮮通信使の来日

江戸時代に朝鮮通信使が来日した背景には、秀吉の朝鮮侵略がある。我が国では「文禄・慶長の役」、朝鮮では「壬辰《じんしん》・丁酉《ていゆう》の倭乱《わらん》」と呼ばれる侵略戦争は、朝鮮国土を蹂躙し多くの人命を奪った。また、同時に日本国内でも多くの人々が無謀な戦争に駆り出され、人的・経済的な被害は甚大であったが、中でも朝鮮との貿易に頼ってきた対馬の疲弊は大きかった。

秀吉の死を機に朝鮮から日本軍が撤退すると、早くも対馬は国交回復に乗り出し使節を朝鮮に派遣するが、朝鮮側が応じることはなかった。しかし、一六〇三（慶長八）年、征夷大将軍となった徳川家康が対馬藩主宗義智《よしとし》に命じて朝鮮に国交回復の交渉を打診すると、翌一六〇四（慶長九）年朝鮮側は日本を警戒しつつも日本の再侵略の意図を探ることや、捕虜として連行された多くの朝鮮人を連れ帰ることを目的に僧惟政《ユジョン》（松雲大師《ソンウンデサ》）を「探賊使」に任じて日本に派遣した。惟政は義僧兵団を率いて日本軍と戦い、加藤清正ら諸将と会見したこともあって、その名は日本でも知られていた。惟政ら探賊使一行は、宗義智の案内で京都までやってきて、伏見で将軍秀忠と大御所家康に謁見した。その際、家康は「自分は壬辰の時、関東にいたので兵事には全く関与しておらず、したがって朝鮮との間には何の仇も怨みもなく和を通ずることを請うものである」と朝鮮側に国交回復の意志があることを伝えた。この時、惟政は一三九〇名前後の捕虜を帰還させ、朝鮮国王に家康の国交回復への前向きな姿勢を報告した。朝鮮内部では日本との和平に応ずるべきか否かを巡って激論が交わされ、「先に家康から朝鮮国王に国書を送ること」、「日本軍の侵略時、漢城の王墓を暴いた犯人を差し出すこと」の二つを国交回復の条件とした。当時の外交慣行としては、先に国書を差し出すことは相手への恭順を意味したことから家康が応じるわけがないと考えた対馬藩は、苦慮したあげく国書改竄《かいざん》に踏み切ると共に、国王の陵墓を暴いた下手人と偽って対馬の罪人を引き渡した（なお、対馬藩による国書改竄は、その後暴露し、家老柳川調興《しげおき》が津軽へ、また外交を担当した僧規《き》伯玄方《はくげんぽう》は南部に流された）。

朝鮮側は対馬が仕組んだ国書改竄《かいざん》を見抜き、また、罪人も偽物であることに気づきながらも、日本に使節を派遣するという苦渋の決断を下した。その背景には、朝鮮北方の女真族の活発な活動があり、朝鮮側も日本と国交を回復し南方の憂いをなくそうと考えたからであった。

一六〇七年（慶長一二）、朝鮮から日本に向けて使節団が派遣された。朝鮮からの使節は一二回来日するが、第一回から第三回までを回答兼刷還使《かいとうけんさつかんし》と呼ぶのは、家康の国書に対する「回答」と朝鮮人捕虜を連れ帰ることを目的としていたからである。第四回（一六三六年）から第十二回（一八一一年）までの九回は通信使とよばれた（朝鮮通信使とは日本側の俗称である。以下、通信使と記す）。ちなみに「通信」とは「よしみを通わす」、「信頼関係を深め合う」という意味であり、通信使は徳川将軍と朝鮮国王との間の善隣友好関係を象徴するものであった。

通信使の来訪は「将軍一代の盛儀」であり、幕府や対馬藩をはじめ、通信使一行が通過する土地の大名らが総出で迎えた。たとえば、通信使が上陸した京都の淀から江戸までの区間、片道だけでも述べ八〇〇〇頭から九〇〇〇頭の馬と述べ一万人が労働に駆り出された。これ以外にも、使節が乗る「鞍置馬」が北は秋田藩から南は熊本藩までの全国の大名から三二〇頭集められ、淀から江戸までの旅に動員されたという。通信使が一度来日する度に約一〇〇万両が費やされ、その費用の多くは土地土地の大名らが負担した。

3　各地に残る通信使

朝鮮から日本に向けて通信使が派遣されるのは、徳川幕府の要請を受けてからのことである。新しい将軍が襲職すると、幕府は対馬藩に命じて朝鮮に使いを送る。朝鮮側では、早速、三使（正史、副使、従事官）を任命するとともに、文化交流に備えて第一級の医師、書家、画家などを選出した。総勢約三〇〇～五〇〇名で編成された通信使一行は、釜山を発ち、対馬、壱岐、藍島、瀬戸内海を通って大坂に入り、淀川を遡って京都に向かった。京都からは琵琶湖に沿って彦根、大垣を通って名古屋に行き、さらに東海道を下って江戸に向かうのが定められたルートであった。江戸では三〇日程滞在し、この間、将軍に拝謁し朝鮮国王からの親書を奉呈した。その後は、ほぼ同じルートを通って帰国したのである。

当時の閉鎖的な社会にあって、通信使の来日は外国文化を目の当たりにする絶好の機会であった。きらびやかな朝鮮の民族衣装、ラッパやシンバルの音色に多くの日本人が驚き、興味を持って眺めたことであろう。通信使の行く先々では、土地の知識人らが宿舎に押しかけ、書や詩文を求めた。識字率が高かった江戸時代中期、通信使の来日を予告する出版物が飛ぶように売れたという。また、娯楽が少なかった当時の人々の目には、通信使の行列は、まるで祭のように映ったかもしれない。行列を見学した人々は、朝鮮の装束や朝鮮風の髪型をまねるなどして楽しむ者もいたという。人々はそれぞれの土地の祭りで仮装行列を行い通信使を再現したのである。このことは、通信使とは何の関係もない茨城県土浦市の「八坂神社の祇園祭」や三重県鈴鹿市の「牛頭神社の祭礼」、三重県津市の「八幡神社の祭礼」などに「唐人行列」や「唐人踊り」が登場していたことからも窺えるのである。

韓国中央大學校の任東灌《イムドングォン》名誉教授は、「東照宮祭りに唐人行列が登場するのは名古屋と和歌山の二カ所である」と述べている。その理由として、「徳川の時代になって豊臣秀吉が犯した侵略の失敗を清算し、善隣外交を指向した政策と関係あったのではないか」と指摘する。そして、和歌祭の中に「唐人」が登場することについては、「徳川家康が戦乱を収拾し太平な時代を開いて、人々は安定した生活を過ごせるようになって、各町々から喜んで祭りに参加したのではないか」と説明している。

図11－2　李真栄・梅渓顕彰碑

出典：筆者撮影。

4　李真栄と李梅渓

江戸時代の紀州と朝鮮について言えば、李真栄と李梅渓についても触れなければならない。李真栄は、文禄の役で捕虜となって日本に連行された朝鮮人儒学者である。当時、日本には朝鮮人捕虜を収容する施設はなく、労働力が不足している地主などの家に配分され下男として働かされる場合が多かった。

李真栄も大坂難波の農家で働かされていたが、紀州名草郡西松江村（現 和歌山市）の西右衛門に買われ和歌山で苦しい農民生活を送っていた時、海善寺の僧侶に引き取られた（一説には、西右衛門が李真栄に同情し海善寺の僧侶に頼んで引き取らせたとも言われている）。しかし、真栄は仏門には馴染めず、また朝鮮からの使節が来日することを耳にしていたので、大坂に出て易者をしながら帰国の機会を窺ったが、不運にも朝鮮使節と会うことはできなかった。その後、大坂冬の陣の戦乱を避けて、再び和歌山に移り住み、海善寺近くで易学塾を開いた。

一六一九（元和五）年、広島に転封された浅野長晟《ながあきら》に代わって徳川頼宣が紀州藩主になると、真栄は南麻《なみま》主計尉《かずえのじょう》の推挙で頼宣に拝謁し、民本政治と徳知主義の重要性を記した建議文を提出した。そして、一六二六年、真栄五六歳の時、頼宣の侍講として召し抱えられたのである。

ところで、紀州藩には永田善斎や那波活所といった儒学者がいたにもかかわらず、頼宣は、どうして朝鮮人捕虜の李真栄を召し抱えたのだろうか。その背景の一つとしては、家康の朝鮮観も関係あったのではないだろうか。家康は朝鮮侵略の戦後処理を誠実に行ったことや、通信使の来日を実現させたことなどで朝鮮では人気がある。家康の朝鮮観について知る話が伝わっている。

一六一七（元和三）年七月十一日のこと。駿府城下で頼宣の小姓同士の喧嘩が起きた。小姓の飯田伝吉が、同じく小姓の松野勘介と従者を斬り殺し、その仲間の朝比奈甚太郎も三カ所の深手を負った。事情を聞いた家康は、加害者である飯田伝吉をとがめず、手傷を負った朝比奈甚太郎に切腹を命じたのである。家康はこのような裁断を下したのには理由があった。飯田伝吉は、捕虜として日本に連れてこられ帰化した朝鮮人であり、喧嘩の際、松野が飯田に対して朝鮮人と罵ったので怒るのは当然だと言ったという（長谷川伸『日本捕虜誌』）。

著者の長谷川伸も、家康が公正な判断を下したことを評価している。頼宣が、朝鮮人李真栄や李梅渓を手厚く遇した背景には、家康の影響があったのではないかと推察するのである。

頼宣が李真栄を重んじたもう一つの理由として、対馬藩の朝鮮貿易も関係あるのではないかと考える。というのは、一六一九年、李真栄が召し抱えられた年に頼宣の命で対馬に派遣されているからである。この時、御金奉行（出納奉行）の羽賀三郎兵衛、堀部佐右衛門、永田格庵らも同行したことから、紀州藩で必要な朝鮮物品の入手が目的だったと考えられている。対馬藩以外の藩が朝鮮物品購入のために公職者を派遣し貿易業務に当たらせるのは極めて異例なことであったという。「宗家文書」を調査した関西大学泉澄一名誉教授は、「少なくとも紀州藩は対馬藩に対して、尾張・水戸はじめ諸大名とは隔絶した特別に密接な関係を有していた」と述べている。その一例として、「紀州藩主から対馬藩へ朝鮮の薬種と植え付けの木などを注文したこと」や「対馬藩から紀州藩へ造船を発注していること」、さらに「対馬藩主の嗣子彦満が疱瘡になった時、紀州藩主から藩医板坂卜斎を派遣していること」などを挙げている。

頼宣が李真栄を召し抱えた理由としては、真栄が優れた儒学者であったという他にも、対馬に派遣して朝鮮物品の入手に関わらせたいとの思いがあったのではないだろうか。

対馬藩による朝鮮貿易にも触れておきたい。朝鮮貿易は、対馬藩が釜山に設けた「倭館」（領事館や居留地のような役割を担った）の中で行われていた。そこには対馬藩士や商人ら約五〇〇～六〇〇人が常駐していた。朝鮮側が求めた品は主に胡椒や水牛の角、銀や銅などで、胡椒は薬や調味料に必要とされ、水牛の角は武器や調度品に使われた。これらの商品は主に東南アジア産であったため、対馬藩は長崎の出島を経由して入手していた。他方、対馬藩が求めたものは朝鮮人参や白糸、木綿であった。

朝鮮人参は、江戸では万能薬のように信じられ投機の対象にもなったため、幕府がお触れを出して取り締まったと言われている。また、白糸は西陣織に使われ、木綿は衣服や船の帆としても需要が大きかった。

次に、李真栄の子李梅渓について記したい。梅渓は二代藩主になる徳川光貞の守り役となり、頼宣の命で作成した「父母状」は長く紀州藩の教育憲章として扱われ領民教育に多大な功績を残した。また、頼宣に従って江戸にいた時、第六回通信使（一六五五年来日）とも面会している。その際、書記朴《パク》文源《ムヌォン》を通じて従事官南龍翼《ナムヨンイク》に渡した詩文（帰国を熱望しながらも果たせず異国の土となった父真栄について詠んだもの）が、通信使の正式な記録である使行録（南龍翼著『扶桑録』）の中に掲載されている。

5　再開された唐人行列

和歌祭に登場した「唐人行列」と通信使との関係については、これまであまり語られてはこなかった。その理由として、我が国で通信使の研究がはじまって、まだ日が浅いこととも関係がある。岡山県牛窓町の「唐子踊り」は、長い間、「神功皇后が三韓征伐から凱旋した時、捕虜として連行した子供に故郷の踊りを踊らせ、長い旅路の無聊《ぶりょう》を慰めようとした」という、いわゆる「三韓起源説」が信じられてきた。しかし、近年、通信使に随行した「小童対舞」に関係することが有力視され、教科書にも通信使との関連で「唐子踊り」が掲載されている。

和歌山県は、日本海に面する長崎県や福岡県などとは異なり、朝鮮半島とのつながりは希薄な感があるが、和歌祭の中に通信使を真似た「唐人行列」が登場したり、李真栄が対馬の朝鮮貿易に関わっていたことや、李梅渓が通信使に面会していることなどから、江戸時代の紀州と朝鮮の意外な結びつきについて気づくのである。

参考文献

泉澄一「紀伊藩徳川家と対馬藩宗家」『紀伊半島の文化史的研究』昭和六〇年度科学研究費補助金一般研究（A）、研究成果報告書、一九八五年。

任東權著・竹田旦訳『朝鮮通信使と文化伝播』第一書房、二〇〇四年。

鄭章植『使行録に見る朝鮮通信使の日本観』明石書店、二〇〇六年。

辛基秀「江戸時代の朝鮮通信使と日本の民衆」「秋季特別展　朝鮮通信使と紀州」和歌山市立博物館、一九八七年。

中塚明『日本と韓国・朝鮮の歴史』高文研、二〇〇二年。

中尾宏『朝鮮通信使』岩波新書、二〇〇七年。

長谷川伸『長谷川伸全集第九巻　日本捕虜誌』朝日新聞社、一九七一年。

李相熙『波臣の涙』、『波臣の涙』出版会、一九九七年。

李進熙『江戸時代の朝鮮通信使』講談社、一九八七年。

第12章　熊野参詣道とサンティアゴの道

大濱　新

1　世界遺産「紀伊山地の霊場と参詣道」の現状

二〇〇四年七月、和歌山県・奈良県・三重県の三県にまたがる「紀伊山地の霊場と参詣道」が国内一二番目の世界遺産（文化遺産）に登録された。「紀伊山地の霊場と参詣道」は紀伊山地の自然の上に成り立った三つの異なる宗教の霊場、すなわち、修験道の「吉野・大峯」、真言密教の「高野山」、神道の「熊野三山」と、それらをつなぐ参詣道「大峯奥駈道」「高野山町石道」「熊《くま》野《の》参詣《さんけい》道《みち》」及びそれらを取り巻く「文化的景観」から成り立っている。二〇一六年一〇月には登録範囲の「軽微な変更」の承認を受けて、「熊野参詣道」では闘雞神社や八上王子跡などが資産（プロパティ）に追加され、「高野山町石道」は黒河道などが資産に加わって「高野参詣道」に名称変更された。

一般的に、国内の世界遺産は登録直後には世界遺産ブームとなるが、数年後には観光客数が激減する傾向にある。しかし、「熊野参詣道」や「熊野本宮大社」などがある田辺市本宮町では、世界遺産登録前の観光客数は年間約六〇万人であったが、現在は約一三〇万人を維持している。また、年間訪日外国人宿泊客は登録前の約五〇〇人から現在の約一万七〇〇〇人へ三四倍に増加した。彼らの中には、数日をかけて世界遺産登録地の「熊野参詣道中辺路」や「熊野参詣道小辺路（高野山と熊野本宮とをつなぐ道）」を完歩する人も多くいる。このように世界遺産登録後一三年を経ても国内外から数多くの人が訪れる「紀伊山地の霊場と参詣道」にはどのような魅力があるのだろうか。

本章では、参詣の道である「熊野参詣道」と同じく巡礼の道で世界遺産として名高いスペインの「サンティアゴ・デ・コンポステーラの巡礼路」を考察していきたい。

2　「熊野参詣道」の文化的景観と歴史

「紀伊山地の霊場と参詣道」が、それまでの国内の世界遺産と大きく異なる点は、初めて「文化的景観」が認められて世界遺産に登録されたことである。世界遺産でいう「文化的景観」とは人間が長い年月をかけて自然に働きかけてつくった景観のことで、自然と人間の営みが織り成す調和から「自然と人間との共同作品」といわれる。「紀伊山地の霊場と参詣道」の文化的景観を例に挙げると、線状に伸びる参詣道沿いに点在する「集落景観」、文化を担う人々の営みがみられる棚田や茶畑などの「農業景観」、社寺や地域の経済的基盤となった人工林などの「森林景観」、「自然信仰の対象となった巨岩・大滝・巨木などの自然物を含む景観」などである。一括りにはできないような幅広い内容を含んでおり、参詣道やその周りにある杉やヒノキ、落葉広葉樹などの森林、道中にある地蔵などの石仏、王子跡や社寺もまた「文化的景観」の一部を構成するのである。したがって、参詣道を歩く人は意識するか否かにかかわらず、紀伊山地の自然と一体となった文化や歴史を感じることができる。このことが、日本人はもとより、日本の文化や歴史に関心を寄せる外国人観光客を引きつける魅力になっているといえるのではないだろうか。

図12－1　熊野参詣道中辺路
出典：筆者撮影。

「熊野参詣道」は、「熊野三山」へ参詣するために使われた道であり、国の指定文化財（史跡）、世界遺産登録の正式名称である。「熊野参詣道」には、紀伊半島西側の田辺から山中を東へ進む「中辺路」、田辺から紀伊半島沿岸部を南下し那智勝浦町浜の宮までの「大辺路」、熊野本宮と高野山を結ぶ「小辺路」、紀伊半島東側沿岸に沿い三重県田丸と「中辺路」と結ぶ「伊勢路」の四路に分かれている。この他に、世界遺産の構成資産には含まれないが、紀伊半島西側を通る「紀伊路」がある。白河上皇の熊野御幸（第一回は一〇九〇年）以降、上皇らの熊野参詣のルートが定まり、「紀路（紀伊路）」を南下し、田辺から山中を東に進む中辺路を通り、熊野三山へ参詣する道が主要経路となり、一三世紀頃には新たに熊野那智大社と熊野本宮大社を結ぶ大雲取越・小雲取越が整備されていった。

上皇らの熊野詣は院政期に全盛を迎え、白河上皇・鳥羽上皇・後白河上皇・後鳥羽上皇の四上皇の熊野詣の回数は約九〇回にも及び、上皇らの熊野詣が盛んになるにつれ、中辺路を中心に王子社の数も急増し「熊野九十九王子」と称されるほど道沿いに点在するようになった。この王子とは、熊野の眷属神（熊野の御子神）が祀られた道沿いの社のことであり、『紀伊続風土記』には、「大抵某の王子と称するは皆若一王子を祀りて地名を以て此に冠らしむる事なれども……」とされ、熊野十二所権現の一つ若一王子が祀られたものをそもそも王子社と呼んでいたことが記されている。院政期において王子社では、上皇らの一行によって奉幣・相撲・歌会などが時に行われ、休憩所や宿泊場所なども兼ねるものであった。「熊野九十九王子」の中には伝承が残るものや石塔類が建立されているものがある。たとえば、田辺市本宮町にある伏拝王子は、参詣者が山中の中辺路ルートを抜け出て初めて熊野本宮大社を眼下におさめ、感極まって伏して拝んだことから伏拝王子と呼ばれたと言われており、伏拝王子跡には平安時代の女流歌人和泉式部の伝承にまつわる歌（「晴れやらぬ　身のうき雲のたなびきて月の障りと　なるぞかなしき」）や和泉式部の供養塔が建立されている。今では伏拝王子跡には休憩所も設置され、地域の婦人会の方のもてなしがなされている。

しかし、上皇らによる熊野詣は、一二二一年の承久の乱で後鳥羽上皇が配流され、院の力が衰退して以降、上皇（法皇）の大がかりな熊野詣は極端に減少し、一三世紀末の亀山上皇の熊野御幸で終わりを告げた。この乱以降、参詣の中心も上皇や貴族から武士や有力な庶民へと変わり、特に一五世紀

（室町期）には、数多くの人々が熊野三山に参詣し、その様子は「蟻の熊野詣」と称されるようになった。このように、一〇世紀から一五世紀にかけて、貴族から武士、庶民へと参詣者を変えながら熊野詣は全盛期を迎えた。その後、一時的に熊野三山への参詣は減少するが、江戸時代にかけて東国の庶民を中心に伊勢参詣と西国三十三観音巡礼を合わせた巡礼の旅に向かう人々が多くなり、熊野参詣は再び活況を呈することになる。関東・東国への信仰の普及の背景には、熊野の神より神勅を得た一遍上人の時宗と、経済的基盤が揺らいだ熊野信仰を普及するため、全国に勧進に赴いた熊野比丘尼の影響があるといえよう。

インド発祥の仏教がシルクロードをへて、六世紀に日本に公伝し、その後、紀伊山地においても神仏習合がみられ、熊野は浄土の地として多くの人々が参詣した。多くの人々が訪れた熊野の地、熊野参詣道を通して、熊野の文化・熊野信仰が国内へと伝播し、また各地の文化の交流する場となっていく。特に、全国に三〇〇〇以上ある熊野神社の総本宮である「熊野三山」の影響は多大なものであり、各地の神社の建築の規範となっていく。このことは、「熊野三山の社殿には他に類例を見ない顕著

図12－2　和泉式部供養塔（伏拝王子跡）
出典：筆者撮影。

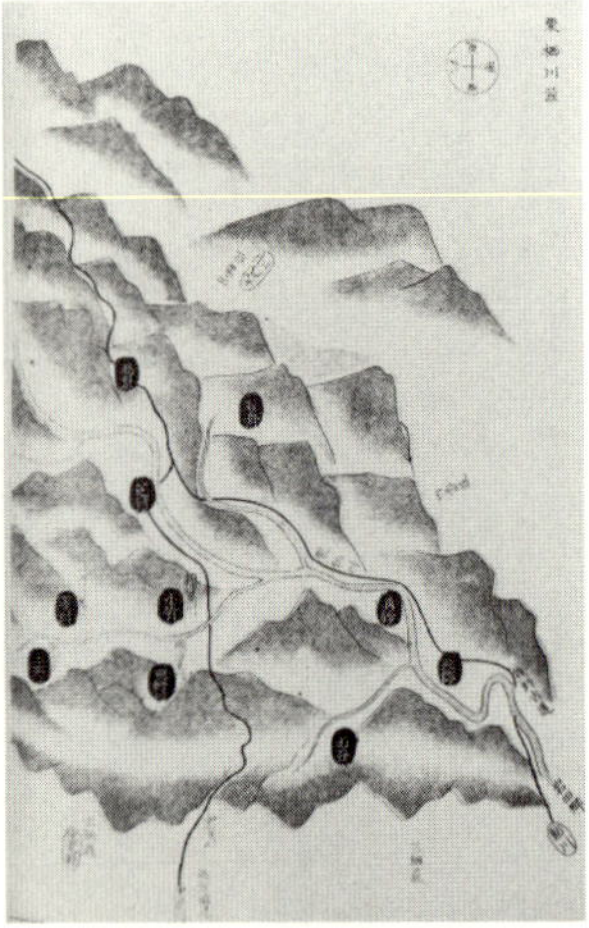

図 12－3　『紀伊続風土記』

な様式の木造神社様式が認められ、一二世紀以降、全国各地に勧進された熊野神社の社殿の規範となった点で貴重である」（『世界遺産紀伊山地の霊場と参詣道』四七頁）として世界遺産登録に際しての顕著な普遍的価値の重要な根拠となっている。そのため、巡礼を通して全国に文化などを伝播し交流してきた「熊野参詣道」は文化の道としての性格があるといえる。

このように文化の交流・伝播の道としての性格をもつ「熊野参詣道」は、現在、「熊野古道」という通称で呼ばれることが多い。この呼称は一九七〇年代に行われた国の「歴史の道整備事業」以降、一般的に広まったとされている。特に、世界遺産に登録されてからは、観光分野でPRのために「熊野古道」と世界遺産が結びつけられて「世界遺産熊野古道」として宣伝されたことで「熊野古道」という呼称が一層用いられるようになった。世界遺産登録一〇周年前後には、旅行代理店や関心のある人々から和歌山県世界遺産センターなどで「熊野古道の場所はどこですか」「熊野古道って何ですか」「熊野古道すべてが世界遺産ですか」等々の質問が数多く寄せられた。しかし、前述の「歴史の道整備事業」以前は、熊野三山への参詣に使われた道は一部を除いて「くまの道」「熊野街道」「熊野路《くまのじ》」などと各時代において様々な名称で呼ばれてきた。

特に、江戸時代には街道整備がなされて「熊野街道」と呼ばれていた。現在は「熊野街道」も「熊野古道」も同一視されているが、江戸時代後期に書かれた『紀伊続風土記』の中には注目すべき記述がある。それは、参詣道の一部について「熊野古道」という呼称の記述があり、地図中で「熊野街道」と「熊野古道」を別々の道に示しているものが見られることである。たとえば、田辺市万呂に関する説明文には「熊野古道　萬呂荘萬呂村より下三栖村に至り小名がけの鼻といふ処にて今の往還と別れ巽に向ひて岩田郷岡村に至り岩田川に沿いて滝尻王子に至るこれ古道なり今の街道に改まる事何れの時なるを知らず」と書かれている。同風土記の記すところによると、「熊野古道」とは江戸時代に整備された「熊野街道」のことを指すのではなく、すでに人々の往来が減少していたが、かつて上皇や多くの人が参詣したであろう別の道を「熊野古道」と記しているのである。すなわち、「熊野古道」は、近世においては「熊野三山へ続く道」の数カ所に限られた呼称であったが、現在では「熊野参詣道」の通称になっていることに注目しておきたい。

3　「サンティアゴ・デ・コンポステーラの巡礼路」

一九九八年に和歌山県とスペインのガリシア州は、それぞれの地域に存在する古道「熊野古道」と「サンティアゴへの道」が同時期に巡礼路として発達し、ともに世界遺産の歴史的遺産であることなどから、両古道の姉妹道提携を締結した。また、この両者は巡礼の道であり、共に文化の交流・伝播

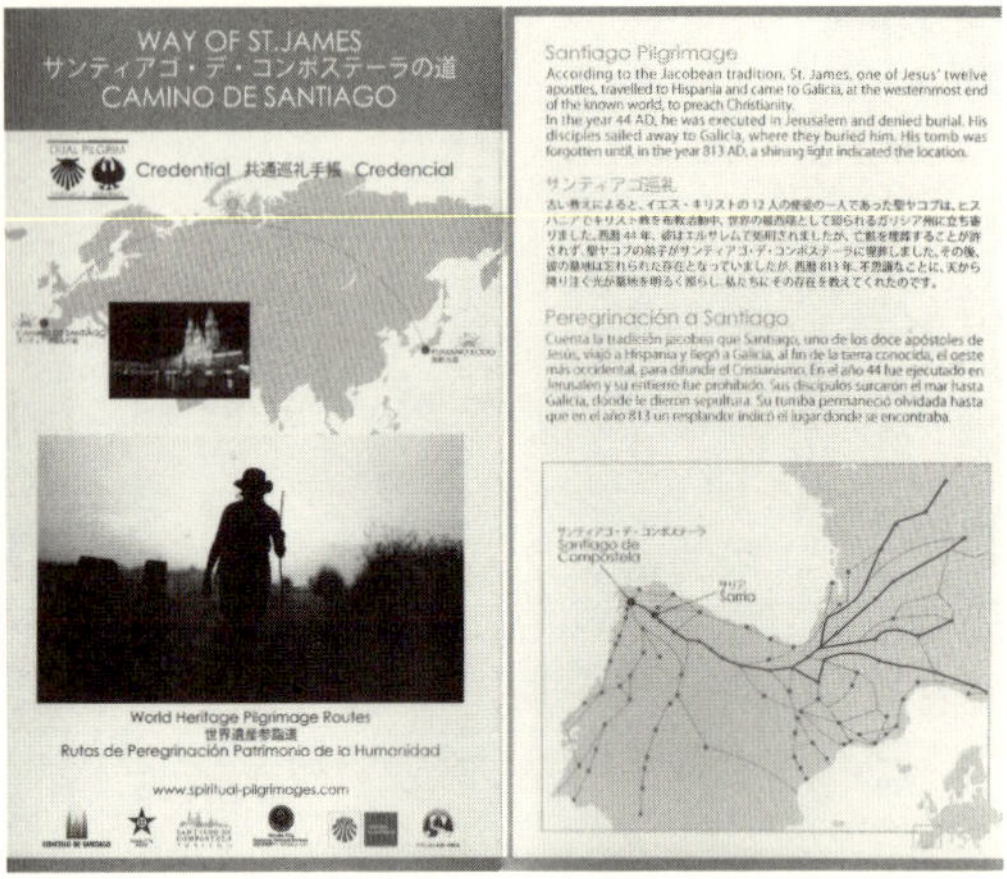

図 12－4　サンティアゴ・デ・コンポステーラの道の共通巡礼手帳

がみられる文化の道として共通点がある。

そもそも「文化の道」はスペイン独裁政権が終わり民主化が進む中で、スペイン文化の再構築等のために注目され、一九八〇年代に入るとサンティアゴへの巡礼道が「文化の道」として取り上げられたことに始まる。その後、サンティアゴ大聖堂（すでに一九八五年世界遺産に登録）へ続く巡礼の道を「文化の道」として世界遺産へ登録しようとする動きが進み、冷戦終結後の東西ヨーロッパ統合の時期に、文化遺産として世界遺産に登録された。

「サンティアゴ・デ・コンポステーラの巡礼路」は巡礼の道として世界遺産に登録された最初の物件である（一九九三年登録）。この巡礼路はヨーロッパ全体に広がり複数経路があるものの、その中からスペイン国内を通る「フランス人の道」を中心に世界遺産に登録された。この巡礼路周辺には一八〇〇もの歴史的建造物があり、約八〇〇キロメートル（和歌山県経済研究所　世界遺産「サンティアゴ・デ・コンポステーラの巡礼路」視察調査報告より）に及んでいたが、その後、二〇一五年にはスペイン北部大西洋岸のルートが新たに登録され、「サンティアゴ・デ・コンポステーラの巡礼路――カミーノ・フランセとスペイン北部の巡礼路群」と名称が変更され，世界遺産登録地も大幅に拡張された。巡礼という文化を通して，ヨーロッパ各地の文化と，イベリア半島におけるイスラム文化などとの交流がみられるなど，ヨーロッパの形成に大きく貢献したといわれる。

また，イベリア半島では，七一一年にキリスト教の西ゴート王国がイスラム教のウマイヤ朝により征されて以降，イスラム教の影響力が強まることになる。これに対して，イスラム教勢力からキリスト教の国土を取り戻すため，西十字軍ともいわれるレコンキスタ（国土回復運動）が始まるが，このレコンキスタが巡礼と深く関わることになる。レコンキスタのある戦いにおいて，聖ヤコブが現れて戦況が好転したという言い伝えがヨーロッパに広がると，聖ヤコブはイスラム教徒との戦いにおける守護神として敬われるようになった。こうして，レコンキスタの盛り上がりとともにサンティアゴへの巡礼が注目を浴びて盛況となっていく。

図12－5　コンスタンツの大聖堂
出典：筆者撮影。

サンティアゴへの巡礼が高まる中，巡礼の道の沿線には君主らによって巡礼者のための教会や救護施設が建造された。さらに騎士団によって巡礼が保護され，ますます多くの人々がサンティアゴ大聖堂を訪れるようになっていく。たとえば，当時大きな勢力を持って

図12－6　貝のシール

いたクリュニー修道会は巡礼の道沿いに教会を建て、布教拡大とともに巡礼に大きく貢献したといわれている。サンティアゴへの巡礼の目的は、病気治癒や聖人がおこす奇蹟の祈願、贖罪など現世利益が多かったといわれる。特に一一世紀から一五世紀にかけて巡礼が盛んになった。しかし、ルターの宗教改革や「聖マリア」信仰の高まりなどにより、サンティアゴへの巡礼は衰退していくが、二〇世紀に入って、スペインのフランコ政権の終わりとともに、前述のようにサンティアゴへの巡礼は再び注目され、世界遺産登録を契機に年間二五万人以上の人々によって歩かれる道となった。

二〇一七年に筆者は中世のヨーロッパ都市の一つで一四一四年に公会議が開催されたドイツのコンスタンツを訪れた。コンスタンツは世界遺産登録地の道はないものの、ドイツを経由しスイスを越えてサンティアゴへ向かう道にある重要な地点として知られている。旧コンスタンツ市街地にある大聖堂は一三世紀にキリストの墓の複製が置かれ、多くの巡礼者が礼拝した大聖堂であり、内部の建築には中央部のロマネスク様式と両サイドにはステンドグラスなどのゴシック様式がみられる建造物である。ここを礼拝した人々は二〇〇〇キロメートル以上離れたサンティアゴを目指す。筆者がこの大聖堂を訪れた際には、聖堂内にサンティアゴの道を紹介するパンフレットとともに、配布用の貝のシールが置かれていた。現地の高校教員やガイドの話によると、「この聖堂は巡礼者にとっては特に重要な場所であり、彼らは礼拝した後サンティアゴをめざした」ということであった。現在、サンティアゴ・デ・コンポステーラの巡礼路を歩く理由は様々であるが、信仰心のために歩く人が一番多く、次に自分の精神的探求のためであると答える人が多いという。

「サンティアゴ・デ・コンポステーラの巡礼路」と「熊野参詣道」の共通点は、年代的にほぼ同時期に巡礼や参詣が行われたこと、人々が病気治癒や滅罪のために祈願を行っていたこと、いくつかの経路に分かれているが主要ルートが世界遺産登録地になっていること、キリスト教と仏教・神道の宗教的な違いはあれ、歩く者に宗教文化や地域の文化を感じさせる点などがある。

4　「熊野参詣道」の課題

「熊野参詣道」と「サンティアゴ・デ・コンポステーラの巡礼路」はともに、現在、飛躍的に来訪者の数を増やし、それぞれの国内来訪者はもとより外国からも多くの人々が足を運んでいる。二〇一四年にはサンティアゴ・デ・コンポステーラ市と和歌山県田辺市との間で観光面での交流に関する協定が結ばれ、スペインと日本との結びつきを強めている。特に二〇一四年の協定以降は田辺市本宮町に毎年多くのスペイン人が訪れ、日本の参詣道である「熊野参詣道」を歩き、これにより相互の観光交流や文化交流が進展している。その一環として、「熊野参詣道」と「サンティアゴ・デ・コンポス

図 12－7　熊野古道の共通巡礼手帳

テーラの巡礼路」をそれぞれ有する田辺市とサンティアゴ・デ・コンポステーラ市では二〇一五年より「共通巡礼」の取り組みが行われ、「共通巡礼手帳」を両市で配布している。この手帳は片面がサンティアゴの巡礼、もう片面が「熊野古道」のスタンプの台紙があり、両市の巡礼の道で実際に使うことができる。田辺市側での共通巡礼手帳達成者第一号は二〇一六年二月に達成したアメリカ人であり、二〇一八年一月現在、九九三名が共通巡礼を達成している。内訳では日本人が最も多く、オーストラリア人、アメリカ人、スペイン人の順で多く、約四〇カ国の人々に及ぶ。このように、巡礼の道を通じた文化交流や観光交流が両国間を始め多くの国々に及んでいることは、国際平和が目的の一つであるユネスコの世界遺産にとって有意義なことである。

二〇一六年八月に行った調査では、「熊野参詣道」で四〇人の外国人と出会い、一日三時間程度歩きながら彼らから訪問のきっかけについて聞き取った。四〇人の内訳はイタリア人二〇名、スペイン人七名、中国人七名、フランス人三人、カナダ人一名、ギリシャ人一名、台湾人一名であった。彼らの中には、多神教である宗教文化に関心を抱いて参詣道を歩く人も二名いたが、多くは世界遺産として有名である道で、日本の自然の中の道を歩きたいという理由で訪れていた。彼らは、熊野の自然の美しさや山中にあり自然と一体となった道に日本の原風景の素晴らしさを見出した、という感想を述べていた。また、数日間歩き続ける中で、参詣道沿いの王子社や神社、文化的景観や住民との交流に感動して、帰国後に再び友人を誘って熊野を訪れた人、友人から是非熊野へ訪れるように勧められた人もいた。その後も継続した調査を行った結果、日本の文化や歴史に関心を持ち、「熊野参詣道」を歩く人々や熊野の文化や熊野詣の歴史に関心を示す外国旅行代理店が増えている傾向にあることがわかった。こうしたインバウンドの増加や日本人の来訪者の増加は、それぞれの地方自治体などの観光誘致・インターネットを含めた宣伝、口コミによるところが大きく、ある程度の成功をおさめているといえる。

しかし、「熊野参詣道」の課題も忘れてはならない。そもそも世界遺産は「保全と活用」が求められる。保全とは人類の宝物である世界遺産を守ることであり、その上で、地域に住む人々の益となる活用を考えなければならないものである。現在、和歌山県ではボランティアによる「参詣道保全活動（道普請）」を行っている。CSR活動として毎年取り組んでいる企業や世界遺産学習の一環として参加する学校など、年間二〇〇〇名以上（四〇～五〇団体）がこの活動に参加し、ある一定の成果をあげている。この活動に参加する団体の八割以上が毎年継続して道普請に参加していることからも、この取り組みが高評価を得ていることがわかる。とはいえ、年間降水量三〇〇〇ミリ以上の降雨により土道の表面が削り取られたり、一度に大勢の人が歩くことによる傷みが発生し、保全が必要な箇所が多数みられる。また、参詣道や「文化的景観」の守り手である道沿いの集落では、過疎・少子高齢化が進み、集落の存続問題が生じている。集落の衰退は棚田や人工林の放置へとつながり、「紀伊山地の霊場と参詣道」の特徴である「文化的景観」の消失へとつながる。

世界遺産が注目される今日、人類共通の宝物である「紀伊山地の霊場と参詣道」を未来世代へ継承するためには、登録資産はもちろんのこと、紀伊山地の自然やそこに育まれた文化や人々の生活など地域社会を含めて守ることが重要である。そのためには、地域の担い手となり、伝統文化や地域社会を守り続けてきた住民が安定して暮らすことが欠かせない。今一度、「世界遺産を守る」ことと「地域社会を守る」ことが相互関係を持つことを認識し、世界遺産登録地の地域再生の在り方を検証することが必要である。

参考文献

五十嵐敬喜・岩槻邦男・西村幸夫・松浦晃一郎編著『神々が宿る聖地　世界遺産　熊野古道と紀伊山地の霊場』ブックエンド、二〇一六年。

池田雅之・辻林浩編著『日本人の原風景　お伊勢参りと熊野詣』かまくら春秋社、二〇一三年。

世界遺産「紀伊山地の霊場と参詣道」三県協議会『世界遺産　紀伊山地の霊場と参詣道』二〇〇五年。

世界遺産「紀伊山地の霊場と参詣道」三県協議会『世界遺産　紀伊山地の霊場と参詣道保存管理計画』二〇〇五年。

「世界遺産「サンティアゴ・デ・コンポステーラの巡礼路」視察調査報告」和歌山経済研究所、二〇〇三年。

髙森玲子編『スペイン　サンティアゴ巡礼の道　聖地をめざす旅』実業之日本社、二〇一六年。

戸田芳実『中世の神仏と古道』吉川弘文館、二〇一〇年。

中谷光月子『サンティアゴ巡礼へ行こう！　歩いて楽しむスペイン』彩流社、二〇〇四年。

仁井田好古編者『紀伊続風土記（二）』歴史図書社、一九六六年。

西川亮・西村幸夫・窪田亜矢「欧州評議会による「文化の道」政策に関する研究――政策の仕組みと史的変遷」日本都市計画学会『都市計画論文集』四五、二〇一〇年。

本宮町史編さん委員会編『本宮町史　通史編』本宮町、二〇〇四年。

三井記念美術館明月記研究会編『国宝　熊野御幸記』八木書店、二〇〇九年。

ユネスコ世界遺産センター『ユネスコ世界遺産一〇　南ヨーロッパ』講談社、一九九六年。

和歌山県教育委員会編『熊野参詣道王子社及び関連文化財学術調査報告書』二〇一二年。

第Ⅳ部　異国の不審船

第13章　レディ・ワシントン号と初期米中貿易

稲生　淳

1　日米交流の端緒

日米関係の始まりといえば、誰しもペリー来航を思い浮かべる。しかし、その六二年前の一七九一(寛政三)年、紀伊半島南端の大島近海に二隻のアメリカ船が寄港していた。しかし、この歴史的事実は我が国の主だった歴史書には記されず、地元でも長い間忘れ去られてきた。このことが世間に明らかになったのは、一九四八年八月二日付『朝日新聞』において、「書き直しか日米交渉史」という見出しで一文が掲載されてからである。

戦前から日米交渉史を研究していたロサンゼルス在住の木下紏《ただす》氏が米国の文献に「一七九一年、ボストンから帆船レディ・ワシントン号(九〇トン、船長ジョン・ケンドリック)が、カナダのバンクーバー島から毛皮約五百枚などを積んで広東に入港、交易を望んだが、同国官吏がワイロを要求するのに憤慨して、大坂堺へ航行中、風浪のため押し流され紀州の港に入った」とあるのを発見し、京都大学名誉教授新村出博士に日本側の文献による考証を依頼、これを受けた同博士が和歌山県立図書館司書喜多村進氏に照会したところ、同図書館所蔵の『南紀徳川史』の中に、これと照合する記述が発見された。

レディ・ワシントン号は、*Famous American Ships*、*The Maritime history of Massachusetts 1783-1860*、*Voyages of the Columbia* など、アメリカの海事活動を記した歴史書には「太平洋北西海岸に最初に到着したアメリカ船」、「日本に行った最初のアメリカ船」などと記されているように、建国期における名高い船であったことがわかる。また、船長のジョン・ケンドリックも太平洋毛皮貿易を最初に手がけた勇敢な船乗り兼冒険商人として知られ、マサチューセッツ州ウエアハムにある彼の家は海事博物館として保存されている。

それでは、なぜ、建国間もない時期にレディ・ワシントン号が広東に派遣されたのか。また、その後、どうして日本に来航することになったのか。レディ・ワシントン号の大島寄港を手がかりに、一八世紀末、広東を取り巻く国際情勢や初期米中貿易について考察したい。

2　アメリカ船の大島寄港

一七九一年四月二九日（寛政三年三月二七日）の早朝、大島近海に二隻の異国船が姿を現した。異国船は、四国方面から潮岬沖を東進し、大島東端の樫野崎を回って古座浦黒嶋沖に停泊した。漁船を装って偵察に行った村人の船に、異国船から漢字で書かれた一通の文書が投げ入れられた。そこには「本船は紅毛船であり、中国に商いに行った帰路、悪天候のためこの地に漂着した。四、五日滞留するが好風が吹けばすぐに立ち去るつもりである。船長の名は堅徳土記」と書かれていた。異国船の動向については、地元史料からも窺うことができる。その一つである『紀南遊嚢《きなんゆうのう》』は、信州高遠藩士で砲術家の坂本天山が、一七九八（寛政一〇）年から一七九九（寛政一一）年にかけて太地浦の捕鯨を視察するために紀南を訪れた際、高芝村（現 那智勝浦町下里）に住む医師の伊達李俊《だてりしゅん》から聞き書きしたものである。李俊は、村人らに請われてアメリカ船の偵察に出かけて行った人物である。異国船の様子について、『紀南遊嚢』には次のように記されてある。

船は二隻あったが、一隻の船首には、身長一丈（約三メートル）もの大男が甲冑を身に着け、長い剣をさして、半分抜きかけている像があった。金、銀、朱色の彩りは日の光に映えて、大変勇壮だった。他の一隻には、長さ八尺（約二・四メートル）ほどの美しい女性像があった。うしろに髪を長く垂らし、緑色の玉飾りを飾っていた。身にまとった薄い美しい布は海面につくほどであった。その手に釣り竿を持ち、一心に魚を釣っている姿をしていた。いずれの像も、真に迫る精巧な細工であった。

これ以外にも、「村人らが釣り船に乗って異国船を偵察に行くと、船員たちは村人らを船内に招き入れ、酒を飲ませ、食事させ、紙を与えるなどして楽しんだ」など、村人とアメリカ人との間で何らかの交流があったことが記されている。しかし、先にも述べたように、『紀南遊囊』は坂本天山が伊達李俊から聞き書きしたものであり、事件からすでに七年もの歳月が経っていることから、信憑性に欠けるとの指摘もある。

この点『尾鷲大庄屋（玉置元右衛門）文書』（以下、「尾鷲文書」と記す）には、異国船来航の第一報から船が立ち去るまでの様子が生々しく記されてある。

異国船が大島近海に停泊したのが旧暦の三月二七日のことであった。その二日後の二九日には、金《かな》山《やま》付近に碇を降ろし、乗組員五名が艀で陸に近づき、そのうち一名が上陸したことが記されている。この時、たまたま三重県尾鷲組・須賀利浦庄屋吉之丞の息子駒太郎が、小型廻船で大坂へ商用に出かけた帰り大島に滞船し、偶然、異国船を目撃したのである。駒太郎は、翌三〇日夜、須賀利に帰り着くと、直ちに見聞きしたことを父親の庄屋に報告した。父親の吉之丞は夜中であるにもかかわらず飛脚を立て尾鷲組大庄屋に注進したのである。その内容は、以下の通りである。

二隻の船は、二十九日には大島の金山付近にしっかり錨を下ろし、大勢の乗組員がはしけで上陸した。水や薪が切れたためか、水を取ったり生松の木を切り取った。こちらの人たち（日本側）が「オランダ」と声をかけたところ、どうやらその意味は分かったようだが、向こう側が「日本」と言うので、人々は「ここが日本か」と尋ねているらしい、と理解した。両船に近づくことは出来ないので遠くから見ていたが一隻は積荷を満載、もう一隻は六合積みくらいで、大島へ入港したいらしい様子に見えた。しかし、大島浦では仕事をすべて取りやめ、浦の様子を一切見せないように取り計らっており、速く出帆するよう、手まねで指示したが、一向に出て行く気配はなかった。

当時、紀伊半島沿岸部の大半を領有する紀州藩では、海防のため、藩内の主な岬などに遠見番所を設け異国船を発見した時には狼煙を挙げて近隣各浦々に知らせるとともに、藩庁のある和歌山には「通札《とおりのふだ》」を添えて村継ぎで注進するシステムを設けていた。知らせを受けた各浦々では、鯨船や漁船などが手配され、合図に応じて大庄屋、浦村役人、地士帯刀人を中心に各浦々の加子や住民が駆けつけて防衛体制を整えたのである。また、有事の際には、海防における公文書が紀州藩治世下の各浦々にリレー方式で伝達される仕組みになっていた。異国船が大島近海に姿を現した際にも公文書が各浦々に届けられ、そのうち尾鷲の大庄屋に届いたものが「尾鷲文書」に記載されているのである。

それでは、アメリカ側の史料には、どのように記されているのだろうか。「ホスキンズの日記」（Frederic W. Howay, *Voyages of the Columbia*）の中には、次のように記されている。

ケンドリック船長は、ニューヨークのダグラス船長の乗るグレイス号を伴って、三月にラークス湾を出港した。彼らは日本の南の海岸に漂着し、そこでその土地の人々から大歓迎を受けた。ケンドリック船長は、ここでアメリカ国旗を掲げたが、この方面でアメリカ国旗が翻ったのは、おそらくこれが最初のことだろう。彼らは中国から日本に上等の二百枚の毛皮を運んだが、日本人はそれらの使い方を知らなかった。

語り手であるホスキンズは、レディ・ワシントン号ではなく、ボストンから一緒に出帆しながらも広東からそのままアメリカに戻ったコロンビア号に乗っていたので、日本には来ていない。上記の話は、ホスキンズがレディ・ワシントン号の乗組員から聞き書きしたものである。

それでは、突然の異国船来航に、紀州藩はどのように対応したのか。旧紀州藩士堀内信が編纂した『南紀徳川史』には、「和歌山から目付、奉行など総勢十五名が派遣され、大島まで海路なら二日で行けるところ陸路四日もかかって到着したが、異国船はすでに立ち去った後であった」と記されている。この点について、坂本天山も「紀州藩は外国船との接触をさけて、わざと遅れて到着したのではないか。幕府への手前上、

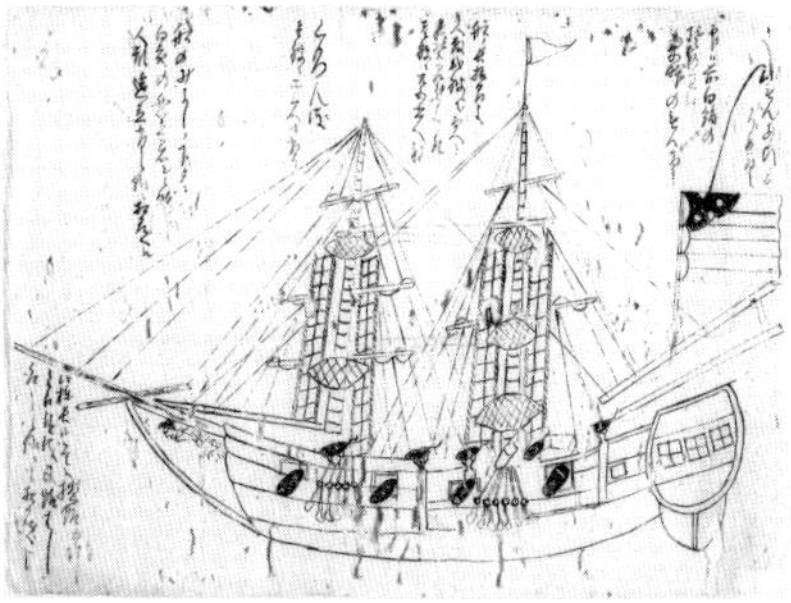

図13－1　「レディ・ワシントン号船絵図」（『小山家文書』101号，神奈川大学日本常民文化研究所所蔵）

役人は派遣するが、できれば外国船が早く藩内から立ち去って欲しいというのが紀州藩の本心だったのではないか」と記している。しかしながら、異国船来航の当日の天候は悪く海も荒れていたことから、紀州藩への報告が遅れたのも、また、和歌山から派遣された役人の大島到着が遅れたのも、海路が使えず陸路で行かざるを得なかったからである。ちなみに、この時、遠見番役人が描いた異国船の絵が残されており、そこには国旗や船首像などもはっきりと描かれている。

3　一八世紀末の広東貿易

一八世紀末の広州（広東の港）は、清朝六代乾隆帝の貿易制限令（一七五七年）によって外国に開かれた中国唯一の貿易港として賑わっていた。清朝政府は、広州に入港する外国船を朝貢と見なし貿易統制を行っており、公行と呼ばれる特権商人が取り仕切っていた。貿易上の様々な障害にもかかわらず各国が競って広東に船を派遣したのは、茶や陶磁器、南京綿などの中国製品が大きな利益を生んだからである。中でも、茶は、イギリス人にとっては日常生活に欠かせない飲み物となっており、イギリス東インド会社が貿易を独占し、「イースト・インディアマン」と呼ばれる千トン級の大型帆船が広東―ロンドン間の貿易に従事した。茶の消費市場は、主にヨーロッパとアメリカであったが、アメリカに運ばれる茶は、独立戦争前は「航海条例」によって、一旦、ロンドンに運ばれた後、再びアメリカに送られたため高値が付いた。ちなみに、一七六〇年当時、イギリスにおける茶の消費量は一七五〇トンであったが、その内、イギリスからアメリカへ向けて再輸出されたものが四分の一を占めていた。独立戦争後、アメリカ商人たちが真っ先に広東を目指したのは、イギリス東インド会社による茶の独占に割り込み、自国船で直接、茶を輸入し、一儲けしたいと考えたからである。次に、広東は毛皮貿易の市場でもあった。一八世紀のヨーロッパで毛皮が大流行していたことは、ロシア皇帝エカチェリーナ二世が裾まであるラッコの毛皮のケープを注文し、また、ルイ一五世の寵妃ポンパドール婦人も「カナダは毛皮をもたらす有用な土地である」と言ったという話からも、その様子が窺える。

図13－2　貿易港として賑わう広東
（*Hail, Columbia*）
出典：Frederic W. Howay, *Voyages of the Columbia*, Da Capo Press, 1990.

中でも、ラッコは「柔らかい宝石」と喩えられ、中国やヨーロッパでは「毛皮の王」ともてはやされていたのである。当時のヨーロッパ人はアメリカを「ファー・カントリー（毛皮の国）」と呼び、ビーバーやラッコなどの毛皮動物が数多く生息する土地と考えていたようである。アメリカ北西海岸には、ラッコの毛皮を求めてイギリス、フランス、スペイン、ロシアなどの国々が進出しラッコ争奪戦を繰り広げた結果、紛争にまで発展しかけたという。しかし、アメリカが新たにこの地域での毛皮交易に参入するやヨーロッパ勢力はしだいに圧倒され、一九世紀半ばにはオレゴン州、アイダホ州、ワシントン州がアメリカ領となった。

4　アメリカの広東進出

アメリカの広東進出は、独立直後から始まっていた。独立戦争の勝利は、アメリカ経済にとってはマイナスであった。というのは、独立直後、米英貿易が再開されたが、イギリス製品が大量に輸入されたのに対しアメリカ製品の輸出は伸びず貿易収支が悪化したからである。その結果、独立戦争前には年間平均五四〇万ドルあった輸出額は、一七八〇年代には平均四五〇万ドルへと約二〇パーセント減少した。イギリス製品の輸入超過は、アメリカ国民が戦時中に購入できなかった本国製品に対する渇望が大きく、大量に買いあさったからであるが、これに対し、イギリス首相フレデリック・ノースは「アメリカ人はイギリスとの貿易を拒否した。だから、彼らには他のいかなる国とも貿易させないのが公正というものだ」と述べ貿易統制を強化した。

アメリカ経済の回復の兆しは、南部や中部でいち早く現れた。バージニア州では、タバコ、インディゴ、米などの農産物、ピッチやタールなどの航海用品を世界のどの地域よりも安く供給できたため、一七八六年までに輸出額が独立戦争前をしのぐ繁栄を取り戻すことができた。しかし、漁業や海運、造船といった海事活動で生計を立ててきたマサチューセッツ州は、生命線ともいえる海上貿易の不振により、かつてない不況に襲われた。貿易商人たちは、タラの市場であった西インド諸島や、鯨油の市場であったイギリスを失った。造船業においては、独立戦争前、ボストンでは毎年一二五隻の

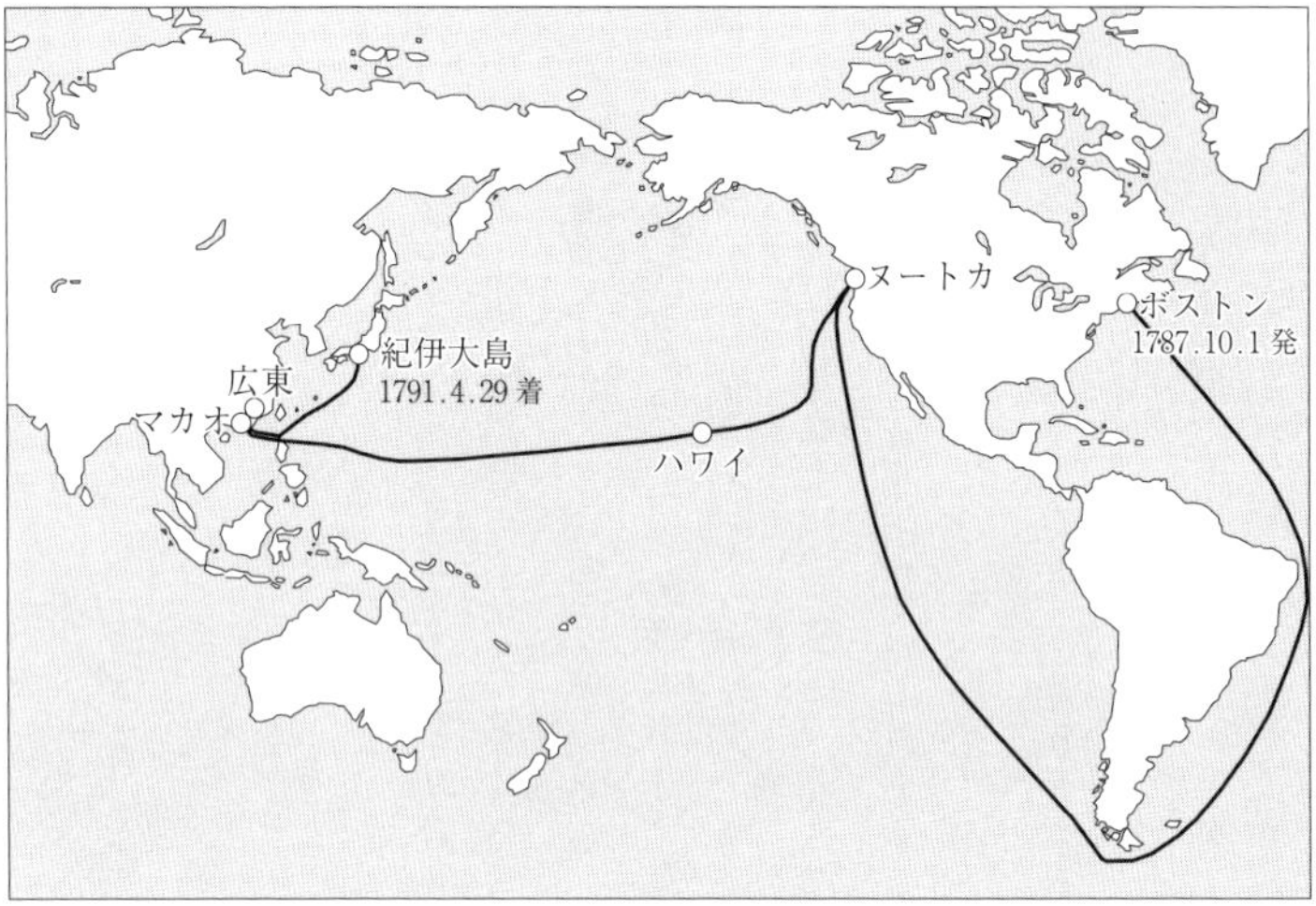

図13-3　レディ・ワシントン号の航路図（ボストンから紀伊大島まで）

船舶が竣工していたが、一七八四年には四五隻に、さらに八五年には一五隻へと大きく減少した。それゆえに、沿岸諸都市の沈滞は内陸の農業をも不況に陥れ、農民反乱も勃発した。

一七八五年、ニューヨーク商業会議所は、「神の御恵みによってわが国に平和と独立がもたらされたにもかかわらず、この御恵みは今までのところ商業の繁栄や成功には及んでいない」とアメリカ経済の先行きを心配するコメントを出した。このような逼迫した経済状況のもと、北部の商人たちはイギリスや西インド諸島に代わる新たな市場開拓のため、フランス、オランダ、スウェーデン、プロシア、モロッコ、バルト海の国々にまで商船を派遣したが、アメリカ商人らを引きつけたのは中国の広東だった。

5　レディ・ワシントン号の派遣

独立戦争が終わった翌年、ニューヨークとフィラデルフィアの商人らは、エンプレス・オブ・チャイナ号（三六〇トン）を広東に派遣した。積荷は、アメリカ産人参（朝鮮人参のようなもの）、ブランデー、ワイン、タールなどの貨物と二万ドルの硬貨であった。この航海で、エンプレス・オブ・チャイナ号は茶・絹・陶磁器・木綿などを持ち帰り三万七〇〇〇ドルの利益を上げたことで、アメリカ商人らは広東貿易の利益に注目したのである。ニューヨークの商人グループはエクスペリメント号（八〇トン）を派遣し、セーラムの商人グループもグランド・ターク号（三七一トン）を派遣した。グランド・ターク号は、茶やシルクのガウン、陶磁器のセットなどアメリカ婦人の垂涎《すいぜん》の的であった商品をもたらし莫大な利益を上げたことで、商人たちは一層広東を目指したのである。

ヨーロッパでは、広東貿易で得られる茶・絹・陶磁器などに需要が高まっており、これらの商品を求めてイギリス、フランス、オランダ、スペインなどが次々と商船を広東に送り出していた。中でも、イギリス商人は、各地に点在する植民地から「フカのひれ」や「ツバメの巣」などの中国人が喜ぶ珍しい食材を運ぶことができたのに対し、アメリカ商人は広東商人を満足させる商品を持っていなかった。このような状況の下、ジェームズ・クックの三度目の航海記が出版され、その中に「アメリカ北西海岸で原住民からわずか六ペンスで買ったラッコの毛皮が、広東では一〇〇ドルで売れる」と記されていたことも、ボストン商人たちが太平洋経由で広東を目指す動機となった。広東貿易では、すでにニューヨークやセーラムに後れを取っていたボストン商人たちは、早速、大商人ジョセフ・バレルを中心に新たな貿易の企画にとりかかった。それは、従来のようにアフリカ経由ではなく、ホーン岬を回りアメリカ北西海岸でラッコの毛皮を獲得した後、太平洋を経由して広東に向かうというものであった。早速、コロンビア号（二一二トン）とレディ・ワシントン号（九〇トン）の二隻が仕立てられ、コロンビア号の船長兼総指揮官にはジョン・ケンドリックが、レディ・ワシントン号の船長兼副官にはロバート・グレイが任命された。

一七八七年一〇月、二隻は、ボストンを出港し、ホーン岬を回り、太平洋を北上してアメリカ北西海岸に到着、原住民からラッコの毛皮を入手した。この後、ケンドリックは、副官グレイに命じてコロンビア号で先に広東に行かせ、自らは毛皮貿易のための足固めをした後、レディ・ワシントン号で広東に向かった。しかし、グレイはコロンビア号でアフリカ経由で帰還したため、ケンドリックはグレイと会うことはなかった。

ケンドリックは、旧知のダグラス船長のグレイス号をともなって、一七九一年三月末、マカオを出港しアメリカ北西海岸に向かった。その一カ月後の四月末、紀伊半島沖を航行中、悪天候のため大島近海に避難したのである。ボストン出港に先立ち、出資者の代表ジョセフ・バレルからケンドリックに対し、「もし可能性があるならば日本市場の開拓をするように」という指示が与えられていた。このことから、大島寄港は「商売を目的としたものではなかったか」との見解もある。ケンドリックは

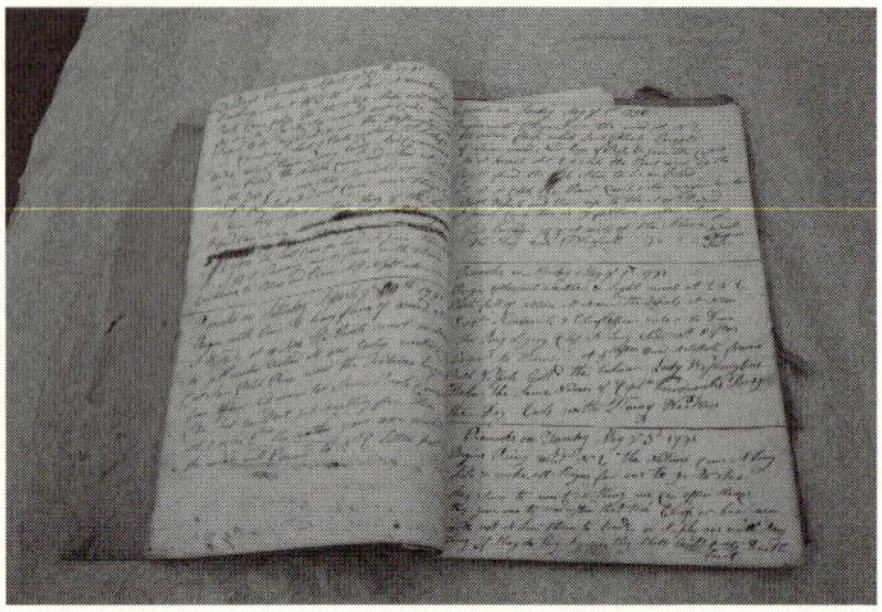

図 13－4　グレイス号航海日誌
出典：ダクスベリー歴史協会所蔵，櫻井敬人氏提供。

優秀な船長であり、また冒険商人であったことからも、日本での毛皮交易の可能性を探っていたことは十分考えられる。しかし、日本側と交易することなく立ち去った。レディ・ワシントン号の大島寄港は建国直後の若きアメリカのエネルギッシュな姿を象徴する出来事であったと言えよう。

6　新たな史料の発見

二〇一六年四月、アメリカ船の大島寄港に関する新たな史料が見つかった。レディ・ワシントン号の僚船グレイス号の船員サミュエル・デラノが記した「航海日誌」がマサチューセッツ州在住の歴史家スコット・リドレー氏によって発見された。「航海日誌」には、大島近海に滞在した様子について「ボートで湾を進むと島であることがわかった。とても好い港だ」、「土地の大勢の人々が一団になって乗船した。彼らは薪と米を数袋を船長に贈った」、「碇を上げて船が動き始めると、複数のボートが港から出てきて我々の後をついてきた」と記されている。

『紀南遊嚢』や『尾鷲文書』などの地元史料やアメリカ側の史料「ホスキンスの日記」からも、村人とアメリカ人との間で何らかの接触があったことが知られていたが、今回発見された新たな史料によって、日米最初の出会いが大島近海であり、両国民の間で交流があったことが改めて証明された。

二〇一六年一一月一日、串本町は「日米修交二二五年記念式典」を開催した。式典には、駐大阪・神戸アメリカ領事館アレン・グリーンバーグ総領事をはじめ、スコット・リドレー氏やペリー提督の子孫マシュー・ガルブレイス・ペリー氏らが招かれ、串本古座高校吹奏楽部生徒による両国国歌演奏で開会した。グリーンバーグ総領事は、挨拶の中で、「日米の友好関係は前向きな精神をもった冒険家たちと一行を温かく歓迎した串本の人々によって開かれた」と述べた。

また、キャロライン・ケネディ駐日特命全権大使はビデオメッセージを通して「日米交流を拡大させるのはここにいる若者。先人のように勇気をもって新しいことに挑戦してほしい」と高校生らに呼びかけた。新たな史料の発見を受けて、串本町は「串本が日米最初の交流の地」であることを内外にPRするとともにさらなる友好親善に取り組んでいる。

図13－5　航海日誌を見るダクスベリー歴史協会司書ラベンスクロフト氏とリドレー氏
出典：櫻井敬人氏提供。

参考文献

秋元英一『アメリカ経済の歴史』東京大学出版会、一九九五年。

小畑龍雄「アメリカ船の中国渡来」『立命館文学』立命館大学人文学会、一九九七年。

神奈川大学日本常民文化研究所編『紀州小山家文書』日本評論社、二〇〇五年。

串本町史編さん委員会編『串本町史　通史編』串本町、一九九五年。

佐山和夫『わが名はケンドリック』講談社、一九九一年。

角山栄『茶の世界史』中公新書、一九八〇年。

クルーズ、ハーマン・E／チャールズ・ギルバート（鳥羽鉄一郎ほか訳）『アメリカ経営史』上、東洋経済新報社、一九七四年。

ジョン・C・ペリー（北太平洋国際関係史研究会訳）『西へ！　アメリカ人の太平洋開拓史』PHP、一九九八年。

中村久雄「レディ・ワシントン号大島来航の史実 上」『串本』第二三八号、一九九二年。

中村久雄「レディ・ワシントン号大島来航の史実 下」『串本』第二三九号、一九九二年。

堀元美『帆船時代のアメリカ』上、原書房、一九八二年。

御手洗昭治『黒船以前——アメリカの対日政策はそこから始まった』第一書房、一九九四年。

サムエル・モリソン（西川正身訳）『アメリカの歴史』集英社文庫、一九九七年。

Frank O. Braynard, *Famous American Ships*, New York, Hastings house, 1978.

Frederic W. Howay, *Voyages of the Columbia*, Da Capo Press, 1990.

Samuel Eliot Morison, *The Maritime history of Massachusetts 1783-1860*, A Northeasterm Classics Edition, 1961.

Scott Ridley & Hayato Sakurai, *America's First Visit To Japan April 29-May 8, 1791 : Voyage of the Lady Washington And the Grace*, Frostfish Press, 2016.

第14章　プチャーチン来航と紀州黒船騒動

森田泰充・稲生　淳

1　ロシアの黒船来航

幕末の動乱は黒船来航によって始まったというのが定説のごとく信じられている。しかし、黒船に驚いたのは江戸の民衆だけではなかった。紀州沖にも、突如、黒船が現れ、沿岸地域の人々を震え上がらせたのである。その黒船の正体とは、プチャーチン率いるロシア軍艦ディアナ号であった。では、なぜ、ディアナ号は紀州沖に姿を現したのか。また、どうしてロシアは日本に軍艦を派遣したのか。地元に残された古文書から、民衆の動向について知るとともに、ロシア軍艦が日本に派遣された背景などについて考えてみたい。

図14－1　プチャーチン

「黒正《コクショウ》文庫」とは、京都大学教授で農学史の研究者黒正巖氏が、近世百姓一揆等の調査・研究をしていた際に収集した書籍・資料である。現在は、同氏がかつて岡山第六高等学校の校長をしていた縁で、没後、岡山大学に寄贈されている。ここに取り上げた図14－3は、黒正氏が学生たちと共に紀州へ史料探訪に出向いた際、広村（現 和歌山県有田郡広川町）の旧家から収集したものである。突如、現れたロシアの黒船に対する紀州藩の対応や、右往左往する民衆の様子について「黒正文庫」（「幕末年代記」）から読み解いていきたい。

ロシア使節プチャーチンのディアナ号が紀州沖に現れたのは、一八五四（嘉永七）年九月一六日のことである。プチャーチンが、長崎での交渉をやめて大坂に乗り込んだのは、天皇が住む京都の近くまで行くことで日本側に圧力をかけ、早期の条約締結を目指したからである。

全長五三メートル、幅一四メートル、排水量二〇〇〇トン、大砲五二門を搭載したロシア軍艦ディアナ号は、紀州沿岸を威嚇するように航行しながら紀伊水道を北上し、一八日には大坂湾に入り、天保山沖に停泊した。「嘉永七年九月一六日異国船」と題された古文書には、紀州藩内全域に緊張が走った様子が記されている。

当浦の沖はるかに船が見えた。この船はこれまで見たこともないような山のように大きな船である。周辺の村々では、人々がにわかに騒ぎはじめ、鉄砲などを手に集まり、なかには大筒なども持ち出すものまであり、沿岸の警備を厳重に固めた。するとこの船は上方（京・大坂）の方面をめざして通り抜け、その夜は和歌山沖にさしかかり、（和歌山）城下も大騒ぎになったらしい。さらに加太の

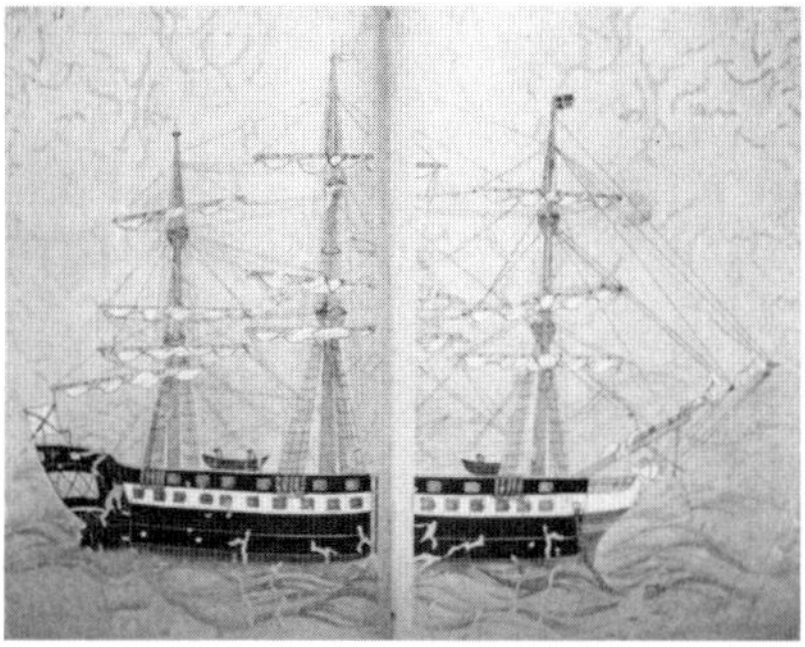

図14－2　ディアナ号（『異船記』巻之8より，和歌山県立図書館所蔵）

岬を通り抜けようとしたところ、紀州藩の重役なども大勢警備にあたったという。しかし、（その船は）難なく通り抜け、大坂には一八日に入船。天保山沖二〇町の沖の方へ進み、およそ十五日ほど滞留した。船は長さ二〇～三〇間あり、大筒十六丁を装備した軍艦のようである。（その後、淀川河口の）安治川に乗り入れようとするが、大坂町奉行所の厳重な警備に驚き、やむなく引き返したと聞く。しかしながら、その後も近隣の諸大名、京都・大坂町奉行所では警備を怠ることなく、天保山周囲の警戒を厳しく申しつけたようだ。大坂城代をはじめ両町奉行が集結し、まるで天地の隙間なく陣容を整えているなか、小舟一艘漕ぎ寄せ、願い書を差し出したらしい。ただその詳細な内容はわからないが、大船は天保山沖に滞留し続けた。その後、再び、十月三日夜に当浦沖を通り抜けたそうである。ただその様子を見た者はいない。聞くところによると、（この船は）ロシア船らしいということで、前述の近隣諸大名、京・大坂町奉行所等の沿岸警備は一層厳重となった。

紀州藩では、広域にわたり警戒体制をとり海岸を警固した。動員された者は、家臣をはじめ地士なども含め一一八、九四人（大坂天保山近辺にも総勢八九六人が出張）で、和歌山城下は昼夜にわたって警戒がなされ、砲撃を避けるため白亜の和歌山城天

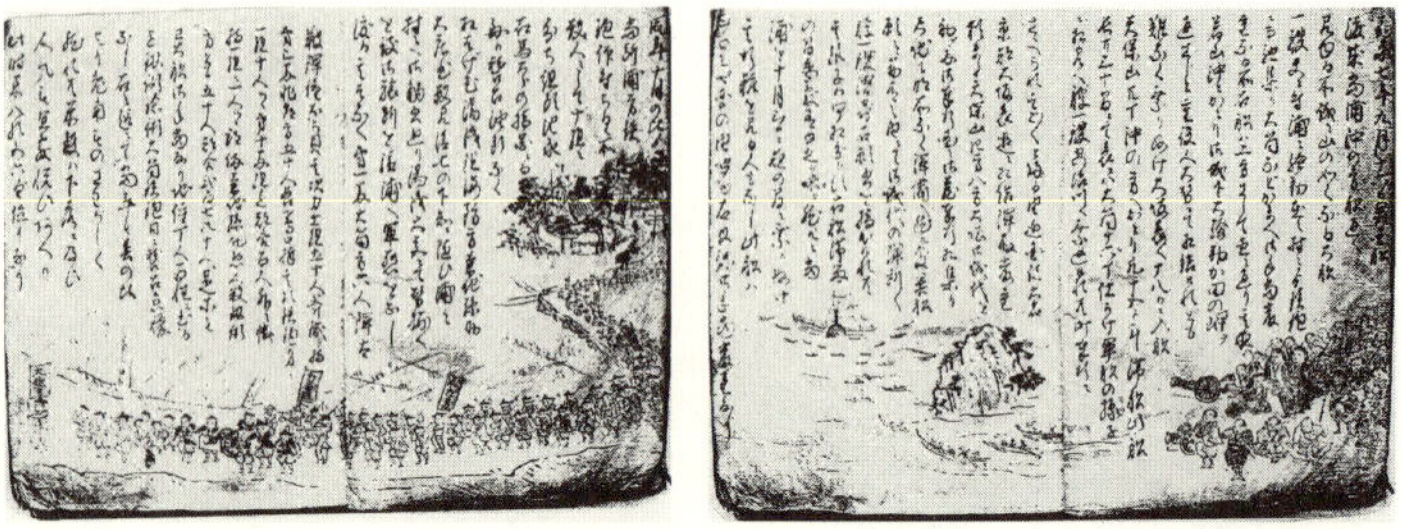

図 14－3　黒正文庫（幕末年代記，岡山大学附属図書館所蔵）

守を黒幕で遮蔽《しゃへい》すべきだという意見も出た。

紀州藩はペリー来航にともない、一八五四年正月、海防政策を策定しており、ディアナ号が現れると、これをただちに実施した。すなわち、約六〇〇〇人の藩士と四〇〇〇人の村人を加太・友ヶ島から下津の大﨑にかけて配備し、にわか作りの台場をめぐらし、紀ノ川と和歌川の河口を船や筏で閉鎖したのである。「黒正文庫」（幕末年代記）にも、湯浅の人々の海防体制に勤しむ様子が記されている。

同じ年の十月頃から、当浦に対して、鉄砲による警備が仰せ付けられ、数人づつ十組にわけられ組頭の池永馬太郎の指図で毎日稽古に励んだ。（しかるところ）湯浅組海防方兼《かね》地《じ》孫助《まごすけ》及び大庄屋数見清七の指示に従って沿岸の村々へお触れが出回り、湯浅大宮に勢揃いし軍列をなして進軍した。第一番隊は大筒六名、陣太鼓はわずか、力士組五〇人、他、鉄砲方十人編成の十組百人他に幟《のぼり》持ち一人づつ。剣術方五〇人すべて総計二七〇名の軍勢である。これは異国船警備のためである。ともかく地侍・町人・百姓にいたるまで剣術・槍術・大筒・鉄砲の稽古に励み、非常にもの騒がしい有様である。しかし米穀の価格は当時下落傾向にあり、人々は悦びあった。この時の米の値段は銀八十五匁位であった。

ディアナ号は沿岸付近を調査するように複雑な動きをしつつ、九月一七日には、大川と地の島の間を抜けて大坂湾へ侵入し天保山沖に碇泊した。しかし、幕府は大坂も江戸も異国人応接の地ではないと説き、下田で交渉する旨を告げた。これをプチャーチンも了承し、ディアナ号は一〇月四日、加太沖に移動し、翌五日、下田へ向けて出港した。

プチャーチンは下田で幕府側と交渉に臨むが、その間、安政南海地震が発生したため交渉は一時中断する（日露和親条約は安政元年一二月二一日に調印された）。ディアナ号も津波のため大破したため、プチャーチンは幕府の許可を得て、伊豆戸田港で代船を建造。「ヘダ号」と名づけた船で、一八五五年四月六日、無事、ロシアに帰り着いた。

2　内憂外患の世相

一八世紀末、日本近海にはアメリカ船やロシア船が出没し、幕府も「外圧」を意識するようになる。天明期、老中田沼意次はロシアへの対応を論じた工藤平助著『赤蝦夷風説考《あかえぞふうせつこう》』の影響をうけ、蝦夷地の開発やロシアとの交易の可能性を探るため、最上徳内らを蝦夷地へ派遣した。さらに、寛政期に老中松平定信は、ラクスマン来航を機に、それまでの鎖国体制を「祖法」であると認識し、堅持しようと江戸湾と蝦夷地の海防の強化を諸藩に命じた。この頃、ロシア人が択捉島に上陸して現地のアイヌ人と交易していたことから、一七九八（寛政一〇）年、幕府は近藤重蔵・最上徳内らに択捉島を探査させ、「大日本恵登呂府」の標柱を立てさせた。その北側にロシアとの境界線を引く発想である。こうして一八〇〇（寛政一二）年には、幕府は八王子千人同心（八王子に在住の郷士の集団）一〇〇人を蝦夷地に入植させたうえ、一八〇二（享和二）年に、東蝦夷地を永久の直轄地とし居住するアイヌ人を和人とした。さらに、レザノフの樺太・択捉島攻撃に端を発しては、一八〇七（文化四）年に、松前藩と蝦夷地をすべて直轄にして松前奉行の支配下におき、東北諸藩を警護に当たらせた。中でも会津藩は、藩兵を派遣して蝦夷地の海岸で銃隊訓練をしたり、台場を設けて大砲の射撃訓練を行ってロシアの攻撃に備えたといわれている。

幕府は、一八〇七年、間宮林蔵に樺太を調査させるなどロシアへの備えをいっそう強化した。さらに、一八一一（文化八）年、国後島に上陸し測量していたロシア軍人ゴローニンを監禁すると、ロシア側も国後島付近を航行中の高田屋嘉兵衛を抑留するなど報復にでた。北方の緊張に加えて、さらに幕府を驚かせたのは、一八〇八（文化五）年、イギリス軍艦フェートン号の長崎侵入であった。フェートン号は当時敵国になったオランダ船の拿《だ》捕をねらって長崎に入り、オランダ商館員を人質にし、薪水・食糧を強要して立ち去った。幕府はただちに白河藩・会津藩に江戸湾の防備を命じたのである。

その後もイギリス船やアメリカ船が日本近海に出没したため、幕府は大名に命じて全国各地の海岸に台場を設け大砲を備えさせた。幕府は、外国船員と住民との衝突を回避するため、異国船に薪水・食糧を供給して立ち去らせる方針をとっていたが、一八二五（文政八）年、新たに異国船打払令（無二念打払令）を出し外国船を撃退するよう命じた。

ロシアの通商については強硬に拒絶していた幕府であったが、その姿勢にも限界が訪れる。一八三七（天保八）年、広州にあるアメリカの貿易商社が、マカオで保護中の日本人漂流民七人の送還と貿易交渉のためモリソン号を派遣するが、浦賀に到着するも異国船打払令のため砲撃を受け、続いて薩摩の山川で再び砲撃されてマカオに引き返すという事件が起きた。

モリソン号が漂流民移送を目的としていたことが明らかになると、渡辺崋山は『慎機論《しんきろん》』、高野長英が『戊戌《ぼじゅつ》夢物語』で打払政策を批判した。さらに、アヘン戦争で清国がイギリスに敗れると、幕府は欧米列強の武力に危機感を抱き、ようやく態度を軟化させるのである。一八四二（天保一三）年、異国船打払令を緩和して天保の薪水給与令を出し、外国船には薪や水・食料を与えることにした。

水戸藩主徳川斉昭が将軍家慶に提出した『戊戌封事』の中に、「内憂外患」という言葉がある。国内で続発する百姓一揆や打ちこわし、大塩の乱などで社会が混乱し、外では、アメリカやロシアをはじめとする船が頻繁に接近するようになったからである。「内憂外患」は、当時の日本の社会状況を現していたのである。

3　ロシアの日本接近

それでは、なぜ、ロシアは日本に接近するようになったのか。その背景には、黒テンやラッコの毛皮を求めたロシアのシベリア進出がある。一六世紀後半、コサックの首長イェルマークがシベリアに進出し、イルクーツクなど拠点を建設しつつ太平洋岸に到着した。ロシアの東方植民地は、本国から遠く離れており、食料や日用品の補給が困難であった。また、一七八五年、キャフタにおける中国との交易が中止されたため、毛皮の滞貨が生じていた。この解決のため、イルクーツクの商人団の間では、日本との通商関係の樹立、中国との交易再開が強く望まれた。イルクーツク商人団は、イルクーツク総督を通じて中央政府にその必要を訴え、イルクーツク商人たちと結ぶ宮廷の重臣たちの中にも、それを支持するものがいたのである。

日本とロシアの最初の出会いは、一六九六（元禄九）年、大坂の商人伝兵衛が江戸に向かう途中、難破してカムチャツカ半島に漂着し、ロシア人に救出されたことに始まる。伝兵衛はコサックの頭目アトラソフに伴われ、モスクワに行ってピョートル一世に謁見、その後、ペテルブルクで日本語学校の初代教師となった。

続いて、伊勢白子の大黒屋光太夫は、江戸に向かう途中に遭難し、アリューシャン列島に流され、ロシア人に助けられた。光太夫は、カムチャツカ半島に渡って、そこで四年を過ごした後、シベリアを西進して、一七九一年、首都ペテルブルクに至った。光太夫は、エカチェリーナ二世に謁見して帰国を嘆願した。エカチェリーナ二世は、光太夫の送還とあわせて日本に通商を求める使節を派遣する。

一七九二（寛政四）年、光太夫らはラクスマンに伴われ根室に来航するが、幕府は通商を拒絶し、信牌《しんぱい》（長崎港への入港許可書）を交付してラクスマンを帰国させた。一八〇四（文化元）年、二度目の通商使節としてレザノフが信牌を持って長崎に来航し通商を求めた。しかし、幕府は、オランダ・中国・朝鮮・琉球以外の国とは交際しないという、これまでの祖法を理由に通商を拒絶したのである。このような幕府の冷淡な対応に、ロシアは樺太（一八〇六年）、択捉島（一八〇七年）を攻撃したため日露関係に緊張が走った。

この間、幕府の対外防備も強化され、一八〇七年には松前藩と蝦夷地全域を直轄化して松前奉行の支配下に置き、東北諸藩を海防に当たらせた。一八一三年、ロシアは高田屋嘉兵衛を日本に送還し、彼の尽力によってゴローニンも釈放され日露関係は改善された。これ以後、一八五〇年代まで日露関係は空白の期間を迎えるが、その背景にはヨーロッパでナポレオンが台頭し、ロシアはこれに対応するため極東に目を向けられなかったという事情があった。

ロシアの使節が、三度《みたび》日本に来航するのは一八五三（嘉永六）年七月のことである。プチャーチンは、日本との国交および通商関係樹立の特命を受けパルラダ号以下、三隻の軍艦を率いて長崎に来航、長崎奉行に国書を渡し、千島・樺太の測量と開国通商を求めたが調わず、一旦、長崎を離れ、上海に向かった。上海で情報収集するなどした後、同年一二月、プチャーチンは再び長崎に来航し、幕府全権との間で六回に渡り会談したが条約の締結には至らなかった。一八五四年一月、ロシア艦隊が長崎を離れ、沿海州に引き上げたのはクリミア戦争が勃発していたからである。ロシアがトルコ領内のギリシャ正教徒保護を名目としてバルカン半島に侵攻したため、一八五三年七月、ロシアとトルコが開戦、さらに翌一八五四年三月、ロシアの撤退を要求したイギリス・フランスがロシアに宣戦布告し、戦線が拡大した。プチャーチンの対日折衝は、クリミア戦争の余波を受けて緊迫した状態で行われていたのである。八月末プチャーチンは老朽艦のパルラダ号から新造艦ディアナ号に乗り換えて、箱館に向かったのは、長崎での交渉が進展しなかったことから、朝廷のある京都に近い大坂で交渉することを希望している旨を、箱館奉行を通じて事前に幕府に伝えたいとの思惑があったからである。箱館奉行は、この件を幕府に通知するため使者を江戸に送ったが、プチャーチンの大坂到着には間に合わなかった。そのため、大坂城代や大坂町奉行らは何の情報もないままに、ロシア船と対峙することになったのである。ディアナ号が紀州沖に姿を現した背景には、一九世紀後半のロシアや日本を取り巻く国際情勢が大きく影響していたのである。

4　紀州の海防と友ヶ島

黒船来航は、三浦半島や伊豆半島で起きた出来事であり、遠く離れた紀伊半島とは何の関係もないような感がある。ところが、ロシア軍艦ディアナ号が紀州沖に現れたことで、紀州沿岸に住む人々にとっては、はじめて外圧を目の当たりにすることとなった。
というのも、江戸時代は民衆が内外の政策に関わることはなく、特に外交や防衛は幕府の専権事項であり、民衆は蚊帳の外に置かれていたからである。しかし、異国船の出現によって民衆が沿岸防備の末端を担うことで海防を意識するようになったことは確かであろう。

ディアナ号が去った後の紀州藩では海防の見直しが行われた。台場だけでは防衛は不可能であるとの認識から、軍艦を建造し、上陸を阻むべきだという強硬策も出され、軍艦建造費用として、藩の御蔵入米と、すべての家臣が俸禄の半分ずつを出し合い五年間積み立てることも検討されたという。一八五五（安政二）年二月、勝海舟を含む幕府要人が海防視察のため和歌山を訪れた。一行は、加太から和歌浦にかけての海岸沿いを検分し、加太・友ヶ島の政治上・経済上・軍事上の重要性について触れ必要な対応策を構想した。勝は幕府への報告書の中で、「加太浦の台場は、設置場所が適当でなく子供の戯れのようである」と記し、その貧弱ぶりを嘆いている。この頃、勝海舟が滞在した場所が、橋丁（現 和歌山市橋丁）の清水平右衛門宅であると伝えられており、住居跡には、現在、「勝海舟寓居地」の石碑が建てられている。

図14－4　勝海舟寓居地跡
出典：筆者撮影。

勝は、大坂と加太浦の地理的位置を、江戸における浦賀の関係にたとえて、加太浦を軍艦建造地の候補地にあげ、幕府の直轄にし、加太奉行を設置すべしと主張した。勝の構想は、明治になって、加太や友ヶ島に大規模な砲台が建設されたことで実現するのである。

明治に入り、友ヶ島にはイギリス人技師によって洋式灯台が建てられ、続いて近代的砲台も造られた。紀伊水道が大阪や瀬戸内海に通じる重要航路であり、大阪を守る要衝であったことが窺える。太平洋戦争中は軍の要塞施設として、一般人の立入は禁止されていたのである。重厚な赤レンガで造られた友ヶ島要塞は、スタジオジブリの名作「天空の城ラピュタ」に登場する一場面の雰囲気に似ていることが評判になり、現在、多くの観光客が訪れている。

参考文献

青山忠正『日本近世の歴史⑥『明治維新』吉川弘文館、二〇一二年。

上野芳江『プチャーチン提督　一五〇年の航跡』ユーラシア研究所・ブックレット編集委員会、東洋書店、二〇〇五年。

木崎良平『光太夫とラクスマン』刀水書房、一九九二年。

下山晃『毛皮と皮革の文明史』ミネルヴァ書房、二〇〇五年。

武内善信「幕末の動乱と紀州――藩政の動向を中心に」春季特別展『幕末の動乱と紀州』和歌山市立博物館編集、一九八七年。

平川新『江戸時代　十九世紀　開国への道』小学館、二〇〇八年。

三谷博・並木頼寿・月脚達彦『大人のための近現代史　十九世紀編』東京大学出版会、二〇一六年。

蓑原俊洋・奈良岡聰智『ハンドブック近代日本外交史』ミネルヴァ書房、二〇一六年。

森田泰充・川本治雄「和歌山大学教育学部教育実践総合センター紀要（「考える日本史」学習）」和歌山大学教育学部附属教育実践総合センター編集、二〇一三年。

横山伊徳『日本近世の歴史⑤　開国前夜の世界』吉川弘文館、二〇一三年。

『和歌山市史　第二巻　近世』和歌山市史編纂委員会編纂、和歌山市、一九八九年。

第15章　樫野埼灯台からみた文明開化

稲生　淳

1　和歌山県にある条約灯台

和歌山県は約六〇〇キロメートルにも及ぶリアス式海岸をもち、江戸時代には西回り航路として樽廻船や菱垣廻船が往来するなど、江戸・大坂を結ぶ重要な海上ルートに位置していた。中でも、紀伊半島南端の大島沖と潮岬沖は「海の難所」として船乗りから恐れられてきた。当時、我が国の主な岬や港の入り口には常夜灯が設置されていたが、これらの和式灯台は光力が弱く、開国後、来航する外国船にとっては何の役にもたたなかった。

我が国に洋式灯台が建設されたのは、一八六六（慶応二）年、諸外国と徳川幕府との間で締結された「改税約書」（江戸条約とも言う）を根拠とする。この条約は、一八六三（文久三）年、攘夷を唱える長州藩が関門海峡を航行する外国船に砲撃を加えた下関事件に対する報復として、翌一八六四（元治

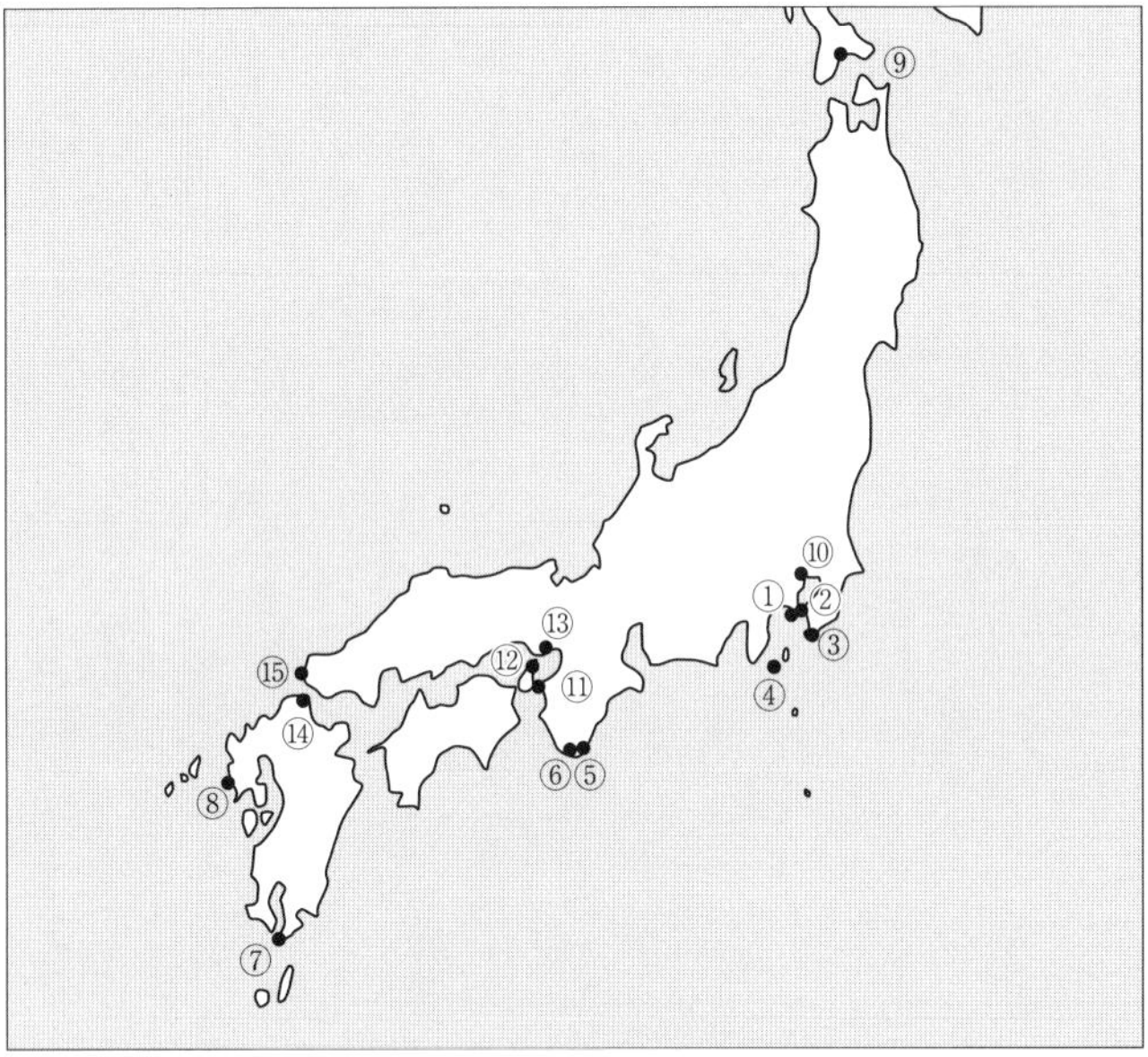

図15－1　条約灯台設置地

江戸条約：①剣埼灯台，②観音埼灯台，③野島埼灯台，④神子元島灯台，⑤樫野埼灯台，⑥潮岬灯台，⑦佐多岬灯台，⑧伊王島灯台，⑨箱館灯船，⑩本牧灯船。

大坂条約：⑪友ヶ島灯台，⑫江埼灯台，⑬和田岬灯台，⑭部埼灯台，⑮六連島灯台。

元）年、イギリス・フランス・アメリカ・オランダからなる四カ国連合艦隊が下関を攻撃し長州藩を屈服させた、いわゆる「四カ国艦隊下関砲撃事件」を受けて締結されたものである。

その収拾のために徳川幕府との間で結ばれた「改税約書」の第一一条で、列強は灯台の設置を義務づけた。イギリス公使ハリー・スミス・パークスが各国をリードし灯台の設置に熱心に取り組んだのは、当時、対日貿易額においてイギリスが他国を圧倒し、日本に往来する外国船の中でもイギリス船が圧倒的に多かったことと関係がある。また、幕府が灯台の設置に同意したのは、日本の海運の将来に灯台の整備が欠かせないことを認識していたことや下関事件の賠償金の一部を灯台建設費に振り向けたいとの思惑があったからである。

灯台設置箇所については、パークスが中心となって各国の艦長や船長からの意見を調整した結果、剣埼（神奈川県）・観音埼（神奈川県）、野島埼（千葉県）、神子元島（静岡県）、樫野埼（和歌山県）・潮岬（和歌山県）、佐多岬（鹿児島県）、伊王島（長崎県）の八カ所に洋式灯台を、また、箱館と横浜に灯船が設置されることになった。さらに、一八六七（慶応三）年、兵庫開港に備えて幕府とパークスとの間で交わされた大坂約定（大坂条約）によって、友ヶ島（和歌山県）、江埼（兵庫県）、和田岬（兵庫県）、部埼（福岡県）、六連島（山口県）の五カ所に洋式灯台が設置されることが決まった。以上の灯台は諸外国との条約によって建設されたことから「条約灯台」と呼ばれている。これらの灯台のうち、なぜ、和歌山県内に三基も造られたのか。また、どうしてイギリスが灯台建設に関わることになったのかについて考察したい。

樫野埼灯台

樫野埼灯台は、イギリス人技師リチャード・ヘンリー・ブラントンが設計した我が国最初の洋式石造り灯台である。ブラントンは、来日まもない一八六八（明治元）年一一月半ばより、イギリス軍艦マニラ号で灯台建設予定地を訪ね、海面上の高さを測ったり、各箇所で利用可能な建設資材や労働力を記帳するなど情報収集を行った。ブラントンは、大島の印象について次のように記している。

この島の名はオオシマである。日本には大島と名づけた島はたくさんあり、これはその一つである。この大きな島によって立派な港が形成されている。島の本州側の海岸線は、所によって異なるが、半マイル（八百メートル）から二マイルある。その間の水域は外海から完全に防御された良い錨泊地となっている。この地に灯台が必要とされていた。しかし、岬は灌木や樹木におおわれているので、整地する作業にかなりの時間を費やした。

図15－2　串本から見た大島の写真
出典：筆者撮影。

灯台に使われた石材は大島の対岸にある古座川の宇津木から切り出されたもので、イギリス人石工ミッチェル監督の下、和歌山で雇われた約一五〇人の日本人職人が不慣れな洋式建築に従事した。ドーム型の屋根やダイヤ型の窓はスコットランドの灯台に多く見られる様式である。

樫野埼灯台は、一八七〇（明治三）年六月一〇日に点灯した。横浜居留地の外国人向けに発行された「ザ・ファー・イースト」（一八七一年三月一六日）には、完成当時の樫野埼灯台を背景に日本人職人と外国人技師が並んで写っている。

灯台には次のような説明がつけられている。

灯台は海抜約一六〇フィートの地点に建てられており、二十二マイル先からも見ることができる。灯台は立派でヨーロッパでもそれを凌ぐものはない。日本人は指導に従って、すぐに熟練した石工になった。灯台やその周辺の壁や建物を見ると、全てが日本のスタイルとは異なっているので、しばらくの間、ヨーロッパにいるような感じがする。

灯台に隣接された旧官舎もブラントンによって建てられた洋風建築で、二〇一一年に改修工事を経て完成当時の姿が再現された。高い天井にイギリス製のマントルピースが設置された部屋、窓枠や建具などから、かつてイギリス人灯台守が住んでいた名残が窺える。

図 15 - 3　建設直後の樫野埼灯台

出典：「The Far East 20号」1871年 3 月16日（「The Far East」復刻版，雄松堂書店，1999年）。

図 15 - 4　樫野埼灯台旧官舎内のマントルピース

出典：筆者撮影。

潮岬灯台

潮岬灯台は、我が国最初の洋式木造灯台として、一八七〇年六月一〇日に仮点灯した。仮点灯だったのは、潮岬灯台と剣埼灯台、伊王島灯台に設置する灯器や機材を積んだイギリス帆船エルレー号が東シナ海で沈没したためである。ブラントンは、この緊急事態に横浜で航海灯レンズを入手し、また、サンフランシスコから汽車のヘッドライトに使われているパラボラの反射器のついたランプを輸入するなどして臨機応変に対応し、なんとか仮点灯にこぎつけた。「ザ・ファー・イースト」（一八七〇年一二月一日）には完成当時の潮岬灯台の写真が掲載されている。木造灯台は横浜の工場で一旦組み立てられた後、解体されて資材を船で運び建設現場で再び組み立てられ、樫野埼灯台の回転灯と見間違わないように不動灯が取り付けられた。

図15－5　潮岬灯台

出典：「The Far East 20号」1871年3月16日（「The Far East」復刻版，雄松堂書店，1999年）。

一八七二（明治五）年、ロンドンで発行された「イラストレイテッド・ロンドン・ニュース」には、潮岬灯台は次のように紹介されている。

潮岬灯台は東岸大島の港に近い陸地の突端にある。この灯台は高く立ち、地上六十五フィートもそびえているが、海面上一五五フィートの高さに達している。それは、木材の梁で建てられた八角形の塔であるが、

図 15－6　友ヶ島灯台のレンズ
出典：筆者撮影。

図 15－7　台座
出典：筆者撮影。

その梁は地階と最上階が四面板ばりである以外は、風が中を吹き抜けるような枠組みとなっており灯火は二十マイル先からも見える。

灯台は、日本の文明開化の象徴として、外国人にも紹介された。日本に関する情報を世界に発信した「ジャパン・ウイークリー・メール」紙の特派員によって、はじめて写真を見た地元民の驚きの様子が記されている。

我々の一人が色々の写真のうちから一枚の灯台の写真を取り出すと、まわりに集まった土地の日本人が珍しそうに手元を見ていた。彼等は二〇～三〇人も、携帯用の写真現像箱のまわりに群がって覗いて、一枚の灯台とまわりの景色の写真を見た時には、大変驚き、かつ楽しかった。彼らは、この不思議な箱を少々恐れたが、我々がその場を離れていたとき、好奇心に負けて一枚の写真を汚してしまった。

友ヶ島灯台

友ヶ島灯台は、紀淡海峡に浮かぶ沖の島の南端にある。友ヶ島とは、地の島、神島、虎島、沖の島などの総称で、かつては「苫ヶ島」と記されていた。「苫」とは、雨露を防ぐために小屋の屋根を覆うために草を編んで造ったもので、その昔、神功皇后の乗った船がこの地で暴風雨に遭い「苫」を海に投げ、それが流れていく方向に船を進めていくと小島に漂着し難を逃れたという伝承に基づいている。

この地に洋式灯台が造られることになったのは、一八六七年四月、兵庫開港に備えて徳川幕府とパークスとの間で交わされた大坂約定を根拠とする。友ヶ島灯台は、一八七〇年四月に着工し、一八七二年三月二五日に点灯した。建設当初は、現在の場所よりも海側にあったが、一八九〇（明治二三）年に陸軍が第一カノン砲を建設することになり、東に二五メートル移転させられた。ちなみに、第一砲台のカノン砲四門は日露戦争の時に取り外されて旅順に運ばれ、二〇三高地の攻撃で威力を発揮した。島には砲台陣地や弾薬庫、兵舎など軍の重要施設があったため、戦前は人々が勝手に入ることは厳禁されていた。太平洋戦争中にはアメリカ軍機から機銃掃射も浴びている。灯台は建設当初の姿を留めており、フレネルレンズが置かれた台座の支柱には「チャンスブラザー商会製造　バーミンガム一八七一年」と記された銘板が取り付けられている。

2　英仏の対日政策と灯台建設

我が国における洋式灯台の建設は外国船の定期航路と関係があった。一七世紀から一八世紀にかけて、イギリス、フランスは植民地の獲得を目指しアジア・アフリカに進出した。一九世紀に入るとイギリスはインドを支配し、さらにペナン、マラッカ、シンガポールを占領、また、フランスもカンボジアを保護国とし、コーチシナ（南ベトナム）全域を植民地とした。

一八四二年、イギリスは南京条約で中国から香港を獲得し、広州や上海など五港を開港させ新たな交易の拠点とした。当時、ヨーロッパでは中国趣味が流行していたこともあって、香港や上海にはヨーロッパやアメリカから茶や陶磁器などの中国製品を求めて、多くの船が来航していた。また、一九世紀に入って鉄船の普及やスクリューの開発など技術革新が進み汽船が登場すると、本国とアジア地域を結ぶ定期航路も開設されるようになった。日英修好通商条約締結の翌年、一八五九年には、早くも、イギリスP&O汽船会社が上海―長崎間定期航路を、さらに一八六四年には上海―横浜間定期航路を開設した。これに対してフランス帝国汽船も、一八六五年に上海―横浜間定期航路を開設してイギリスに対抗したのである。

ところで、洋式灯台の建設が決まったものの、当時、我が国には西洋の近代建築を施工する技術力はなく外国に頼らざるを得なかった。徳川幕府が灯台の建設をフランスに、続いてイギリスに依頼したのは、英仏両国の対日政策とも関係があった。

フランス駐日公使レオン・ロッシュが外務大臣ドルーアン・ド・リュイスの外交方針に沿って対日政策の重点を幕府の援助に置いたのは、幕府を通じてフランスの主要輸出品である生糸を手に入れるためであった。ロッシュは軍事力の強化をめざす幕府の要望に応じて横須賀製鉄所の建設に助力し、一八六五（慶応元）年、工事をすべてフランスに委譲する契約を結んだ。幕府は横須賀製鉄所のための灯台器機もフランスに発注したが、まもなく幕府が崩壊したため、灯台器機は明治政府によって緊急を要する江戸湾の四灯台（観音埼・城ヶ島・野島埼・品川）に振り向けられ、灯台技師ルイ・フェリックス・フロランが建設の任にあたった。

フランスの対日政策の代表がロッシュであったのに対し、イギリスの対日政策の中心はパークスだった。一八六五年、ラザフォード・オールコックの後任として来日したパークスは、対日貿易の推進と在日居留民の保護に当たるなど、幕末から明治初期にかけてイギリスの対日政策を代表した人物である。一九世紀半ばから推進されたイギリスの自由貿易政策は「パクス・ブリタニカ」と称えられるほど、かつてない繁栄をイギリスにもたらした結果、自由貿易政策を推進すれば「世界の工場」から生み出される商品の力だけで世界を支配することが可能であり、特定の植民地は不必要であるという、いわゆる「小英国主義」が展開されており、ちょうどこの時期が幕末から明治初期に当たっていたのである。

図15－8　R・H・ブラントン
（燈光会所蔵）

3　灯台技師ブラントン

灯台建設の首長として来日したのがリチャード・ヘンリー・ブラントンである。一八四一年、スコットランドのアバディーン近郊に生まれたブラントンは、元々、鉄道技師であったが、彼が成人した一八六〇年代のイギリスでは鉄道ブームも去り技術者は新たな仕事を求めて海外に移っていった時代であった。ブラントンも、二六歳の時、日本の灯台建設の技師に応募して採用され、スコットランドの有名な灯台建築家スティーブンソン兄弟の許で灯台建設について学んだ後、一八六八年八月八日に来日した。

「ブラントン雇入契約書」には、彼の月給は最初四五〇円（その後六〇〇円）で、イギリス出発時から支給されることや航海の手当として英貨二〇〇ポンドが支給されること、また妻同伴の場合は二人分支給されることなどが取り決められていた。ちなみに、当時、明治政府の高官だった大久保利通の月給は五〇〇円であったことからもブラントンが破格の待遇で迎えられたことが窺える。

明治政府が我が国の近代化のために欧米から招聘した外国人の数は約三〇〇〇人とも言われ、国別ではイギリス、フランス、アメリカ、ドイツの順に多かった。彼らを最も多く雇用したのは工部省で、文部省と海軍省がこれに続いた。工部省に一番多かったのは、灯台や港湾、電信や鉄道などの土木技術が近代国家建設の根幹をなしていたからである。ちなみに、一八七〇年から七八年までの工部省予算の約二〇～四五パーセントが灯台局に割り当てられており、工部省雇いの外国人五八〇名中、一〇〇名が灯台局に所属していたことからもいかに灯台建設が重要だったかが窺える。

ブラントンは明治九年に解雇されて帰国するが、この間、日本沿岸に二八基の灯台を建設し、また、近代横浜の街づくりなど我が国の近代化にも貢献したことで「日本の灯台の父」、「横浜街づくりの父」と呼ばれている。

4　灯台と文明開化

文明開化といえば煉瓦造りの洋館やガス灯、鉄道など、東京や横浜で起きた西欧化の現象であり、遠く離れた和歌山県とは何の関係もない感がある。しかし、文明開化は決して東京や横浜・神戸などの開港場だけのものではなく、紀伊半島にも西洋化の波が押し寄せたのである。

灯台に使われた機材や資材の多くはイギリス製やフランス製で、それらは産業革命によって生み出されたものである。灯台は、我が国の近代化の推進に必要な機材や資材を積んだ外国船を、無事、横浜港に導くためには無くてはならないものであったことから、何にもまして灯台建設が最優先されたのである。しかし、灯台は地域の人々にすんなり受け入れられたわけではなかった。犬吠埼灯台には、次のような話が伝わっている。

灯台の落成が間近になった頃、灯台が海上を照らすことになったら沿岸の魚は絶滅してしまうのではないかという流言飛語が流布した。そうなったら漁民たちが生活できなくなるので、反対するなら今のうちということで、銚子の漁業者らが灯台建設の即時中止の請願運動を展開した。しかし灯台が点灯した翌年、カツオが稀にみる大漁となったので初めて疑いが解け、人々は灯台の真価を知った（『犬吠埼灯台史』）。

灯台が建設された各地では、きっと同じようなことが起きていたのではないだろうか。地域の人々は、灯台を通じて、はじめて文明開化に接したのである。

明治初期に造られた灯台について調べると、我が国の近代化と深く関わっていることがわかる。また、同時に、イギリス・フランスなど列強による新たな世界秩序の中に日本が組み込まれていった様子が窺えるのである。そのような中で、和歌山県に条約灯台が三基も建設されていることから、いかに紀伊半島が海上交通上、重要であったかを知ることができる。

参考文献

石井孝『近代史を視る眼　開国から現代まで』吉川弘文館、一九九六年。
稲生淳『熊野　海が紡ぐ近代史』森話社、二〇一五年。

梅渓昇『お雇い外国人　概説』鹿島出版会、一九六八年。

オリーブ・チェックランド著、杉山忠平・玉置紀夫訳『明治日本とイギリス』法政大学出版局、一九九六年。

金井圓編訳『描かれた幕末明治――イラストレイテッド・ロンドン・ニュース　一八五三－一九〇二』雄松堂出版、一九八六年。

北政巳『国際日本を拓いた人々』同文館、一九八四年。

北政巳『スコットランド・ルネッサンスと大英帝国の繁栄』藤原書店、二〇〇三年。

串本町史編纂委員会『串本町史』串本町史編纂委員会、一九九五年。

社団法人燈光会『日本燈台史』社団法人燈光会、一九六九年。

高橋哲雄『スコットランド　歴史を歩く』岩波新書、二〇〇四年。

犬吠埼ブラントン会編集『犬吠埼燈台史』犬吠埼ブラントン会、二〇〇〇年。

灯台施設調査委員会・灯台施設保全委員会『明治期灯台の保全』日本航路標識協会、二〇〇一年。

東田雅博『図像のなかの中国と日本』山川出版社、一九九八年。

アーダス・バークス編、梅溪昇訳『近代化の推進者たち』思文閣出版、一九九〇年。

リチャード・ヘンリー・ブラントン著、徳力真太郎訳『お雇い外人の見た近代日本』講談社学術文庫、一九九三年。

横浜開港記念館編集『R・H・ブラントン　日本の灯台と横浜のまちづくりの父』（財）横浜開港資料普及協会、一九九一年。

第16章　外国人がみたノルマントン号事件

稲生　淳

1　ノルマントン号遭難の碑

那智勝浦町の狼煙山（現　ホテル浦島）に「英國商船諾曼頓號沈没之碑」がある。一九三五（昭和一〇）年、遭難から五〇年法要の際、乗客の一人として事故に遭った八谷種次郎氏（佐賀県出身、当時二九歳）の遺児高北良千代さんが建立したものである。

一八八六（明治一九）年一〇月二四日夜、製茶などの貨物の他、八谷氏を含む二五人の日本人乗客を乗せて横浜から神戸に向かって航行していたイギリス貨物船ノルマントン号が、熊野灘で暴風雨のため沈没した。事故翌日の一〇月二五日早朝、樫野埼灯台看守が漂流中の二隻のボートを発見し樫野区長に報告した。たまたま、前日から出張で樫野に来ていた大島村戸長木野仲輔《きのなかすけ》は、地元漁師らに救助を要請するや、須江（樫野と大島の中間にある漁村）の漁師一四一名が、九隻の漁船に乗り込み救助に向かい、漂流中の二隻のボートを発見、救助した。ボートには計一五名が乗っていたが、そのうち三名はすでに死亡していた。これとは別にジョン・ウィリアム・ドレーク船長を含む上級船員ら一四名が乗るボート二隻が自力で串本の下浦海岸（串本の東岸）に上陸した。助かった乗組員は合計二六名で、串本の旧家に一泊した後、イギリス領事館がある神戸に向かった。

このノルマントン号沈没事件では、日本人乗客が全員水死したにもかかわらず、イギリス人船長らが罪に問われなかったことから、不平等条約撤廃を求める世論が高まるきっかけとなった。このような経緯から多くの歴史教科書では、「条約改正問題」を中心とする近代の国際関係を学習する箇所で、ビゴーが描いた風刺画とともに「ノルマントン号事件」が掲載されている。しかし、実際にノルマントン号が沈没した経緯や、この事件を当時の欧米列強側がどう認識し、日本の条約改正問題をどのように捉えていたのかについてはほとんど説明されていない。本章では、熊野灘で起きたノルマントン号沈没事件のあらましを紹介するとともに、当時、横浜に滞在していた『ロンドン・タイムズ』東京通信員ヘンリー・スペンサー・パーマーの「日本通信」やフランス人ジョルジュ・ビゴーの風刺画などを通して、条約改正に対する外国人の認識を探ってみたい。

図16－1　ノルマントン号の碑

出典：筆者撮影。

2　国民の怒り

ノルマントン号沈没の原因究明のための海難審判が一一月一日、神戸のイギリス領事館において、領事ジェームズ・ツループを裁判長に開かれた。審判の中で、ドレーク船長は、「船がまさに沈まんとしていることを告げボートに移そうとしたが、日本人は身の回りの品を手放すことを拒み一か所にかたまっていた。自ら船客がいるところに行きボートに乗り移るように言ったが聞き入れてもらえなかった」と述べた。また、ウイリアム・ウエールズ水夫長も、「船長は日本人船客をアレイウエイ（船倉）から出し、船橋にあげ、それよりボートに移乗させるつもりであったようです。アレイウエイの上に低橋があり、そこにボートが四隻ありました。船尾の庫にますます海水が入るようになり、積み荷の茶箱が上のほうに浮き上がるようになるや、船長や乗組員は乗客に手まねで沈没の危険を知らせようとしたが、意はいっこうに通じず、けっきょく日本人は従容として死についたものと考えられた」（「ノルマントン乗組員の実話」『時事新報』明治一九年一一月二〇日）と証言し、船長をはじめノルマントン号の乗組員らは日本人乗客を救おうと努力したことを主張したのである。

図 16－2　勝浦港から狼煙山を望む
出典：筆者撮影。

図16－3　「紀州海難船之図」（和歌山市立博物館所蔵）

その結果、一一月五日の法廷で、ツループ裁判長は、「ノルマントン号の航行針路に関する船長の判断に誤りはなく、船長、ヨーロッパ人水夫は日本人乗客及びインド人水夫の生命を救わんと十分力を尽くした。ゆえに、ノルマントン号側には全く過失はなかった」と認定し、船長以下、乗組員に免状を返還、あるいは再発行する旨を伝えた。しかし、この判決には誰もが納得いかなかった。イギリス人をはじめ西洋人乗組員の多くが助かったのに対し、日本人乗客は誰一人として助からず遺留品すら見つかっていないからである。

そのため、「イギリス人船員が脱出の際、日本人乗客を置き去りにしたのではないか」との憶測も流れ、各新聞に大きく取り上げられた。イギリス領事館が下した判決を不当に思った内務大臣山県有朋と逓信大臣榎本武揚の意を受けて、兵庫県知事内海忠勝は、一一月一二日、ドレーク船長を殺人罪で告発した。ノルマントン号遭難事件は演説会や芝居、出版物などを通じて多くの国民が知るところとなり、「ノルマントン号沈没の歌」も流布するなど、世論は一時沸騰し、事態の収拾があやぶまれるほどであった。また、同時に反英感情も高まった。

ノルマントン号の沈没場所を特定し、遺留品を発見するため探索の動きも起きてきた。東京府士族佐久間貞一と弁護士の大岡育三らが中心となって、一二月に横浜で行われる裁判を有利に導こうと義援金を募り探索船として大龍丸を派遣したのである。大龍丸には大岡の他、内務参事官黒田綱彦、逓信省の役人、税関史、和歌山県警警部、毎日新聞記者と増田萬吉以下一三名の潜水夫も乗船していた。

一一月二一日、大龍丸は串本に到着し、一行は、串本村役場で事故当時の様子を調査した後、樫野埼灯台に向かうが、「遭難事故当日十時頃、那智浜の宮の漁師が山成島はるか東南で異様の大火を見た」、「事故の翌二十五日朝、勝浦のサイラ船が山成島東南で多量の油を見た」という知らせを受け、急遽、勝浦に向かった。早速、潜水夫に海底探査をさせたが水深五〇尋以上と深く、当時の潜水技術では詳しく調査することができずに探索を断念、沈没海域を山成島沖と仮定し、山頂に碑を建てたのである。この時建てられた木碑は、五〇年法要の際、八谷氏の遺児によって石碑に建て替えられた。

一二月八日、横浜のイギリス領事館で開かれた法廷で、ジョン・ハーネン裁判長は「船長の尽くすべき義務を怠った」とドレーク船長に対し殺人罪で禁固三カ月の判決を下した。ちなみに、本公判には一〇〇人以上が傍聴席に詰めかけ、その過半数が外国人であったことからも、ノルマントン号の裁判は居留地に住む外国人にとっても大きな関心事だったのである。

3　条約改正のカギ握るイギリス

徳川幕府が諸外国と結んだ条約は領事裁判権も関税自主権も認められない不平等条約であったことから、日本が独立国として諸外国と平等の関係を築くために、明治政府にとっての最大の課題は条約改正であった。

一八七一（明治四）年、条約改正交渉に先立ち各国の意向を確認するため、岩倉具視を全権大使とする使節団が欧米に派遣された。一行は、アメリカでフィッシュ国務長官に条約改正の予備協議に応じるよう求めたが受け入れられず、次に立ち寄ったイギリスでもグランビル外相と会談したが、同外相は在日外国人に対する内地開放（外国人が日本国内を自由に通行できること）を求め日本における法的諸制度の整備が急務であることを指摘した。使節団一行は、条約改正を実現させるためには日本が欧米諸国から近代国家として認知される必要があることを痛感し、一八七三（明治六）年九月に帰国した。

一八七八（明治一一）年、外務卿寺島宗則は、日本が近代国家としての司法制度が未成熟な現状において、関税自主権の回復と領事裁判権の撤廃を同時に交渉することは難しいと判断し、先に関税自主権の改正交渉を打診してアメリカの理解を得ることに成功したが、イギリスが強固に反対したため交渉は難航した。この年、イギリス商人ジョン・ハートレによるアヘンの密輸事件が発覚したが、イギリス領事裁判所は薬品としてアヘンを持ち込んだに過ぎないとの理由で無罪の判決を下した。また、一八七九（明治一二）年に、ドイツ船がコレラ汚染港から日本に寄港した際、日本の官憲による検疫を無視して入港するという事件も起きていた。これらの出来事から、治外法権の撤廃なしには関税自主権は獲得できても効力がないことは明白となったため、交渉は中断され、寺島は外務卿を辞任した。

寺島に代わって外務卿となった井上馨は、これまでの国別交渉方式を改め、東京駐在の外国公使を一堂に集めて行う合同方式をとったが、これにもイギリスは反対し、他国もイギリスに同調したため交渉は難航した。井上は、条約改正のために日本が西欧諸国と同等の文明国であることを認識させようと考え、一八八三（明治一六）年、東京日比谷に完成した鹿鳴館で舞踏会を開くなど欧化主義政策をとり西欧諸国にアピールしたが、一般国民からかけ離れた欧化政策や国費の乱用、政府首脳の腐敗などで多くの国民から批判を浴びた。

それでは、なぜイギリスは、条約改正に強固に反対し続けたのだろうか。その理由としてイギリスが対日貿易で他国に抜きんでていたことと関係がある。たとえば、一八六三（文久三）年、横浜にあった外国商館三二の内、一六がイギリス商館で、横浜港に寄港した一七〇隻の船舶中、一〇〇隻がイギリス船であった。日本の貿易の約三分の一は対イギリス貿易であり、中国人を除いて外国人居留者の半数はイギリス籍であった。例えば、一八八五（明治一八）年には、イギリス人居留民は全居留民二五〇〇人中一二〇〇人を占め、その一〇年後には四七〇〇人中一七五〇人を占めていた。こうしたことから、イギリスは自国民の生命と財産と対日貿易の既得権を守るため、容易に条約改正に応じようとはしなかった。なぜなら、イギリスが日本の条約改正に同意すれば、これが他のアジア諸国にも波及し、イギリスの利権が脅かされることを危惧していたからである。

4　パーマーの「日本通信」

東京や大阪・神戸などに近代水道を整備したイギリス人技師パーマーが『ロンドン・タイムズ』東京通信員というもう一つの顔を持っていたことはあまり知られていない。パーマーは、来日当初から日本の不平等条約問題に関心を持ちイギリスに向けて条約改正の推進を訴え続けてきたのである。パーマーは、一八八二（明治一五）年、イギリスの季刊誌『ブリティッシュ・クオータリー・レビュー』（七月号）に、「最近の日本の進歩」と題する論文を掲載し、条約改正が日本にとって重大問題であることを指摘した。

現在、条約改正という重大問題が日本の政治家の関心を集めている。一八七一年に改造された現政府が、まず最初に取り上げたのはこの問題であった。現行条約とは、日本が極めて困難で、危険をはらんだ時期に、幕府と西欧諸国との間に締結されたものである（一八八二年七月『ブリティッシュ・クオータリー・レビュー』掲載）。

パーマーは、日本が求める条約改正にイギリスが前向きに取り組んでいないことを「日本通信」の

図16－4　パーマー像
（横浜市野毛山公園）
出典：筆者撮影。

中で、次のように批判した。

条約改正問題に関する我々英国の頑なな態度は、これまで日本の進歩・発展に努めてきた英国の役割とは、奇妙なことに、全く相いれないものであった。過去においては、日本が一歩進むごとに、英国の協力・激励・応援が常に手じかに用意されていた。日本が成し遂げてきた事柄を英国ほどよく理解している国はなかったし、日本がさらに発展することを英国ほど望んでいる国もなかった。英国ほど日本の通商上の発展に関心を持つ国もなかったのである。にもかかわらず、これまでのところ英国は、全条約国の中でも条約改正問題に関しては最も疑い深く同情のない国であるかのように見えた（「日本における条約交渉」一八八六年八月二八日『ロンドン・タイムズ』掲載）。

イギリスの対日政策を進めてきたパークスが、一八八四（明治一七）年、北京駐在公使として日本を去った後、彼の後任としてフランシス・プランケットが就任した。強圧的で癇癪もちのパークスとは違って、温和な紳士として評判の高いプランケットは、日英関係の関係修復に努め条約改正においても日本側に理解を示そうとした。イギリス政府も、プランケットの着任を機に条約改正に対するこれまでの態度を軟化させ、内地開放及び領事裁判権の撤廃についての議論に参加するようになった。

このように、イギリスが対日政策を転換した背景としては、国際的要因も絡んでいた。一八七〇年代から始まった「大不況」でイギリスの工業生産力も停滞し、自由貿易体制は衰退しはじめていたのである。これに対し、ドイツとアメリカは工業化によって急速に発展し、イギリスの競争相手として台頭しはじめていた。また、ロシアのシベリア鉄道建設もアジアにおけるイギリスの権益にとって大きな脅威となっていた。このような国際情勢の変化について、パーマーは「日本通信」で次のように記している。

英国とロシアの間に残念ながら早晩起こると懸念される大きな紛争においては、日本は当然の成り行きとして英国と運命を共にするだろうということはほとんど疑いようがない。日本がどちら側につくとしても、日本と同盟を結ぶことはどちらにとっても実に大きな価値があることは間違いない。（中略）もし英国が条約問題を円滑に解決すれば当然盛り上がってくるに違いない強い親英感情を維持し促進することができさえすれば、日本の世論が英国との同盟を求めて沸き上がることは間違いなかろう（一八八六年八月二八日『ロンドン・タイムズ』掲載）。

日本とドイツの接近は、プランケットにとって危惧するところであった。極東におけるイギリスの利権を考えた場合、何が何でも日本をイギリスの味方にしておかねばならなかったからである。プランケットは、日本の国際的資格を全面的に承認する道を、すべてイギリスが故意に妨害したという印象を和らげるために、日本に対し一貫して偏見のない同情的な態度をとって努力してきた。また、イギリスが率先して公正かつ実際的な政策を思い切って取らなければ、イギリス自身の利益をひどく損ねることも十分に理解していた。それゆえ、ノルマントン号事件で、プランケットは日本人の反英感情の悪化を危惧し明治政府に事件の鎮静化を強く働きかけたのである。

5　ビゴーの風刺画

ノルマントン号と言えば、ビゴーの風刺画を思い浮かべる人も多いのではないだろうか。プカプカと海に浮かぶ遭難者に対し、ボートの上から船長が「いま何ドル持っているか。早く言え。タイム・イズ・マネーだ」と叫んでいる有名な挿絵である。しかし、遠くに描かれた遭難船はフランス国旗を揚げていることからノルマントン号ではないことがわかる。この絵のタイトルは「メンザレ号の救助」。メンザレ号とは、ノルマントン号沈没の翌年一八八七（明治二〇）年五月一五日、上海近海で遭難したフランス船のことである。では、なぜ、ビゴーはメンザレ号の遭難をノルマントン号に仕立て風刺画を描いたのだろうか。

ノルマントン号沈没は、治外法権の撤廃に向けて国民の声が高まるきっかけとなった出来事であるが、このような動きを居留地に住む外国人はどのように見ていたのだろうか。

横浜居留地に住む外国人の中には、条約改正に対するイギリスの態度の軟化に不満を抱く者も多かった。開国以来、日本は西欧文化を取り入れて非文明国から一挙に近代的文明国へと変貌したが、居留地の外国人の目には日本は依然として生活環境が整備されていない未開の国と映っていたのである。また、幕末以来、外国人を襲撃する事件も頻発しており、外国人は治外法権という既得権を固守し現状維持を強く望み、条約改正は時期尚早と考えていたのである。

フランス人ビゴーもその一人だった。ビゴーは、一八八三年に来日し、一八八七年二月から一八八九（明治二二）年末にかけて横浜居留地に住むフランス人向けに時局風刺雑誌『トバエ』を創刊し、日本の政治を題材とする風刺画を多数描いた。ビゴーは、開国以来、不平等条約によって日本人の間には反外国人感情が蔓延し、特に居留地周辺の住民や外国人と接する職業の人々に、そのような感情を抱く者が多かったことから、条約が改正されれば外国人に恨みを持つ日本人が、これまでの憂さを晴らすため外国人に暴力を加えるのではないかと危惧していたのである。ノルマントン号事件と裁判に関するイギリスの横暴を風刺画で批判したいと考えていたビゴーは、ノルマントン号沈没の翌年、上海近海で起きたフランス汽船メンザレ号の沈没を題材として、『トバエ』（第九号）の中で風刺画を描いたのである。

図16－5　ビゴーの風刺画
出典：清水勲編『続ビゴー日本素描集』岩波文庫，1992年。

参考文献

蘆田東一「明治十九年・英国汽船ノルマントン号裁判」関西大学法学ジャーナル、第六三号、一九九五年。

サー・ヒュー・コータッツィ編著『歴代の駐日英国大使』文眞堂、二〇〇七年。

小林隆夫「一八八〇年代後半のイギリス対日政策」愛知学院大学文学部紀要、第三八号、二〇〇八年。

澤護『お雇いフランス人の研究』敬愛大学経済文化研究所、一九九一年。

清水勲編『続ビゴー日本素描集』岩波文庫、一九九二年。

戸田清子「ノルマントン号事件と条約改正」神戸外国人居留地研究会編『神戸と居留地』神戸新聞総合出版センター、二〇〇五年。

リチャード・シムズ、矢田部厚彦訳『幕末・明治日仏関係史』ミネルヴァ書房、二〇一三年。

イアン・ニッシュ編、日英文化交流研究会訳『英国と日本』博文館新社、二〇〇二年。

樋口次郎・大山瑞代編著『条約改正と英国人ジャーナリストH・S・パーマーの東京発通信』思文閣出版、一九八七年。

和歌山県警察史編集委員会『和歌山県警察史』第一巻、和歌山県警察本部、一九八三年。

宮永孝「検証　ノルマントン号事件」法政大学社会学部学会、二〇一六年。

第17章　エルトゥールル号遭難とオスマン帝国の衰退

稲生　淳

1　エルトゥールル号の遭難

二〇一五年一二月、映画「海難　一八九〇」が公開された。「エルトゥールル号遭難」と、その八五年後、イラン・イラク戦争の渦中に起きた「テヘラン邦人救出」という二つの史実を基に、日本人とトルコ人の勇気と誠意が描かれており、多くの人々に感動を与えた。また、この映画を見て日本とトルコの歴史的なつながりについて知った人々も多かったのではないだろうか。

エルトゥールル号が大島沖で沈没したのは、一八九〇（明治二三）年九月一六日、嵐の夜のことである。アブデュル・ハミト二世の命を受けて六月七日に来日したエルトゥールル号は、三カ月の日本滞在後、九月一五日に長浦（現 横須賀市）を出港し帰途についたところであった。次の寄港地である神戸に向けて熊野灘を航行中、暴風雨に遭遇し樫野埼灯台下の岩礁に激突、沈没した。将兵約六〇〇

図 17－1　エルトゥールル号
出典：串本町提供。

名が怒涛の海に投げ出され、その多くが犠牲となった。幸運にも岸にたどり着いた者たちは、暗闇の中、灯光を頼りに崖を這い上がり樫野埼灯台に助けを求めた。この時、遭難者に尋問した灯台看守はトルコ人であることはわかったが、その他は言語が通じなかったという。遭難者らは次から次へと増え続け、灯台職員だけでは対応しきれなくなったため、翌一七日、負傷者らを樫野地区の大龍寺に移して治療を行うが、そこも手狭となるや大島地区の蓮正寺に移送した。蓮正寺では負傷者らに番号を振って治療を施し、看護者として一〇名が徴用され、治療に際しては詳細な診断書も作成された。大島は離島のため飲み水や食料に乏しく島民は食べるものにも事欠いていたが、各家々で飼っていた鶏、イモ、また浴衣などを供出し寝食を忘れて救助にあたった。

大島村長沖周《おきしゅう》が外国船遭難の第一報を聞いたのは、事故の翌朝であった。沖は、知らせを受けるや、ただちに東牟婁郡役所と和歌山県庁に報告すべく手配し、同時に医師に出張を要請、救援用食糧等の準備を迅速に行った。また、台風を避けて大島港に停泊していた防長丸（共栄汽船所属）に依頼し、生存者の中から士官であるハイダルとイスマイルに役場職員を付けて神戸に向かわせ、兵庫県知事林董《はやしただす》に事故の詳細について報告させた。

知らせを受けた兵庫県知事は、神戸港に停泊中のドイツ軍艦ウォルフ号に負傷者の救済を要請した。

また、海軍省も遭難者救助のために軍艦八重山を派遣するが、八重山が大島に着いた時、生存者らはウォルフ号によって救出され神戸に向かった後であった。

この間、明治政府は遭難者に対する救護費を国庫から出費することや、生存者については軍艦比叡と金剛でトルコに送り届けること、また、エルトゥールル号から回収した武器や装備品についてはフランス汽船で送り届けることなどを決定した。一〇月五日、比叡と金剛は生存者らを乗せて神戸を出発、翌一八九一年一月二日、イスタンブルに到着し、生存者らをトルコ側に引き渡した。

図17－2　沈没海域

出典：筆者撮影。

2　悲劇の軍艦

エルトゥールル号の悲劇は、すでにイスタンブル出航前から始まっていた。自国軍艦を日本へ派遣するというアブデュル・ハミト二世の命を受けて、オスマン海軍省は木造軍艦エルトゥールル号を選んだ。しかし、老朽艦のため極東までの長期航海に耐えられるかどうか疑問の声も上がっていたが、スルタンの鶴の一声で決行された。小松香織氏は「アブデュル・ハミト二世と一九世紀末のオスマン帝国」の中で、「オスマン海軍が保有する艦船は五十七隻の内、日本までの長期航海に耐えうるものはエルトゥールル号を含むわずか四隻しかなかった。オスマン海軍省も、欠陥があれば整備するとして、エルトゥールル号の日本派遣を決行した」と説明している。一八八九年七月一四日、エルトゥールル号はイスタンブルを出港したが、人々の不安は的中した。スエズ運河を航行中に二度も座礁事故を引き起こし、一カ月あまり現地のドックで修繕を余儀なくされたからである。この件に関しては、スエズ運河の通行料が払えず本国からの送金を待っていたからではないかとも言われている。その後、エルトゥールル号は、アデン、ボンベイ、コロンボに寄港した後、一八八九年一一月一五日、シンガポールに到着した。寄港地ではその土地土地のイスラム教徒から大歓迎を受け、スマトラやジャワに住む多くのイスラム教徒らがシンガポールに駆けつけ、軍艦をまるでモスクであるかのように礼拝したという。

エルトゥールル号が四カ月もの長期にわたってシンガポールに滞在したのは、東南アジア地域のイスラム教徒に対するパン・イスラム主義の宣伝が目的だったというが、資金不足のため石炭の調達に手こずったからとも言われている。結局、シンガポールを出港したのは年が変わった一八九〇年三月二二日のことであった。しかし、その後の航海も決して順調ではなかった。逆風のため蒸気機関での航行を余儀なくされ、香港、福州、長崎、神戸を経て横浜に着いたのは、イスタンブル出港から一一カ月が過ぎた一八九〇年六月七日であった。

オスマン・パシャ一行は、横浜から鉄道で東京に移動し、鹿鳴館を宿舎とした。六月一三日、皇居に参内したオスマン・パシャは明治天皇にアブデュル・ハミト二世からの親書ならびに勲章を奉呈し、当初の使命を果たした。帰国までの間、トルコ使節団は横浜に停泊中の各国対抗ボートレースに参加

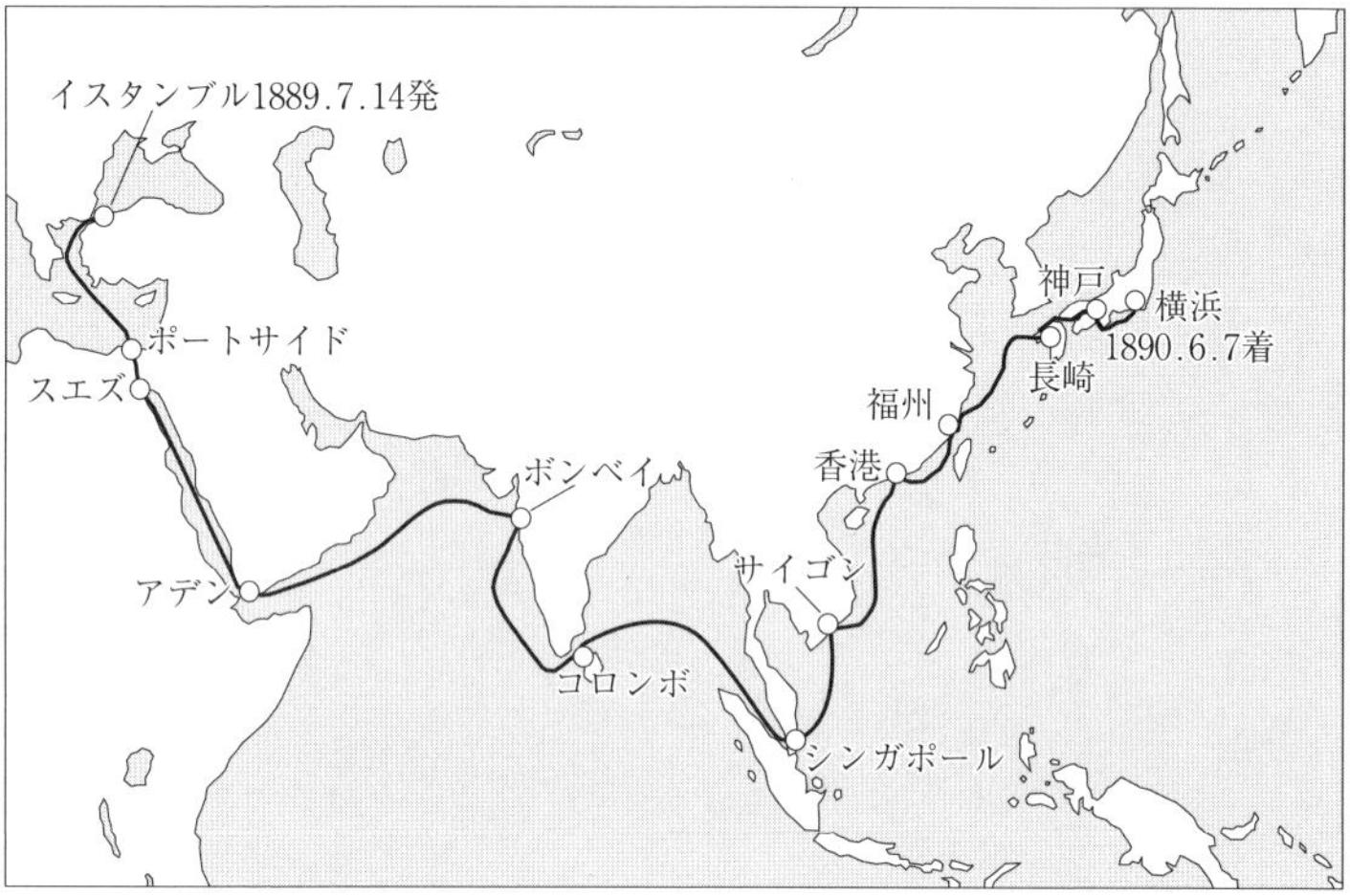

図17－3　エルトゥールル号の航路図

するなど日本での日々を楽しんだが、七月に入り乗組員がコレラに感染するという思いもよらぬ惨事に見舞われた。

一八九〇年六月、長崎で突然発生したコレラは東京、横浜をはじめ日本各地に広がり、エルトゥールル号の乗組員も感染、一三名が死亡した。横浜港に停泊していたエルトゥールル号は、船舶検疫所があった長浦に回航させられ、艦内の消毒とコレラ患者の入院治療が完全に終わったのは八月二一日のことであった。日本での長期滞在はトルコ側の財政負担をいっそう大きくしていた。そのため、本国から送られてきた命令には、「一〇月まで極東海域で待機し順風を利用し、できる限り石炭を節約して一刻も早く帰国するように。帰還費用として五〇〇〇リラ以上の追加は絶対に認めない」（小松香織、前掲論文）という内容だった。エルトゥールル号が一刻も早く日本を出港しなければならなかった背景には、オスマン帝国の逼迫した経済事情があったのである。

3　日本派遣の目的

それでは、なぜ、エルトゥールル号が日本に派遣されたのか。その理由については一九世紀末のオスマン帝国が置かれた状況について知る必要があろう。

一三世紀末、小アジアに建国されたオスマン帝国は、一六世紀に入ると東地中海を中心にバルカン半島から西アジア、北アフリカにまたがる大帝国に成長していった。しかし、一八世紀に入るとロシアとの戦争に敗北し、さらにフランス革命から波及した自由主義やナショナリズムの風潮でオスマン帝国支配下にある諸民族の独立運動も激化し、その勢力は次第に後退する。

このような事態にオスマン帝国内部でも改革が行われた。マフムト二世はオスマン軍精鋭部隊であったイェニチェリ軍団を廃止し西欧式軍隊を創設した。また、一八三九年、アブデュル・メジト一世は「ギュルハネ勅令」を発布して、司法・行政・財政・軍事の徹底した西欧化改革を実施したのである。「タンジマート」と呼ばれる一連の改革によって、オスマン帝国は伝統的なイスラム国家から法治主義にもとづく近代国家へと体制を一新させたが、ヨーロッパから工業製品の流入は土着産業の没落を促し外国資本への従属が進む結果となった。

一八五三年に勃発したクリミア戦争では、オスマン帝国はイギリス、フランスの支援を得てロシアの南下を阻んだが、戦費をイギリス、フランスより借款したため累積する外債はオスマン経済を、よりいっそう悪化させた。上からの西欧化では改革は不可能であると悟ったトルコの知識人たちは立憲政治をめざした運動を展開する。彼等は、クーデターでアブデュル・アジズを追放し、その後を継いだムラト五世も退位させ、その弟であるアブデュル・ハミト二世を即位させたのである。

一八七六年一二月、アブデュル・ハミト二世はオスマン帝国最初の憲法（ミドハト憲法）を発布してスルタンの位についた。これにより、西欧列強のオスマン帝国への干渉を一時的に阻止することはできたが、元来、専制君主としての気質を持つアブデュル・ハミト二世にとって、言論の自由や上下両院からなる議会政治など、スルタンの専制を押さえる憲法は到底受け入れられるものではなかった。それゆえ、即位翌年の一八七七年、露土戦争が勃発するとすぐに憲法を停止し、憲法の生みの親であるミドハト・パシャを追放した。その後、露土戦争に敗北したオスマン帝国は、サン・ステファノ条約でルーマニア、セルビア、モンテネグロの独立とブルガリアのロシア保護下を認め、ヨーロッパにおける領土の大半を失うことになったのである。

それでは、一九世紀末の衰退著しいオスマン帝国が、どうして自国軍艦を日本に派遣することになったのか。その目的について、戦前、外交官としてトルコに勤務し、戦後はトルコ研究の先駆者として大学で教鞭をとった内藤智秀氏は、著書『日土交渉史』の中で、①小松宮彰仁親王のイスタンブル訪問に対する答礼、②海軍力の充実を目的とする練習艦の極東派遣、③日土条約締結の促進、④パン・イスラム主義の宣伝の四点を挙げ、①②が表向きで、③④が真の目的だったと述べている。エルトゥールル号の目的に関する研究では、内藤氏が示した四つがベースとなっているが、小松香織氏は「パン・イスラム主義政策の一環だった」と指摘する。それでは、なぜ、アブデュル・ハミト二世はパン・イスラム主義を信奉したのか。アブデュル・ハミト二世の人物像を通して考えてみたい。

4　アブデュル・ハミト二世

アブデュル・ハミト二世は、一八四二年、第三一代アブデュル・メジト一世の第二子として生まれた。猜疑心が強く、国内の不満を抑えるため秘密警察を増強して反対派を取り締まるとともに、思想や政治的言論を統制、密告制度を整備しスパイ網を張りめぐらすなど厳しい検問を行う保守的でイスラム色の強い統治を行った。また、アルメニア人を多数虐殺したことで「赤いスルタン」、「血塗られたアブデュル」などとあだ名された。

その一方で、アブデュル・ハミト二世を評価する声もある。彼の三三年間に及ぶ治世はトルコ史上において比較的安定していた時代であり、一般民衆は戦争のない生活に満足していたというのが、その理由である。アブデュル・ハミト二世は、若い頃、兄ムラトとともに叔父アブデュル・アジズの伴をしてヨーロッパを歴訪し西欧文化にも触れており鉄道や電信などの交通、通信網の発達に尽力し鉱山の開発や近代産業の育成にも努力した。また一八九四年の大火で甚大な被害を受けたグランド・バザールの復興にも熱心に取り組んだと言われている。

アブデュル・ハミト二世は、即位直後から明治日本の発展に強い関心を抱き、イスタンブルを訪れた日本人外交官らが謁見した際にも、「自国軍艦の日本派遣」について言及していた。アブデュル・ハミト二世にとって、極東の日本に自国軍艦を派遣することは国威発揚であり、パン・イスラム主義のデモンストレーションであった。しかし、時代は、まもなく二〇世紀を迎えようとしていた。西欧列強の圧力がかかる中、アブデュル・ハミト二世は経済的破綻をきたしたオスマン帝国の現状を直視せず、カリフ（イスラム国家の指導者）としての権威に縋ることでオスマン帝国の威信を国内外に示し体制維持を図ろうとしたのである。

図17-4　アブデュル・ハミト2世

アブデュル・ハミト二世の言葉に「イスラムの連帯が続く限り、英・仏・露・蘭は我手中にある。なぜなら彼らの支配下にあるムスリム国家においてジハードを起こすのはカリフの一言で十分なのだから」とある。アブデュル・ハミト二世は、内外のイスラム教徒にカリフとしての存在を再認識させ、全イスラム教徒を結集してヨーロッパ列強に対抗しようというポーズを示すことで、オスマン帝国の起死回生を図ろうとしたのである。

5　日本とトルコ友好の原点

トルコ人は「日本贔屓《びいき》」と言われる。古くは日露戦争での日本の勝利にトルコ国民が歓喜し東郷平八郎にちなんで我が子に「トーゴ」と名づけた人もいたといわれている。また、朝鮮戦争に国連軍として派遣され負傷したトルコ兵が東京の病院に収容され、日本の戦後復興を目のあたりにするとともに、日本人の親切心に触れたというエピソードも伝わっている。さらに、第二ボスポラス大橋の建設に日本企業が関わり、その技術力の高さに対して尊敬の念をいだいたという事実もある。エルトゥールル号の遭難救助に端を発し、その後の様々な出来事が加味されトルコ人が日本贔屓となったものと考える。

では、日本人にとってトルコはどうであろうか。近年、トルコはテレビのニュースや旅番組などで多く取り上げられるようになってきたが、およそ二十数年前までは、テレビ、出版物などで見かける機会は欧米諸国に比べて少なかった。高等学校世界史の教科書についても同じことが言える。オスマン帝国の成立と発展、東方問題、クリミア戦争、トルコ革命、ケマル・アタテュルクとトルコ共和国の成立などについて記されているが、これ以外のトルコに関する記述はあまり見られない。したがって、高校生にとってトルコは、ヨーロッパに比べてなじみが薄く、ましてやヨーロッパ列強の中東進出と国際条約が複雑に絡み合う一九世紀末のオスマン帝国の歴史を理解することは難しい。この点、一八九〇年に紀伊大島沖で起きたエルトゥールル号遭難事件は、一九世紀末のオスマン帝国を理解する上で格好の教材になりうるものと考える。

一九世紀後半のオスマン帝国は、ヨーロッパ列強によって「瀕死の病人」と喩えられるほど衰退していた。高等学校「世界史」教科書では、「東方問題」として、ギリシャ独立、タンジマート、クリミア戦争、露土戦争、ベルリン条約など衰退と改革の狭間であえぐオスマン帝国の姿が描かれている。そして、このような国家存亡の危機にあって三三年もの長きにわたってスルタンの位についたアブデュル・ハミト二世は、パン・イスラム主義を信奉し、カリフの名のもとに全イスラム勢力を結成することでヨーロッパ列強に対抗しようとしたのであった。小松香織氏は、「エルトゥールル号の日本派遣はパン・イスラム主義政策のデモンストレーションだった」と指摘しているが、エルトゥールル号のような老朽艦しか派遣できなかったところに衰退するオスマン帝国の実情があり、紀伊大島沖での遭難事故は起こるべくして起こったものといえよう。

参考文献

新井政美『トルコ近現代史』みすず書房、二〇〇一年。

青木栄一「オスマン・トルコ帝国　そのシーパワーの盛衰」『世界の艦船』九月号、海人社、二〇〇〇年。

稲生淳『熊野　海が紡ぐ近代史』森話社、二〇一五年。

ウムット・アルク著、村松増美・松谷浩尚訳『トルコと日本　特別なパートナーシップの百年』サイマル出版会、一九八九年。

池井優・坂本勉編『近代日本とトルコ世界』勁草書房、一九九九年。

串本町史編さん委員会編『串本町史　史料編』串本町、一九八八年。

串本町史編さん委員会編『串本町史　通史編』串本町、一九九五年。

小松香織『オスマン帝国の近代と海軍』山川出版社、二〇〇四年。

小松香織「アブデュル・ハミト二世と一九世紀末のオスマン帝国」『史学雑誌』第九八編第九号、史学会、一九八九年。

内藤智秀『日土交渉史』泉書院、一九三一年。

長場紘『近代トルコ見聞録』慶應義塾大学出版会、二〇〇〇年。

災害教訓の継承に関する専門調査会報告書「1890　エルトゥールル号事件報告書」中央防災会議、二〇〇五年。

第Ⅴ部　世界大戦

第18章　「陸奥外交」と和歌山

橋本唯子

1　陸奥宗光の出自

陸奥宗光は、第二次伊藤内閣の外務大臣として条約改正を遂げた著名な政治家である。後述するように明治初年における藩命を帯びた渡航や、その後のシュタインによる指導などを経て海外で多くの知見をつんだ陸奥は、特徴ある条約改正交渉を行った。ここでは陸奥の個性を生地和歌山から見渡し、また外務大臣としての業績を先行研究から辿ることとする。

陸奥は一八四四（天保一五）年、紀州藩士伊達千広（宗広）の第六子として和歌山城下に生まれる。父は藩主徳川治宝《はるとみ》に重用されるが、一方ではその昇進を疎まれ、また藩内の家臣争闘に巻き込まれ、治宝死後失脚し蟄居の憂き目に遭う。陸奥はこの処分に「虎のごとく猛り、床にあつた重代の太刀を抜き放ち」、憤りを周囲にぶつけたという。この経験が彼の強烈な反骨精神を育み、非藩閥出身でありながら藩閥全盛時に大成する原動力となった。なおその後一家は離散、陸奥は各地を流浪するうちに坂本龍馬と親交を深め、後に坂本をして、海援隊を離れても独立して働き得るのは「唯予と陸奥あるのみ」といわしめたという。

2　知己による陸奥評

青年時代の陸奥についての評価は、勝海舟や徳富猪一郎のものが知られており、いずれも率直な人物像であるため一部紹介する。

陸奥は一八六三（文久三）年、坂本の勧誘により勝の開いた海軍操練所に学ぶ。その頃の陸奥を勝は「身の丈にも似合はぬ腰の物を伊達に差して」おり、「塾中では、小次郎の評判は、甚だわる」かったとしている。その理由は、「塾生には、薩州人が多くつて、専心に学問をするといふよりは、寧ろ胆力を練つて、功名を仕遂げるといふことを重んじて居たから、小次郎の様な小悧巧な小才子は、誰でも爪弾きせられて居た」からだという。

図18－1　陸奥宗光
出典：国立国会図書館提供。

徳富は陸奥と明治一九（一八八六）年初めて対面し、

図18－2　浪人時代の陸奥
出典：坂崎斌『陸奥宗光』博文館，1898年。

以後「親しく往来することにな」ったという。陸奥は肺に持病を抱えていたが、「口を開けば口角唾きを飛ばして、その傍にをる者は唾きの雨を浴びせかけらるゝ虞」があるほどであったと記している。議論好きで負けず嫌いといった人となりをうかがい知ることができる。なお陸奥は「余は常に白刃を頭上にかざして以て人を待たざるべからず、是れ藩閥なき余にとりては正当防禦の手段たり」と、藩閥の後ろ盾を持たない自身の有り様を述べている。

その後の陸奥は、周知のように後述する洋行の経験を踏まえ、外務省で駐米公使を務め、第一次山県内閣の農商務大臣となる。

3　陸奥の洋行——一八七〇年・一八八四年の渡航

和歌山では、幕末から明治初年にかけて先進的な兵制改革が遂げられた。詳細は別に譲るが、ここに陸奥が関与したことを指摘しておきたい。一八六九（明治二）年の「交代兵要領」、翌年の「兵賦略則」発令により、身分を問わず徴兵する制度が確立し、これは明治六年徴兵令の先駆と評されている。

陸奥が和歌山藩欧州執事として渡欧するのは兵制改革渦中の一八七〇（明治三）年であり、「その用向は藩政改革の調査と歩騎砲工兵の教官招聘、銃砲其の他の兵器買入等」であったという。

かつて藩を敵視した陸奥が藩命を帯びて渡航するというのは、陸奥特有の政治感覚である。後年嫌悪していた藩閥政府への出仕に際し、「しかず藩閥の内部に入り、その組織に喰ひ込み、彼らを利用さる丶ごとくして、実は彼らを操縦し、利用し、果ては駆使して、我が抱負、我が主義、理想を実行せしめよう」と述べたという一説に同様の性質をみることができる。

次の洋行は一八八四（明治一七）年、政府転覆の密謀に加わった咎で禁獄五年の判決を受け服役、特赦により釈放された翌年である。陸奥にそれを勧めたのは伊藤博文であり、さらに資金援助を行ったのが井上馨・渋沢栄一であったという。陸奥は獄中でベンサムの著作『道徳と立法の諸原理序説』の翻訳書を執筆する（『利学正宗』）など、西洋政治学への思索を深めていた。

陸奥は渡航先のウィーンで、法学者シュタインの講義を受ける。当時外遊した多くの日本人が形骸化した「シュタイン詣で」をするなかで、シュタインに対し「内容的にみるべき手紙をかいていたのは、陸奥ただひとり、といってよいくらい」だったという。陸奥は他にも何人かに問答を依頼しており、責任内閣制について日本の現状を説明し、「このような国の場合、真に責任内閣制にもとづく政府の形態を採用することができるものかどうか」と問うている。陸奥は西洋の現状を学び、それを発展させ「日本に適合した国制を模索する一助」とすることを渡航の目的としたのである。陸奥にとってこれらの研鑽が後の「陸奥外交」の礎となっているといえよう。

4 「陸奥外交」――条約改正の国内情勢と国外情勢

陸奥が、明治政府において一貫した課題であった条約改正をなしえた要因はどこにあったのであろうか。この点を検討するにあたり、「陸奥外交」と称される一連の事績のうち、主に外相在任時における条約改正に関わるものを整理する。

まず日葡間領事裁判権廃棄問題をみておきたい。

条約改正成就前の一八九二（明治二五）年、日本は一方的に、かつ条約改正を果たさずにポルトガルの領事裁判権を終了させている。ポルトガルでは財政不足から専任領事常置が困難となり、これを根拠として日本は領事裁判権を廃止する勅令を発布した（発布時の外相は榎本武揚）。外相就任直後の陸奥はこの問題にあたり他国の動向も留意しつつ、ポルトガル領事を兼任したフランス領事プランシーの批判に対し、「勅令ノ実施ヲ見合スコトハ万行ヒ難キコトニ有之」と断言している。陸奥がこのような姿勢を示し得たのは、条約改正にあたり最重要国であったイギリスが当該問題に介入しなかったことが前提としてあったが、後にはこれにより日本の立場を強めたとイギリスが認識するに至った点において有効であった。

陸奥の条約改正は数度の外相による交渉を踏まえ、また国内外の情勢変化をにらみながら進められた。

国内では議会が混乱の様相を深め、国際協調を否定するいわゆる対外硬派は藩閥政府への反発から外交問題を政争の具とし、妥協した改正はむしろ不要として現行条約を励行する不可思議な運動を展開させていた。これに対して伊藤内閣は議会解散という対抗策をとったが、条約改正にあたりイギリスとの交渉妥結を急がざるを得ない状況にあった。陸奥は反政府運動一掃のために「政府ハ到底何カ人目ヲ驚カシ候程ノ事業」を起こさねば「此騒擾ノ人心ヲ挽回」できないとして、その事業に「条約改正ノ一事」を想定したのである。なおこの一文には「故モナキニ戦争ヲ起ス訳ニモ不参候事故」との記述もあるが、後述するようにこの「戦争」が事実さらに「人心ヲ挽回」することとなる。

陸奥は青木周蔵が行った、国ごとに協議する方式を採用し、イギリスとの交渉に着手した。その特徴は、譲歩しない対等主義を貫くことで強硬論が吹き荒れる国内情勢を見据え、さらに条約実施に際し調印後五年の準備期間を付すことで相手国への配慮を含ませた点にある。交渉は難航するが、朝鮮半島情勢にかかる日清英露の力関係の変化などが影響し、一八九四（明治二七）年七月一六日に日英通商航海条約が調印された。日清戦争開戦はその直後、八月一日のことである。

5　日清戦争開戦と「陸奥外交」

条約改正と日清戦争開戦が相互作用を持つ点については、徳富蘇峰が設立した『国民之友』が同時代においてすでに指摘している。やや長文であるが、理解しやすいため以下引用する。

即ち日清事件は、英露をして、交々東洋政策に於て競争角逐せざるを得ざるの勢を俄然として誘起しぬ。露清に結べば、英は日に結ばざる可からず。而して外交の事最も敏活を要し、間髪を容れず。日清事件正に起るや、露は日清の間に往来し、特に清国の為めに仲裁を計り、或は清国のために日本国に質問する所あり、露清の間頗る密接の関係を生ずるが如き姿を呈せり。是れ実に英国をして、我に帰向せしむべき好機会にあらずや。（中略）今回新条約の締結を見るは、当路者が此の好機会に乗じたるに外ならざるなり。条約改正の事業が日一日困難より容易に移りたるは近年の事実なり。而して日清事件は容易なる事業をして更に容易ならしめたるなり。咄嗟の間に此の大成を見るもの、決して偶然にあらざるなり（「日英新条約の批准」、『国民之友』二三四号所収）。

日清戦争の勃発は、日本国内に急速かつ激烈な人心統一の機会をもたらした。開戦直前に調印された日英新条約は、以後の各国との条約締結の動きを促したが、それに対する国内世論は、それまでの激しい議論惹起と比して「異常ともいえる無関心」という状態となった。

国内外の状況を鑑みつつ、パワー・ポリティックスを重視した陸奥の外交手腕は、総じて現実的であり、時に列強諸国の要求に屈しないものである。これは幼少時の苦心惨憺に裏打ちされた、「一時遁れ乃至妥協的に「イエス」と云はず、何時も無遠慮に敢然として「ノー」と云つた」という陸奥の気質の一端を示したものといえよう。

参考文献

有泉貞夫「陸奥宗光論――萩原延寿氏の所論への批判」『歴史学研究』三一九号、一九六六年。

稲生典太郎『條約改正論の歴史的展開』小峯書店、一九七六年。

大石一男『条約改正交渉史――一八八七～一八九四』思文閣出版、二〇〇八年。

信夫清三郎『陸奥外交――日清戦争の外交史的研究』叢文閣、一九三五年。

高橋秀直『日清戦争への道』東京創元社、一九九五年。

中塚明『蹇蹇録の世界』みすず書房、一九九二年。

萩原延寿『陸奥宗光』中央公論社、一九七三年。

原田敬一『日清戦争』吉川弘文館、二〇〇八年。

陸奥宗光『蹇蹇録』。

陸奥宗光伯七十周年記念会編『陸奥宗光伯』霞関会、一九九二年。

安岡昭男『陸奥宗光』清水書院、二〇一六年。

山下大輔「陸奥宗光と対等条約改正交渉――日葡間領事裁判権廃棄問題を中心に」『日本歴史』六八七号、二〇〇五年。

渡邊幾治郎『陸奥宗光伝』改造社、一九三四年。

第19章　真珠貝ダイバーと帝国主義

田城賢司

1　オーストラリアに渡った紀州の若者たち

図19‐1の写真をよくご覧いただきたい。西オーストラリア州にあるブルームで開催されている祭りの様子である。オーストラリアの祭りであるにもかかわらず、“SHINJU MATSURI”なのである。どうして日本語の名前が使われているのか。それには、オーストラリアに渡った日本人移民の歴史が関わっている。

オーストラリアの北端に木曜島という島がある。日本からはおおよそ五〇〇〇キロメートル、ニューギニア島とオーストラリア大陸のホーン岬にはさまれたトレス海峡に浮かぶ面積わずか三・二平方キロメートルの小島である。日本人観光客が訪れることはほとんどない。しかし、かつてこの島には一〇〇〇人近い日本人が暮らしており、その多くは二十代から三十代の若者たちであった。

では、なぜ人々はこの島を目指したのだろうか。

それは真珠貝を採るためであった。木曜島の採貝は一八六八年に始まるとされ、世紀末には世界的な真珠貝の産出地として知られるようになった。真珠貝といっても天然真珠を採ることが目的ではなく、貝殻を装飾用ボタン（貝ボタン）の原料とするためであった。日本人ダイバーの記録はすでに一八七六年にみられる。当初、ダイバーにはマレー人、マニラ人が多かったが、次第に高い潜水技術を持った日本人が採貝には欠かせない存在となっていった。そして、その多くが紀南地方出身であり、長崎や広島、愛媛県などからも来ていた。

図19－1　真珠祭り

出典：真珠祭りホームページ（http://shinjumatsuri.com）

図19－2　木曜島遠景

出典：筆者撮影。

木曜島の他にダーウィンやブルームも採貝の中心地であった。一八九七（明治三〇）年木曜島には日本人が九〇〇人、一九一九（大正八）年には、六〇〇人、またブルームには一二〇〇人の日本人がいた。

ここで、多くの若者を南半球の小島へ送り出した背景を考えてみたい。

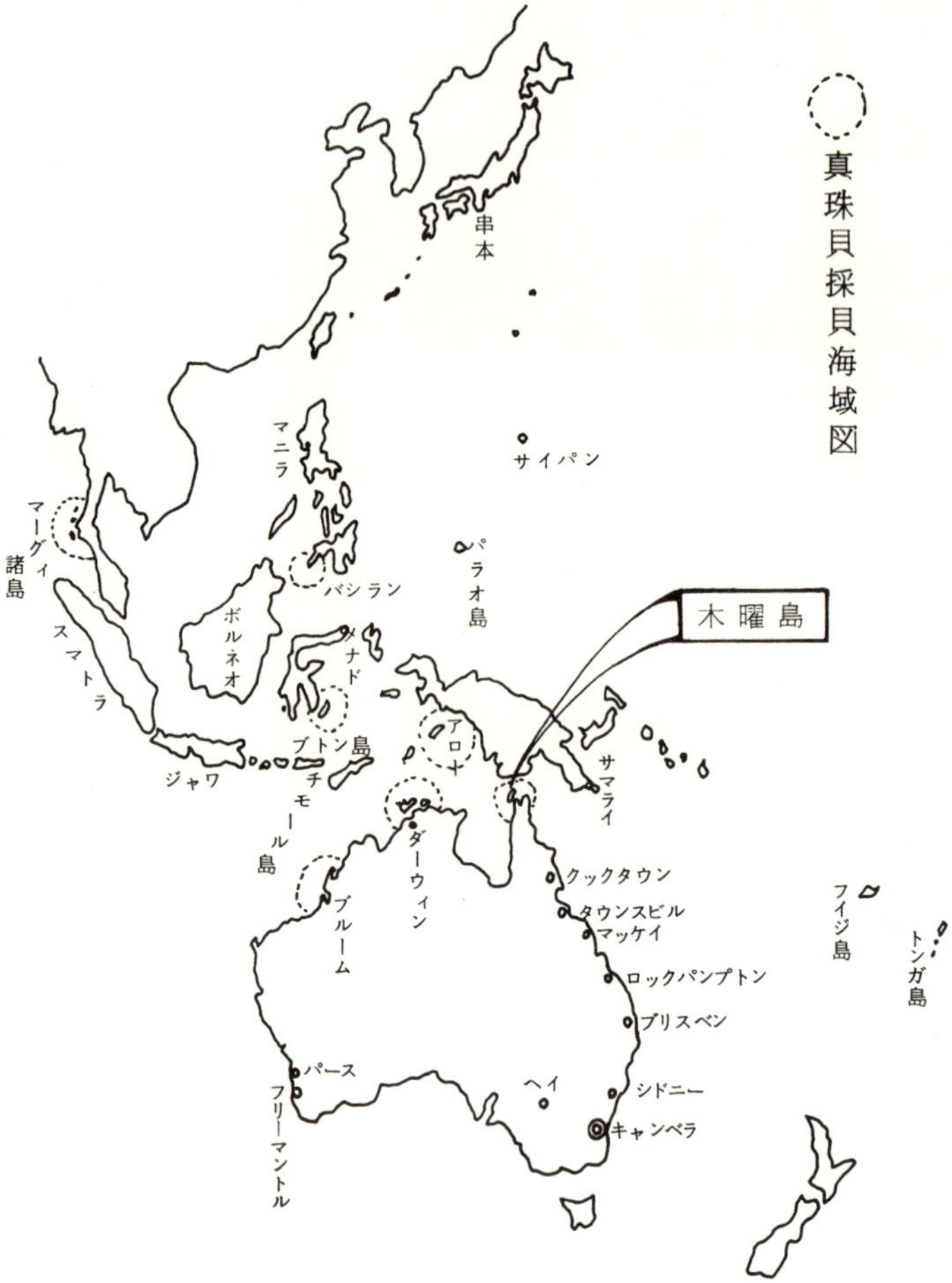

図 **19－3**　オーストラリア地図

出典：小川平『アラフラ海の真珠』あゆみ出版，1976年。

渡航者の一人である故津村一二氏は、一九三五（昭和一〇）年木曜島に渡っている。津村氏によれば、「当時、小学校校長の月給が八〇円に対し、採貝船のコックで六〇円の収入があり、これがダイバーになればさらに高収入が期待できた」という。一攫千金の夢が若者の心をとらえた。この背景には、半島特有の貧しさがあった。紀南地方は紀伊山地が海辺まで迫っており、耕地もきわめて少ない。漁業も零細な沿岸漁業が中心で、余裕のある暮らしを望むのは到底不可能だった。

とはいえ、貧しさだけで説明できるものではない。日本人、特に紀南地方の人々が採貝業を半ば独占するに至ったダイバーの技術は、日々海に暮らしたからこそ得られたものである。海を渡ることへの抵抗感の低さも挙げられる。江戸期以来、関東への出漁や捕鯨の伝統は外に出ていくことを当然のこととしていた。また、海上交通が中心であった当時の紀南には海外に関する知識、移住に関する情報も伝わりやすかった。

さらに、採貝移民のほとんどは先駆者が各地区の人々を呼び寄せる形で発展していった。たとえ遥か南方の地であっても、おじや近所の兄貴のところへ行くという感覚は大きな安心感を与えた。

このように、採貝移民の背景には複合的な要因が絡み合っている。

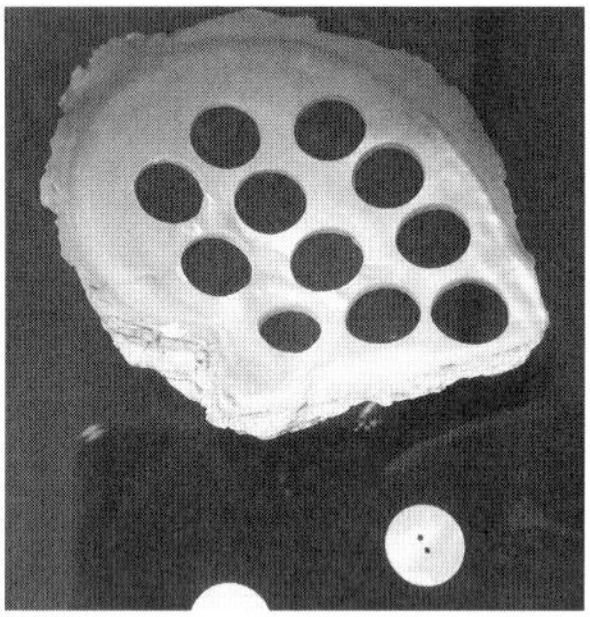

図19－4　ボタンをくりぬいた真珠貝

2　死と隣り合わせの採貝

一口にダイバーといっても、われわれが想像するものとはかなり違っている。実際、海中に潜って貝をとることに違いないが、ダイバーは同時に採貝請負いの経営者でもあった。つまりダイバーは船主（主にイギリス人）と契約を結び、船・器具一式を借り受け、水揚げした貝を一定の値で船主に売却し、その売り上げ代金から食費・雑費・乗組員の給料を支払い、その残金を所得とした。これは借船制度といって明治末から普及した。それまではシャエン・ダイバー（契約ダイバーの意。シャエンはサインの転訛）と呼ばれる雇われダイバーであった。その後、ダイバーらの実績や白人雇い主への交渉によって、待遇が改善され、請負い制の借船制度が生まれた。その分、水揚げ量がすべてを左右し、少ないと船主との契約が解約されるおそれもあった。逆に天然真珠を見つけた場合、それはダイバーのものであったため、思わぬ大金を手に入れたり、ニューパチと呼ばれる新漁場を見つけて財をなす者もいた。

また、作業もウエットスーツではなく、デレスと呼ばれる宇宙服のような潜水服を身につけ、それにエア・パイプを通して船上のコンプレッサーから空気を送った（大正末より。それまでは手回し式ポンプ）。ダイバーはこの空気の量を調整して、浮き沈みしながら、貝をとった。昭和初期でも船は帆が主動力で、採貝作業中は風や潮流に任せて進んだ。トレス海では、潮の流れが速いと時速四〇～五〇

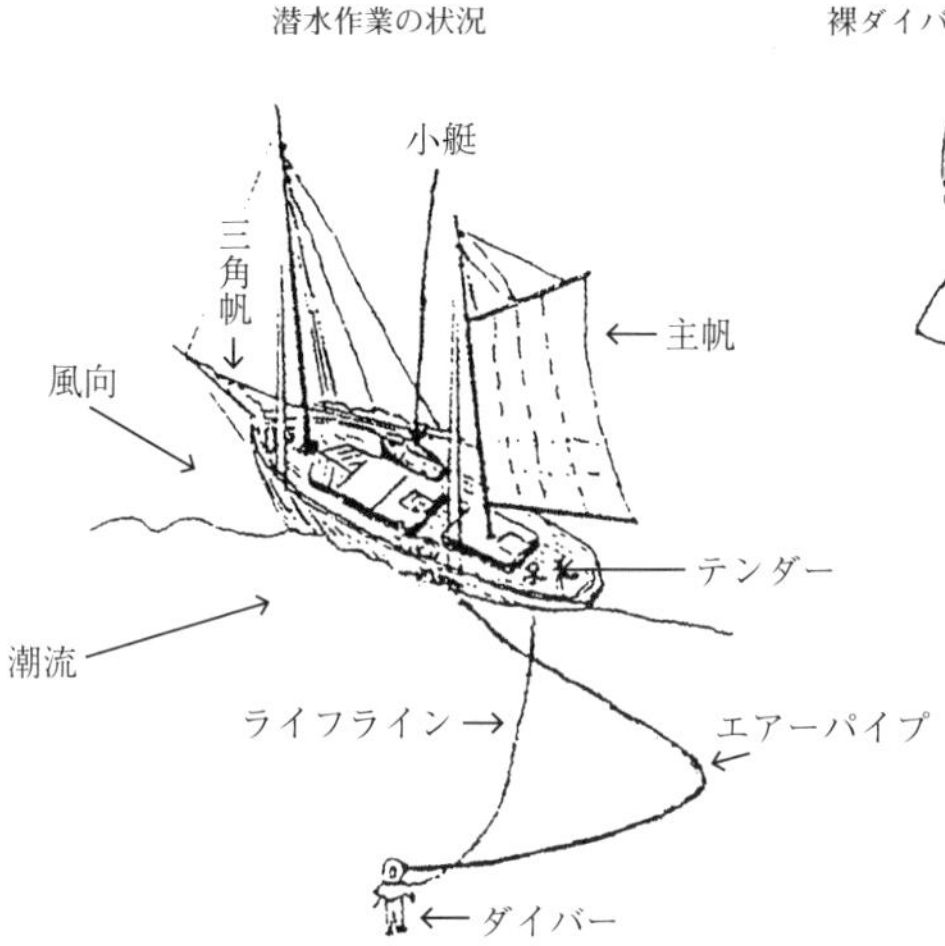

ライフライン（命綱）は，直径1.6 cm，4捻りのロープで，長さ約80 m。
エアーパイプ（送風管）は，外形4.0 cm，内径2.5 cm で，三層のゴムの中間に螺旋状の鋼線を入れている。
エアーパイプ一本の長さは，約10 m。これを6～9本装備する。
注：1尋は6尺（約1.8 m）。

図19－5　真珠貝採取作業図

出典：城谷勇「日本人ダイバーの採貝技術」『オーストラリアの日本人』全豪日本クラブ，1998年。

キロメートルに達し、その中で貝をとるには素早さはもちろん、貝をみつける鋭い眼も必要とされた。船尾にメインのダイバー、船首にはオモテダイバー（オモテとは船首を「表」と称していたことから）と呼ばれた第二のダイバーがいた。船上にはテンダー（ダイバーの命綱を預かり、綱を通してダイバーの指示を受け、舵をとる人）がいた。テンダーはダイバーの安否も含めて、作業中もっとも神経を使う役目であった。それからクローと呼ばれる三名ほどの甲板員はエア・パイプの上げ下ろし・貝開け作業等の非常に力のいる仕事にあたった。彼らのほとんどは食費分程度で雇われたアイランダーと呼ばれるニューギニア人や島の原住民であった。そして新人がダイバーやテンダーに進む前にまず経験しなければならなかっ

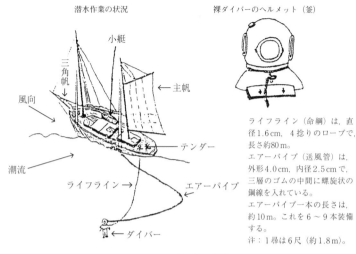

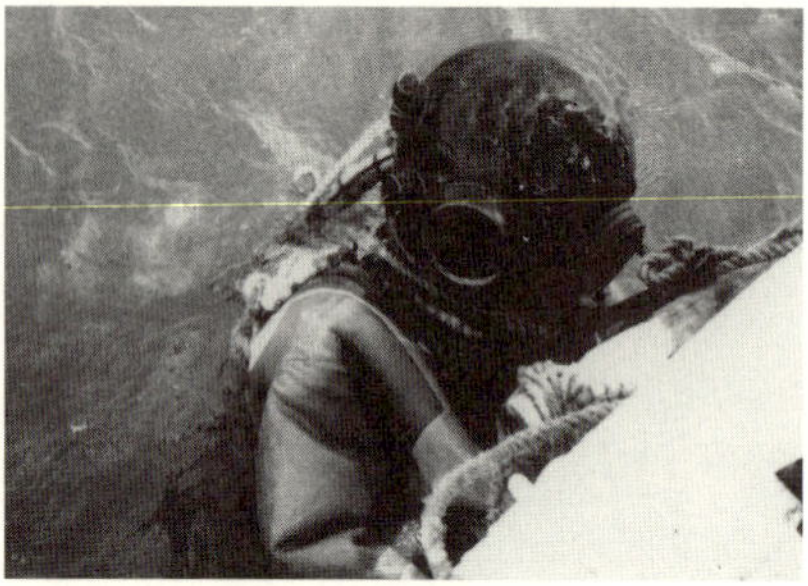

図 19－6　真珠貝ダイバー（奥弘子氏所蔵）
出典：太地町歴史資料室提供。

たのがコックである。コックも昼食用のパンをつくるため毎朝三時半には起床しなければならないきつい仕事であった。

そうした中で、デーアップと呼ばれる休漁期（クリスマスから三月）は大いに羽を伸ばせる時であったようだ。ダイバーには簡易宿泊所（ボーディング・ハウス）があって串本ハウス・周参見ハウスなど同郷ごとにまとまって過ごした。ハウスは単に生活の場にとどまらず、船主に対するストライキや賃上げの討議の場であり、新人の教育の場であり、単身で南海の小島にやってきた者にとって心のよりどころでもあった。

オーストラリアへの採貝移民は潜水技術の高さから非常に有利に展開した。しかし、海中の作業であるだけにダイバーたちは様々な危険に遭遇してきた。中でも彼らが恐れたのが潜水病である。高圧の海底から急激に浮上すると血液中の窒素が泡だった状態になり、ダイバーの神経系統を冒す病である。船にあがった後、全身を激痛が襲い、時には昏睡状態、死に至ることがあった。そうでなくともしびれなどの後遺症が残ることもしばしばあった。特に患者を再び水中に戻して徐々に減圧する「ガントン」と呼ばれる応急措置（ひどいときは一晩水中にいた）が普及する大正以前には多くのダイバーが犠牲となった。潜水病を避けるには、水深七～八メートルで潜ることであるが、深く潜れば潜るほど貝は多く、浅瀬での取りすぎもあって、危険を承知で、四〇メートルを超える深さに潜らなければならないダイバーも少なくなかったのである。減圧法（ガントン）が用いられるようになってからも、エアパイプが絡まったり、ヘルメットがはずれることで亡くなる事故が絶えなかった。また、ブルームなど西オーストラリアではサイクロンによって、多くの命が失われた。

採貝移民のその後については、太平洋戦争が決定的な打撃を与えた。戦争が勃発するとオーストラリア政府は在留日本人を収容所に抑留したのである。津村氏によれば、収容所の生活は実に自由で野球や映画・音楽を毎日楽しめたようだ。しかし、終戦後、収容所の人々は現地人と結婚している者を除き、日本へ送還された。こうして木曜島を中心としたオーストラリアの採貝の歴史は幕を下ろした。

図19－7　木曜島日本人墓地
出典：筆者撮影。

3　採貝業と世界経済

採貝ダイバーたちが活躍した一八八〇年代から太平洋戦争開戦までの時期、世界は帝国主義の時代であった。列強と呼ばれる先進国は自国の産業の重工業化を進めるとともに、獲得した植民地を原材料や労働力の供給地として支配する。このため、かつてない人の移動が起こった時代であり、移民の世紀とも呼ばれる。同時にアメリカ合衆国が世界経済の中心となるのに合わせ、環太平洋地域が世界経済に組み込まれていった。

日本からオーストラリアへ。それは典型例ではないが、採貝移民もこうした労働力の移動の中に位置づけられる。

オーストラリアは一九〇一年に独立を果たすが、経済的にはイギリスの影響下にあった。当時対中国貿易が輸入超過であった上に、フランスやアメリカなどとも競合関係にあった。その改善のために、ナマコ漁やサトウキビ・綿花栽培が導入された。その中で、注目されたのが、真珠貝（シロチョウガイ）であった。婦人服のボタンの原材料として、需要が高まっていたのである。

第一次世界大戦まで、真珠貝の取引市場はロンドンであった。貝は主に、バーミンガムで加工され、ヨーロッパ各国に輸出されていた。第一次大戦によって、ヨーロッパ経済が壊滅的な被害を受けると、市場はニューヨークに移る。そして、アイオワとイリノイ州がボタン加工の中心地となる。鉄鉱石のような工業の原材料ではなかったが、真珠貝とボタン産業も世界経済の一角を占めていた。

当初、オーストラリアにおける新たな産業に対する労働力は、オセアニア地域に求められた。しかし、その数には限りがあり、次第に中国、インド、そして日本人に求められる。

一方、アジア系の移民の増加に対して、労働力を奪われる懸念や日露戦争以降大国化する日本へのおそれから、一九〇一年に移民制限法が施行される。いわゆる白豪主義の政策のもとで移民は制限されていくのである（サトウキビ労働者の場合、一八九八年には二三〇〇人の日本人が働いていたが、一九四〇

表19-1　オーストラリアにおけるアジア系人口の推移

	中国人		日本人		インド人	
	人数	男性比率	人数	男性比率	人数	男性比率
1901年	30,542	98	3,554	93	4,681	99
1911年	22,753	96	3,489	94	3,653	96
1921年	17,157	93	2,740	93	3,150	94
1947年	9,144	72	157	62	2,189	92

出典：竹田いさみ『物語オーストラリアの歴史』中公新書，2000年。
原出典：A. T. Yarwood and M. Knowling, *Race Relations in Australia : A History,* Melbourne : Methuen Australia, 1982, p. 237.

年には一七八人に減少した）。

日本人もその影響を受けたが，ダイバーとしての潜水技術の高さから，採貝は継続された。太平洋戦争開戦時，拘束された日本人は木曜島で三五九人，ブルームで二一二人であった。

4　戦後の採貝移民

オーストラリアへの採貝移民は，太平洋戦争によって一時中断されたが，戦後まもなく関係者らによって再開された。一九五二年四月，マッカーサー・ラインと呼ばれた漁業区域制限が撤廃されると，水産庁の監督の下，串本・大島・潮岬・出雲など紀南の人々を中心とした船団がアラフラ海に送り出された。しかし，オーストラリア政府による領海制限やプラスチックの登場などによって貝ボタンの需要は急激に落ち込んだため，日本人によるオーストラリアの採貝業の歴史は幕を閉じた。オーストラリアにおいてもほとんどの日本人が去った後，アイランダーと呼ばれる島々の先住民をダイバーとして雇用し，一定の規模で継続されたが，同じく貝ボタンの需要減により、一九七〇年代までには衰退した。

ところで、はじめに紹介した真珠祭りはブルームにいた日本人ダイバーたちが行っていたお盆祭りが発展したものである。現在、真珠祭りは、白人、アボリジニ、中国やマレーシアの人々の祭りと合わさって、様々な人種・民族の人たちが参加するイベントに発展している。第二次世界大戦によって、採貝移民の歴史は断絶してしまったが、オーストラリアの多文化主義を象徴する祭りの名前の中にその面影を残している。

参考文献

有田の歴史と民俗を調べる会『歴史と民俗　ありだ 第五号』一九九五年。

稲生淳『熊野　海が紡ぐ近代史』森話社、二〇一五年。

小川平『アラフラ海の真珠』あゆみ出版、一九七六年。

杉原薫「近代世界システムと人の移動」『岩波講座　世界歴史一九』岩波書店、一九九九年。

全豪日本クラブ記念誌編集委員会『オーストラリアの日本人』全豪日本クラブ、一九九八年。

友信孝『アラフラ海と私』私家版、一九七七年。

松本博之「アラフラ海の真珠貝に関する覚書」『地理学報』第三五号、二〇〇一年。

米山裕・川原典史編著『日本人の国際移動と太平洋世界』文理閣、二〇一五年。

リンダ・マイリー『最後の真珠貝ダイバー　藤井富太郎』時事通信社、二〇一六年。

若槻泰雄「アメリカ移民多出地区の要因分析」『玉川大学農学部研究報告』第一九号、一九七九年。

Regina Ganter, *The Pearl-Shellers of Torres Strait*, Melbourne University Press, 1994.

第20章　ケシとアジア侵略

田城賢司

1　ケシ栽培日本一だった和歌山

一面に咲き誇る白い花、一九六〇年頃の湯浅町を撮影したものである。今は見ることができない風景。この花はケシ（罌粟・芥子）。阿片やヘロインの原料となる花である。

和歌山県が戦前戦後、ケシ栽培全国一位であったことを知る人は少ないのではないだろうか。

ケシ栽培普及には一人のキーマンがいる。二《に》反長《たんちょう》音蔵《おとぞう》（一八七八〜一九五〇）と呼ばれる人物である。彼は江戸時代からケシ栽培が行われていた大阪府三島郡福井村（現　茨木市）出身で、その一生をケシ栽培の普及に賭けた。後に「阿片王」と称される。日本は日清戦争後、領有した台湾で阿片の専売制度を実施した。必要な阿片が外国から輸入されていることを知った音蔵はケシ栽培を普及させることで阿片を国内でまかない、国家財政を助けようとしたのである。阿片を管轄する内務省も彼の高い栽培技術を利用して普及をはかる。音蔵は国内はもとより、後には朝鮮・満洲にも渡って技術指導を行った。

和歌山での栽培は一九一五（大正四）年の統計では第一二位だが、一九二八（昭和三）年には第一位となっている。二位の大阪府と合わせると全国の生産量の九八パーセントを占める。一九三五（昭和一〇）年、県内状況を見れば、全域にわたって生産されているが、特に有田・日高郡が突出している。どうして和歌山なのか。これにはいくつかの理由が考えられる。音蔵のいる大阪に隣接していることから、普及活動が早い段階から行われ、しかも大阪が製薬の中心地であった。さらにケシが地中海沿岸、あるいはインドの原産で温暖な気候を好むことから、和歌山は適地であった。加えて、有田・日高地方は石灰分を含む土質で、モルヒネの含有量が高いケシが栽培できた。

図20－1　ケシ畑

出典：岩崎茂生氏撮影，倉橋正直『日本の阿片戦略』共栄書房，2005年。

そして何より副業としての優位さがあった。さまざまな推計があるが、一九三八（昭和一三）年由良町のある農家からの日記をもとに計算すると、表作の稲作が一反（約一〇アール）あたり八〇円で、ケシが一反五〇円前後となる。中には稲作を越える場合もあり、農家がこぞって取り組んだ。生産額で言えば、紀州みかんの一〇分の一程度であった。

表 20－1　昭和３年度内地阿片生産状況

府県別	栽培面積(ha)	買上阿片量(kg)	同賠償額(円)
和歌山	698.4	8091.8	584,507
大　阪	373.2	4458.8	296,417
香　川	9.7	70.9	4,679
京　都	5.9	68.6	4,267
奈　良	5.8	69.8	3,421
北海道	3.4	11.3	696
兵　庫	2.9	21.8	1,421
佐　賀	2.2	7.9	597
静　岡	0.9	9.8	662
其　他	2.6	7.9	551
合　計	1104.8	12817.5	897,218

出典：倉橋正直『日本の阿片戦略』共栄書房，2005年。
原出典：「大東亜の特殊資源」11頁　第２表を転載（昭和３年度「阿片成績」内務省衛生試験所より引用)。

表 20－2　1935年の和歌山県における阿片生産状況

	栽培人員（人）	栽培反別（ha）	モルヒネ含有量（%）	納付数量（kg）	賠償金額（円）
和歌山市	121	19.9	14	120	3,733
新 宮 市	32	0.9	12	6	182
海 草 郡	476	47.9	13	403	12,050
那 賀 郡	736	52.2	13	552	15,718
伊 都 郡	614	44.1	13	306	8,672
有 田 郡	3,682	523.9	14	9,007	285,293
日 高 郡	2,193	286.3	14	3,191	100,410
西牟婁郡	590	34.3	15	227	7,539
東牟婁郡	216	10.9	13	47	1,353
合計	8,660	1,020.5	14	13,890	434,950
1934年	3,635	521.5	13	11,634	356,729
1933年	3,794	525.8	14	6,791	215,866
1932年	3,919	530.8	18	5,135	256,210
1931年	3,897	531.4	14	7,648	361,314

出典：倉橋正直『日本の阿片戦略』共栄書房，2005年。
原出典：和歌山県発行『昭和10年和歌山県統計書』，1937年３月刊，218-220頁による。

2　ケシからアヘン・モルヒネ・ヘロイン

アヘンと言えば、アヘン戦争がすぐに思い浮かぶ。一九世紀イギリスは清国との貿易不均衡を是正するため、インドからアヘンを輸出する。アヘンには常習性があり、中毒症状がでることから、清国によるアヘン禁輸をきっかけに勃発した戦争である。それゆえ、アヘンはヘロインとともに麻薬として知られている。

ケシには観賞用のものがあり、一般にはヒナゲシと呼ばれる。アヘンを生成するものを単にケシ、あるいはアヘンケシと呼ぶ。ケシからは阿片汁が採取され、阿片汁を乾燥させたものが「生阿片《しょうあへん》」である。農家から出荷されるのは生阿片の形態であった。

生阿片に香料などを混ぜたものを「阿片煙膏《えんこう》」という。この阿片煙膏をランプで熱し、蒸発したモルヒネ成分をキセルを通して、肺に吸入する。これが麻薬としての阿片である。モルヒネ成分はすぐに空気中に拡散してしまうので、「阿片窟《あへんくつ》」と呼ばれる狭い部屋の中で吸われた。

生阿片から化学的に生成されるのが、「モルヒネ」である。モルヒネは医薬と麻薬の用途があった。医薬品としては、強い鎮痛作用があることから、末期ガン患者の鎮痛剤として用いられる。また、戦時には負傷した兵士の鎮痛剤として用いられた。

「ヘロイン」はモルヒネからつくられる麻薬で、使用すると強い多幸感が得られる。モルヒネからは「リン酸コデイン」も生成される。モルヒネよりも弱い薬効でせき止め等に使われた。

阿片煙膏もモルヒネ・ヘロインも中毒症状があることは同じであったが、阿片煙膏の吸煙はモルヒネ成分の摂取の効率が悪く、長年吸っても死に至ることはなかった。また、吸煙には部屋や、ランプやキセルの道具、できれば介助の人も必要で、一定の財力がある人々しかできなかった。これに対し、モルヒネやヘロインは注射等で麻薬成分を直接吸収することから中毒症状がひどく、心身ともにすさみ、死に至ることも多々あった。しかも、工業的に大量生産が可能で摂取も簡単であったことから、貧しい人々にも出回ることとなった。

日本はモルヒネの輸入国であった。しかし、第一次世界大戦によって、価格が高騰し、品薄になる中で、国産化が目指された。一九三五年にはモルヒネの生産額は世界第四位、ヘロインは第一位（世界の生産額の四割）を占めた。

3　ケシ栽培は子ども・女性の仕事

ケシ栽培は許可制であった。統計によれば県内全体で一九三一（昭和六）年から三四（昭和九）年にかけて、三〇〇〇～四〇〇〇人が従事し、一九三五年には八六六〇人と倍増している。農家は生阿片の形で出荷し、政府が買い上げ、賠償金として代金が支払われた。価格の基準は含まれるモルヒネ成分の量によって決められた。ケシ栽培は稲の裏作であったので、裏作の主な作物である麦の価格と調整することで政府は生産量を調整した。

　ケシ栽培には他の作物とは違った経験と技術が必要とされる。それだけに他地域で増産しようとしても簡単にはいかなかった。和歌山は単に生産量が多いだけでなく、栽培技術を持った県として、国の阿片政策の中で重要な位置を占めた。

　また、多くの労働力を必要とする作物でもあった。特にケシ坊主と呼ばれる未成熟の実に傷をつけて阿片汁をとる作業に人手がかかった。しかし、腕力を必要としなかったので、その中心は女性、そして子どもであった。当時の国民学校高等科一年生が書いた作文がある。

　モルヒネとり

　　和歌山縣有田郡湯浅高等科一年　小池キヨヱ

　五月の終わりちかくなると有田郡一帯の田んぼはけしの花で眞白《まっしろ》になります。去年の秋稲《いね》かりがすんだあとで、お百姓達が夢中になってまきつけたけしが、今になって實《み》をむすんだのです。……けしば（ぼ）うずはもういちぢ（じ）くの實ほどの大きさになり、モルヒネとりがはじまります。

　學校《がっこう》は今日から一週間一せいに休みとなり、上級生の子供達はみんなそれぞれモルヒネとりに行きます。

図20－2　阿片汁ヘラとコップ
出典：筆者撮影，由良町ふるさと資料展示。

図20－3　ケシ乾燥機
出典：筆者撮影，由良町ふるさと資料展示。

モルヒネとりはけしばうずにナイフで何本もたてのすぢ（じ）を入れて置くと、そのすぢに白くふきでる乳のや（よ）うな白い水をへらであつめて廻《まわ》るのですが、夕方すぢをつけて置くと夜の間にその白いけしの乳が出ます。それを朝ぶきと言ってまだ夜のあけないうちからあつめに行くのです。……小母《おば》さんは首に竹の筒をつりさげてゐ（い）て、手に持ったへらでけしばうずを上手になでると白い乳がへらの先に少しもり上った。それを竹の筒の口にひつぱつてある絲《いと》でなで落してから、「ゆるゆる取つておくれよ。モルヒネによう（酔う）て、頭いたくなるやらわからんし、口もにがくなるよつてな。」と言ひ（い）ました。（後略）（坪田譲治編『綴方子供風土記』（実業之日本社、一九四二年）一六九～一七六ページ。倉橋正直「ケシ栽培と児童労働――作文「モルヒネとり」から」『歴史地理教育』八四三、二〇一五年所収）

阿片汁採取のための休校があったことや、子どもがケシの中に入ってしまい、ケシの刺激臭によって気分が悪くなったことなどが分かる。それでも子どもたちは当時ではあり得ない五円のお駄賃をもらっていたのである。

なお、阿片汁は乾燥器で乾燥させたあと、粉状（生阿片）にして出荷された。

4　アヘン禁止の動き

アヘン戦争はイギリスが対中国貿易、特に茶貿易における赤字を埋めるため、インドのアヘンを持ち込んだことが背景にある。銀の流出が清国の社会・財政を不安定にしたため、対策として、林則徐がアヘンの没収など強攻策に出たことが開戦のきっかけであった。一方、イギリスの開戦の国会決議が賛成二七一票、反対二六二票と拮抗したように当初から道義的に問題であることは認識されていた。アヘン戦争に敗れた清であったが、アヘン禁煙政策を継続した。ケシの栽培を制限したり、インドからのアヘン輸入を減らす交渉をイギリスと行う。それは一定の成果を上げ、アヘン中毒者も減少していった。一九一七年インド産アヘンの輸入も公式には停止される。ただし、この時、中国は軍閥の時代に入っており、資金集めのため、ケシ栽培が復活した地域もあった。

また、国際的にもアヘン禁止の動きが広がる。アメリカ合衆国が主導して、一九一二年から三一年にかけて四つの条約が結ばれる。アメリカはアヘンに関して利害関係がないことから、禁止をすすめることで、中国への進出を少しでも容易に進めようとした。また、ピューリタニズムの伝統や一九二〇年に禁酒法が制定される社会の風潮から、麻薬に対する抵抗感が国内で強かった。これにより、アヘンやモルヒネの密輸が禁じられた。日本はすべてについて調印・批准している。

5　日本のアヘン政策

日本は地域の実情に合わせて巧みにアヘン政策を行った。

台湾では、後藤新平により漸減主義が採られた。アヘン吸引者を少しずつ減らしていこうとする政策である。全面禁止にすれば、中毒者が反乱を起こし、軍隊も必要になるというのが理由であった。アヘンは、ヘロインのような薬物に比べ、中毒症状が弱いことから、全面的に禁止する断禁策を採ることも可能であった。漸減策のためにはアヘンの供給量をコントロールする必要があったため、政府がアヘンの販売を管理する専売制度が設けられた。専売制は大きな利益を生み、植民地経営を財政面から支えることになる。

アヘン吸煙には特許が必要であった。実際には医者の証明が無くても二〇歳以上には特許が与えられ、患者に対する矯正措置も採られなかった。結局のところ財政が優先された。

専売は関東州でも行われた。関東州は日露戦争後ロシアから譲られた遼東半島南部、旅順や大連を含む地域を指す。

一九三二（昭和七）年日本の傀儡国である満洲国が成立する。ここでもアヘン専売制が敷かれた。台湾では輸入によってまかなわれたが、満洲ではアヘンの需要が大きかったことから、領土の広さを利用して、熱河省や東満洲でのみケシ栽培を許可し、他の国内では禁止した。当初、反武装勢力の問題や密売アヘンが広まっている中で、高い値段で売らなければならない専売指定の小売業者のなり手がいないなど、実績は伸びなかった。しかし、一九三七（昭和一二）年にはアヘン吸引者の六二パーセントに専売アヘンを売っている。満洲国においても、アヘン専売制度は国家財政を潤すこととなる。朝鮮半島ではどうであっただろうか。朝鮮ではアヘン吸煙の習慣はそれほど広まっていなかった。日本政府はそのため、日本同様アヘンは厳禁としながら、ケシ栽培を奨励する。一九三三（昭和八）年には日本国内の二倍以上の栽培面積となっている。さらに、朝鮮総督府は製薬用アヘンの売下《うりさげ》制度をつくる。これを受けて、民間製薬会社がモルヒネの製造を朝鮮で始める。第一次世界大戦中のことであったが、戦争が終わるとモルヒネ需要が落ち込む。後にこの会社は倒産し、総督府の管轄となる。

　朝鮮人で東京帝国大学法学部に学んだ金俊淵は一九二一（大正一〇）年に

図 20－4　満洲国

表20－3　ケシ栽培面積表

年次　　数量	ケシ栽培面積（ha）				生阿片生産量（kg）				同賠償金額（万円）			
	内地			朝鮮	内地			朝鮮	内地			朝鮮
	総数	和歌山	大阪		総数	和歌山	大阪		総数	和歌山	大阪	
1928（昭和3）	1,105	698	373		12,820	7,092	4,461		89.7	58.5	29.6	
29（　4）			465	747				1,501		55.5		4.1
30（　5）	850		277	735	9,182			1,400		37.8		3.6
31（　6）	831	531	274	1,052	12,137			5,654		36.1		16.6
32（　7）	830	531	280	1,068	8,601			7,634		25.6		23.5
33（　8）	1,035	526	285	2,240	10,641	6,791	3,495	14,059	32.4	21.6	9.7	40.1
34（　9）	868	522	298	2,177	15,823	11,569	3,855	11,339	47.8	35.5	11.3	34.3
35（　10）		1,020	333		18,618	13,860	4,229	18,348	58.3	43.5	13.3	56.6
36（　11）		1,032	340			12,102		27,305		44.3	12.8	79.7
37（　12）		1,520	346			14,839		28,848		51.0	16.8	79.3
38（　13）			301					27,712			14.5	78.2

出典：倉橋正直『日本の阿片戦略』共栄書房，2005年。
原出典：「大東亜」13頁　第3表を転載。（薬用植物栽培法・和歌山県統計書・阿片成績・朝鮮総督府統計年報等より引用）

アヘンに対してモルヒネ注射は取り締まられることなく、一万人以上のモルヒネ中毒者が出ていることを指摘している（内務省の統計では一九三一年に四〇〇〇人）。日本からの密売人が検挙された事件があり、密売によって朝鮮にモルヒネが広まっていたことは明らかだが、そのルートは不明な点が多い。それでも実態として、朝鮮がケシ栽培の地であるとともに、モルヒネの消費地とされていた。

モルヒネは、中国の主権範囲にも持ち込まれた。国際的に禁止が進められる中、もちろん密売であった。密売は日本が中国に対して持っていた領事裁判権が悪用され、中国側で密輸を取り締まることができなかったのである。一九九九年、二反長音蔵の息子二反長《にたんおさ》半《なかば》氏（児童文学者でもあった半氏はペンネームとして「にたんおさ」と名乗った）が所有する祇園坊と呼ばれる密売人のレポートが明らかになった。一九二五年頃書かれたとされ、現地に在住する日本人を通して、モルヒネ類が密輸されていたことがわかる。

日中戦争が始まると、ケシ栽培は蒙疆地区（現在の内モンゴルと華北の一部）で行われた。占領地で安定的な統治ができないため、専売制が実施できず、辺境の蒙疆で生産、買い上げたものを占領地で売りさばいた。販売は現地の事業に詳しい密売人に任された。一方中国側もアヘンを持ち込み、日中の戦闘が行われる一方で、アヘンの密売をめぐる戦いも行われた。

アヘンが条約として禁止され、日本も批准したにもかかわらずどうしてこのような政策が継続されたのだろうか。すでに触れているとおり、専売制・密売ともに莫大な利益を生んだからである。外務省や歴代内閣の中にはこうした政策を止めようとする動きもあったが、アジアでの戦いを継続する道を選んだ日本にとって、軍や植民地の官僚たちの動きをおさえることはできなかった。

6　和歌山のケシ栽培と戦争

国産のアヘンが医療用・軍事用（鎮痛剤）・密売という三つの大きな用途に対して、どのような割合で振り分けられていたかは明らかにされていない。ただし、一九一六（大正五）年関東庁の報告書や祇園坊をはじめとする証言、統計的に見られる余剰ヘロインが、国内の中毒患者の数だけでは消費しきれなかったことからすれば、やはり密輸されていたと見るのが自然である。

和歌山のケシ栽培は国策の中で奨励され、太平洋戦争中にはモルヒネ不足から強制栽培が行われたこともあった。また、戦後には復活し一九六〇年代をピークに栽培されたが、輸入によって安定的に供給されるようになったことから、急速に衰退し、現在栽培している農家はない。

ケシ農家の人々は他の作物同様、実直に栽培に取り組んだだけである。しかし、戦争、特に近代の戦争は時として、ごく普通の農民を戦争加担に巻きこんでいく。ケシ栽培の歴史はそのことを現代の私たちに教えてくれる。

参考文献

岩崎茂生「和歌山県のケシ栽培」『由良町の文化財』第一五号、由良町教育委員会、一九八八年。

江口圭一『日中アヘン戦争』岩波新書、一九八八年。

岡田芳政他編『続・現代史資料一二　阿片問題』みすず書房、一九八六年。

川端邦男「戦前のケシ栽培」『由良町の文化財』第二八号、由良町教育委員会、二〇〇一年。

倉橋正直『十五年戦争極秘資料集補巻11』不二出版、一九九九年。

倉橋正直『日本の阿片王』共栄書房、二〇〇二年。

倉橋正直『日本の阿片戦略』共栄書房、二〇〇五年。

倉橋正直『阿片帝国日本』共栄書房、二〇〇八年。

倉橋正直「ケシ栽培と児童労働」『歴史地理教育』八四三号、歴史教育者協議会、二〇一五年。

山田豪一『満州国の阿片専売』汲古書院、二〇〇二年。

第21章　ゾルゲ事件被告北林トモの粉河時代

海津一朗

1　消えたトモ――粉河寺門前の惨劇

真珠湾・マレー沖での開戦が迫る一九四一年九月二七日、粉河寺《こかわでら》の門前にある旅館三笠館《みかさかん》となりの北林家に特高警察が踏み込んだ。屋内にいた北林トモ（五五歳）は無抵抗で検挙されて粉河駅まで引き立てられ、そのまま東京・六本木警察署に連行された。家の表と裏から各二、三人の特高・警官が襲いかかって無抵抗の夫婦に手錠を掛けて追い立てた（清水ハマエ証言）。駅までの約八〇〇メートルほどの参道を二人の男に連行されたトモの姿を近所の酒屋の小学生が見ていた。洋裁を習っていたため、「あれ、おばちゃん」と近寄って声をかけたが、真っ青な顔でただ黙って連行されていったという。夕方のことだった（楠和子証言）。

トモは六本木署での尋問で沖縄出身の画家宮城与徳《みやぎよとく》に情報を提供していたことを白状し、これを

図21－1　北林トモの家
右端の平屋。隣の２階屋根が三笠館。1960年頃（木村康恵氏所蔵）。

きっかけとして二〇世紀最大の国際諜報《ちょうほう》団事件といわれるゾルゲ事件が発覚した。トモ自身は治安維持法、軍機保護法（国防保安法とも）違反の罪で懲役五年の判決をうける。粉河の人々は、敵性スパイが逮捕されたと噂したものの、罪状については全く知ることがなかった。トモがゾルゲ事件の被告であることを知ったのは敗戦後のことだった。トモの家に出入りしていた少女少年たちは、ただただ恐ろしくなって、関わったことを示す品はすべて処分したという（藤岡恵ほか全証言者）。トモとの思い出もその時に封印した。夫の芳三郎《よしさぶろう》（五九歳）はすぐに無罪として釈放されて粉河自宅に戻ったが、本家の松原一統《いっとう》（一族）が別宅に移したため、これまた粉河の人々の記憶から消えることになる。

2　ゾルゲ国際諜報団事件

ゾルゲ事件の命名は、首謀者であるドイツ人ジャーナリストのリヒャルト・ゾルゲに由来している。コミンテルン（社会主義ソビエト）のスパイとなったゾルゲは、ナチス・ヒトラーのドイツ侵攻を阻止するため、一九三三年ドイツの同盟国である日本に潜入して、日本のドイツ大使館及び日本政府の中

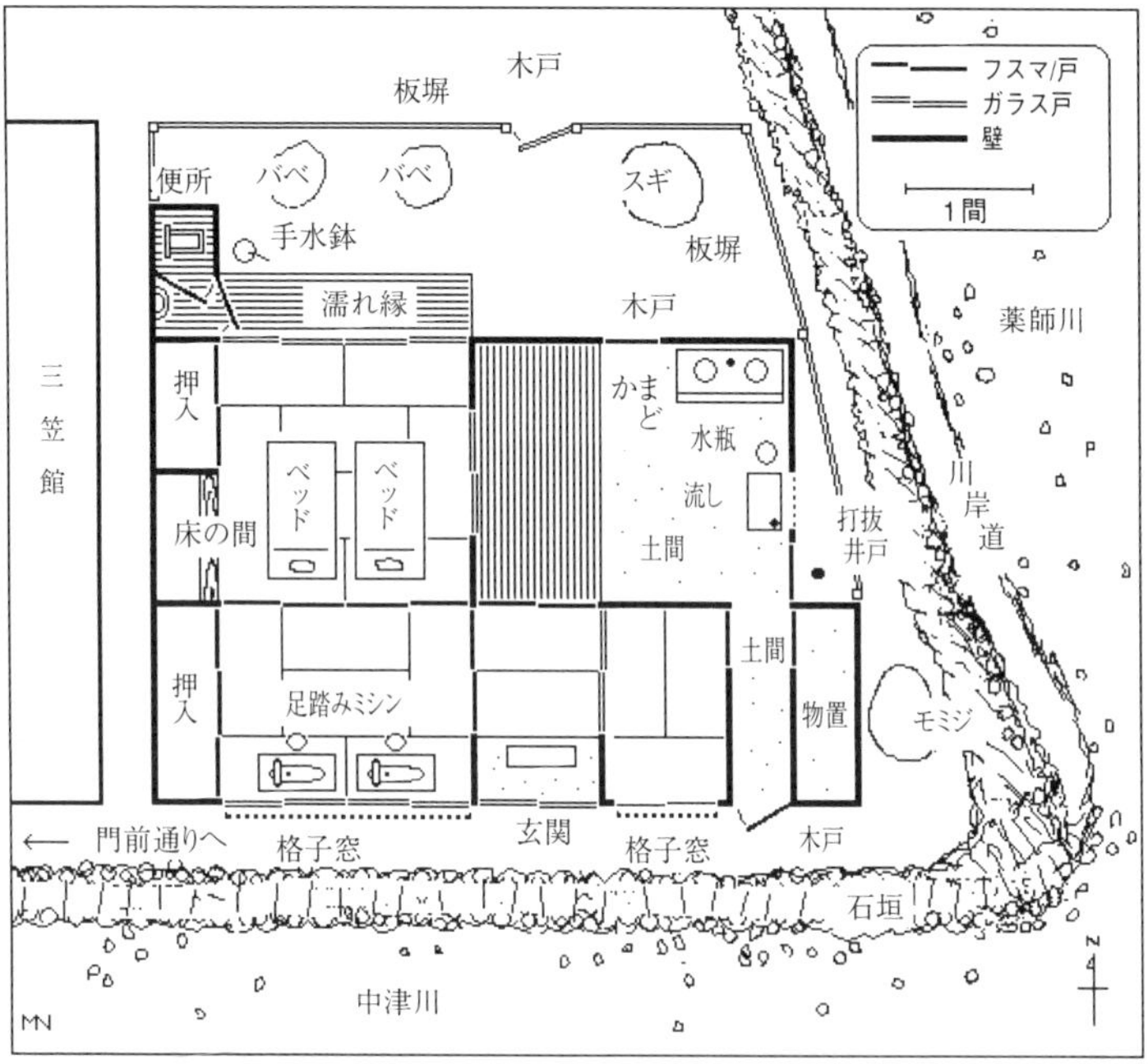

図21－2　旧北林家間取り図（永野基綱氏作成）

に協力者を得て、一九四一年一〇月に検挙されるまでの八年間にわたり日独の軍事機密を盗み出して無線技士クラウゼンによりモスクワに電信し続けていた。日本側の協力者は朝日新聞の記者尾崎秀実《ほつみ》で、中国情勢に詳しく、近衛《このえ》文麿《ふみまろ》など政府要人のブレーンとして政権中枢に深くコミットしていた人物だった。この尾崎とゾルゲとを仲介して情報の受け渡しを担当していたのが、沖縄出身のアメリカ移民でアメリカ共産党員だった画家の宮城与徳だった。このように、ドイツ大使館・近衛内閣の日独作戦行動に関する機密情報をソビエト・スターリンに伝えることが、ゾルゲ諜報団の役割だった。つまり尾崎や宮城（その配下の北林）は、ナチス・ヒトラーのファシズムとソビエト・スターリンの世界共産主義革命という二つの世界征服構想の中で、日本とアジアの命運を左右するという重大な歴史的役割を担っていたのである。

結果的にゾルゲ諜報団は一九四一年一〇月一〇日宮城、一八日ゾルゲ・尾崎・クラウゼンが相次ぎ検挙されて、翌年までに諜報機関員一七名・協力者被疑者二〇名が一網打尽となって壊滅した（一九四三年八月二日宮城獄死、一九四五年一一月七日尾崎・ゾルゲ絞首刑）。検挙のきっかけは、先述の通り、九月二七日に検挙第一号となった北林トモの自白であった。

ゾルゲ事件の評価については依然として謎の部分が多く、今日に至るも事件の全容は明らかでない。公表された検挙者の他にも、日本政府要人の中に多くの与党がいたといわれ、またアメリカ共産党との関係や中国方面でのゾルゲの活動なども、次々と新出の史料が公開されている状況で目が離せない。一般的な評価は、ゾルゲ諜報団が日本軍の南進路線（太平洋方面の対英米仏蘭の作戦行動）を報告したため、ソビエトの極東方面軍が欧州戦争に移動してドイツを撃破できたというものである。日本の協力者は、ナチス・ヒトラーという独裁者を倒すという「反戦平和の志をもつ使徒」と評された。その後の二〇世紀世界史を知る私たちは、スターリンの国際共産主義ソビエト運動こそ、ヒトラー・ファシズムに数倍する恐怖と差別をもたらした元凶であることを熟知している。それに奉仕・協力したゾルゲ事件の被告たちが「反戦・平和の使徒」とは全く納得できないことだろう。

二〇〇三年に映画監督・篠田《しのだ》正浩《まさひろ》氏が自らの「最後の作品」と定めた『スパイ・ゾルゲ』を撮影・

公開して、最新の研究成果にもとづくゾルゲ事件が世に問われた。スターリン以下、事件の首謀者である社会主義ソビエトの幹部たちが英語を話すなど違和感があるものの、事件のイメージを得る上では益するところが大きいだろう。とりわけ、篠田氏のようないわゆる戦後の団塊世代の知識人が、ゾルゲ・尾崎・宮城や協力者たちを「反戦・平和の使徒」と位置づけて描いている意識のありようをよく見てほしい。二一世紀の現在、北林らの行動を冷徹に評価するなら、反骨の生き方をした人々が共産主義のプロパガンダに取り込まれた末路と言わざるを得ないだろう。

図21－3　宮城与徳作「(粉河寺大門)」1941年
(紙，パステル　50×32.5cm，所在不明)

3　三枚の写真が語るトモの生涯

スパイ嫌疑がかけられたため、北林トモに関する関係資料は意図的に廃棄された。現時点でトモを知ることのできる実物資料は、粉河町東毛の矢倉共同墓地にある墓石のみである。二〇〇三年に海津研究室が調査した時点では、北林トモに縁故のある個人蔵の史料として三枚の写真と一枚の水彩画があった。水彩画（図21－3）は、宮城与徳がトモを訪ねてきた時に粉河寺大門《だいもん》を描いたものである。宮城の尋問調書によれば、宮城は一九三六年秋にトモを諜報機関に組織し、東京市渋谷区隠田のエルエー洋裁女学院において出征将兵家族から情報を収集させたという。図21-6は、この証言を裏づける洋裁女学院の教師時代の仲間との記念撮影である。左端が北林トモ（五一～五三歳）、その隣が片田江和由子（院長・ロスの知り合い）、右端の男性はコック長という。望郷の念が強くなっていた北林芳三郎に先立って、住まい探しのために、一九三六年一二月トモは単身帰国していた（芳三郎の帰国は一九三九年一二月）。翌年より洋裁女学院の二階に住み込んで洋裁教師をつとめた。のちに粉河に行ってからのトモの洋裁「私塾」での活躍は、この時に身につけた教授法に多くを負っていたと思われる（なおこの図21-6をエルエー洋裁女学院と断定できたのは渡部富哉『偽りの烙印』五月書房、一九九三年、一八三頁にエルエー洋裁女学院一九四一年次卒業生集合写真が紹介されたものとの比較による）。

その後、農場を処分して帰国した夫の芳三郎に従って夫の故郷である和歌山県粉河の地に戻った。宮城の尋問調書によれば、三、四回旅行を装って北林家を訪れて、一九四一年三月と七月に大阪近郊農村事情をトモに報告させたという。トモのもたらした諜報活動成果とは、食料品増産の不能（みかん作付状況）、農家の小金蓄積・商人化、米の配給不足、家畜飼料不足、農業労働者は岡山県方面より入り賃金一日四、五銭で人手不足、和歌山市の師団敷地工事は未着手、召集兵情報、防火中心の防空演習などだった。これについては、およそゾルゲ諜報団の機密情報とかけ離れた日常の噂という見方（これがスパイならすべての日本人がスパイにされるだろう）がある一方で、統計の公開されない当時の秘密社会で実は重要な情報でないかという意見もある。ともあれ、旅人などという行為の許されない日中戦時下の社会において、画家という宮城の職業が諜報行為の隠れ蓑《みの》になった。粉河寺山門の絵は、現在知られる限り宮城の執筆した最後の作品だった（現在行方不明）。

それでも、宮城の姿は粉河の町で大変目立ったらしい。いくつかのなまなましい目撃証言が残されていた。

「大門橋で遊んでいた子どもに「北林さんのとこ、どこや」と聞いて五〇銭渡した、画家という恰好ではなかった」（三宅祥文証言）、「何日も何日も、ベレー帽をかぶって鞄下げていつも同じところに座り大門の石畳あたりを描いている。花か森を描いた絵があるのを見た」（遺族夫妻・洋裁教え子A証言）、「トモ自身が、「あの人宮城さんていう画家よ、絵が上手で、お寺の売店のところで、いつもいつも描いてるんやで」と教えていた」（藤岡恵証言）などである。

トモと宮城を結びつけたアメリカでの関係とは何であったのだろうか。内務省保安課作成のゾルゲ国際諜報団事件報告書は、「アメリカ共産党の同志にして情交関係あり」としている。

4　日本を捨てた理由――ロスでの日々

図21－4と図21－5に戻りたい。遺族の間に伝えられた若き日の夫婦の別々のフォーマルな写真。これこそ、二人を結びつけることになる記念の「セット」。日本人のアメリカ移民社会に一般的だった写真結婚による妻女の渡米。その際の見合い写真に間違いない。

図21－4　見合い写真の北林トモ
（1920年〔34歳〕ごろ，個人蔵）

図21－5　見合い写真の北林芳三郎
（1919年〔37歳〕，個人蔵）

一八八六（明治一九）年堺生まれの斉藤トモは、アメリカ行きを決意して、写真結婚という方法でロサンゼルス郊外で農園を営む和歌山県出身の北林芳三郎のもとに嫁いだ。当時のアメリカ政府は、移民の禁止を進めており、日本人妻を本国から呼び寄せることが唯一の抜け穴として認められていた。このため写真交換によって契約してアメリカにわたるという「写真結婚」がブームとなった。日本を離れたいトモと、老いて妻が欲しくなった芳三郎との利害が一致したのである。三七歳になった芳三郎は粉河の有力家・松原一統の出身で、すでに一度写真結婚が破談となっていた（入籍後に離別）。子どもを授かるには最後のチャンスであった。こうして一九二〇（大正九）年に契約成立してトモはカリフォルニア州ロサンゼルスに移った。当時の汽船で二〇日間かかる距離である。北林トモは、農園の一画に洋裁学校を開いて個人教授を行った。二人は子どもに恵まれることはなかったが、図21－4、

21－5が揃って遺族（芳三郎の親族養子）に伝来したことは、二人の絆の深さを示すシンボルといえる「セット」であろう。トモ三四歳、芳三郎三七歳であった。

斉藤トモが日本を捨てた理由については、神戸の外国人宅メイドで身につけた洋裁技術を生かした仕事につきたかった、女性差別を行う日本社会に絶望した、道ならぬ恋に破れて絶望した、自由の国アメリカに憧れた、などと言われてきた。紀ノ川中流域の粉河・打田の一帯は、福沢諭吉が影響力をもっており、自由民権運動の一形態としてアメリカ移民を多く出した土地柄であった。アメリカ帰りのトモが、過度に目立つことなく生活できたという点、夫の出身地が移民コミュニティをもつ粉河であったことはプラスに作用しただろう。先述の重要証言を残した藤原恵・楠和子姉妹の縁者たちは、ロスの日本人町にあって北林夫婦とも親交があった。トモの逮捕ののち、「トモさんがスパイなんて考えられやん」と証言していたという。

そして、北林の農園経営が順調に軌道に乗ってきた一九二九年頃、宮城与徳との運命の出会いが訪れた。沖縄出身の貧しい画家宮城は、北林トモの援助をうけて同家に寄宿し

図21－6　エルエー洋裁女学院の卒業生と（トモ〔51～53歳〕は左端，個人蔵）

た。二人はプロレタリア芸術研究会に入会する志を同じくするもので、アメリカ共産党に入党していた（ただしトモは一九三三年脱会）。トモ四三歳、宮城二五歳、一七歳離れた二人であった。

両名の関係がいわゆるパトロンに留まるのか、同志的な情愛を伴うものかは論証できない（古賀牧人氏の研究整理によれば、宮城に秋山幸治や青柳喜兵衛・松原翠《みどり》らを引き合わせたのは北林トモだということになっている〔古賀牧人編『「ゾルゲ・尾崎」事典』私家版〕。だとすれば、宮城がのちに諜報組織を作るにあたって、北林トモの果たした役割はきわめて大きなものがあったといえるだろう）。

少なくとも粉河におけるトモのオープンな言動と、しばしば長期滞在になった画家宮城の目撃証言の中に、恋愛感情を示したものは見られない。北林トモは、宮城与徳がアメリカ共産党の諜報機関工作員として来日したのを知りながら、実に献身的な情報収集調査を実行した。その収得情報内容については評価が分かれているのは先述の通り。この宮城への献身が、トモ自身を滅ぼし、ゾルゲ諜報団を壊滅させるきっかけとなった。アメリカの日本人社会、アメリカ共産党の動向などは、新出史料によって新たな歴史が描けるという。本章の紹介は、北林のロスでの住所変遷を明らかにした知名潤子氏の「アメリカ時代の北林トモ」に多くを負っている。

5　粉河町におけるトモの記憶

わずか二年足らず、北林トモは門前町の松原一統関係者や少年少女たちに対して、鮮烈な印象を残した。特高に検挙されて忽然と消え去る、という幕引きもさることながら、戦時下にもかかわらず、洋服をきてスカートとヒールの高い靴を履き、パーマをかけていて標準語で話したという華やかさ、「ハイカラさん」ぶりは全証言者に共通している。

「トモちゃんおばちゃん」「トモ子おばちゃん」「おばちゃん」「トモさん」など、証言者たちは各自親しみをこめて呼びかけた。女子たちは、そのファッションに憧れて、「東京で洋裁を教えている」という評判を聞きつけて洋裁を学びに門前の家に出入りしていた。シンガーミシンのあるトモの家では、端切れでなく丸々一反の生地を提供して個人授業が行われた。アメリカ仕立てのトモの技術は高く、型紙も置かずに下書きもせずハサミで直接布を切った。フレアも入りウエストの締った身に合う洋服を作ってくれた（酒屋の姉妹証言）。男物のワイシャツつくりを教わった、アメリカの話を聞きたくて行ったが洋裁以外は教えてくれなかった（一番初めに習っていたというAさん。これに対して夫の芳三郎は中学生に英語を教えていたという）、家で教えるだけでなく、外に教えに出ていた（三宅祥文証言）、月謝は取らずたまに醤油を持って行った程度だった（酒屋の藤岡恵証言）。

これに対して、男子たちはトモの容姿と食べ物を回想する。色白肌の肌理《きめ》が細かく化粧をしなくてもきれいで日本人離れした派手さがあり声もきれい。カレーライスを作ってくれた（三宅祥文証言）、ビスケットなど店屋にないお菓子をくれた（養子の遺族）。このような外見の華やかさとはうらはらに、非常に慎み深く控えめで気さくで優しく、礼儀正しかった。とくに風呂が好きで、自宅が川の合流点にあるためよく水がついて井戸が濁ったために、近所の商家に毎晩「もらい湯」に出かけていた。晩近くに一人で浴衣姿で現れて、「いただきます」と風呂に入り「ごちそうさまでした」とすぐ出て、控えめで母屋へは上がらなかった（楠和子証言）。一方、このような上品なトモは、松原一統の家柄を羨む人々にとって「トモ子さんは方言で話せないから雲の上の人で、スパイという噂があったから交流しなかった」という証言もある（松原家経営の鉄工所の弟子C）。

トモは粉河町の門前に鮮烈な記憶を残し、突然姿を消した。後に残ったものは敵性スパイという名のささやきのみだった。

6　トモの最期

敗戦の年、一九四五年二月七日和歌山刑務所（国事犯《こくじはん》女子刑務所）に収監されていたトモは病気により懲役五年刑を執行停止、釈放された。大雪の降る寒い日、和歌山市納定《のうじょう》にある刑務所から、えんえん二〇キロの道のりを、夫芳三郎とその兄三宅亀太郎と二人でリヤカーに寝かせて故郷の家まで戻ったのだという。亀太郎の孫祥文はその時に弟と見たトモの姿を次のように回想している。

「家の軒で見ただけ。昼間やった。すごい姿やっとな。布団ちょっとかけてあったんかな。そう、座ってきた。顔は腫れて、ぼろぼろだった。かなりな暴力受けてあるみたいよな、あれやったら。そんな姿やった。小さくなってた、大きな人がな」（三宅祥文証言）。

その二日後の二月九日トモは亡くなった。五八歳だった。葬儀は区長である半田正春が一切を取り仕切って極秘のうちに行った（清水佑治証言）。

敗戦ののち、夫芳三郎は「こんなやったらもうちょっとハヨ戦争終わっちゃったら、わしとこの家内も死ぬこと無かったんに。本当に可哀想だった」と語ったという（風呂谷政代証言）。その芳三郎は、福生寺《ふくしょうじ》に近い字《あざ》「這上り《はいあがり》」の松原家にひとり住んでいたが、一九四八年一一月に松原本家から養子をとり、一二月三日に六六歳で死去した。トモと芳三郎の墓は粉河寺の裏山、字「東毛《とうげ》」の矢倉共同墓地にある。

本章では、一つの試みとして、粉河町に伝承された北林トモの姿を叙述することにつとめた。ふつう、北林トモといえば、①伊藤律《りつ》が自身の延命のために北林トモを官憲に売ったという陰謀説の否定（渡部富哉『偽りの烙印』）、②山代巴《やましろともえ》氏が獄中で会ったトモを創作した『囚われの女たち』の史料批判、③宮城与徳調書等官憲側作成史料の史料批判、④木下順二『オットーと呼ばれる日本人』など創作小説にあらわれたトモ（南田のおばちゃん）の人物形象の検証などが不可欠の作業になろう。もちろんゾルゲ事件自体や、アメリカ共産党史についての追究は言わずもがなの課題である。

だが、今回これらは最小限の前提にとどめて、あえて地元の証言からトモの姿を示してみた。この方法では十分に統一的な像が結べないという問題点もあるが、一方でこれまでの研究が軽視・無視してきた北林トモの等身大の実像を考える上で大切な側面に光をあてたことになろう。つまり、これまでの研究は、ゾルゲ事件の評価にひきずられて、トモを許されない国賊《こくぞく》・非国民《ひこくみん》としたり、逆に共産主義への裏切り者としたり、反戦平和を希求した英雄としたり、何らかの意義づけをしてきた。だが、

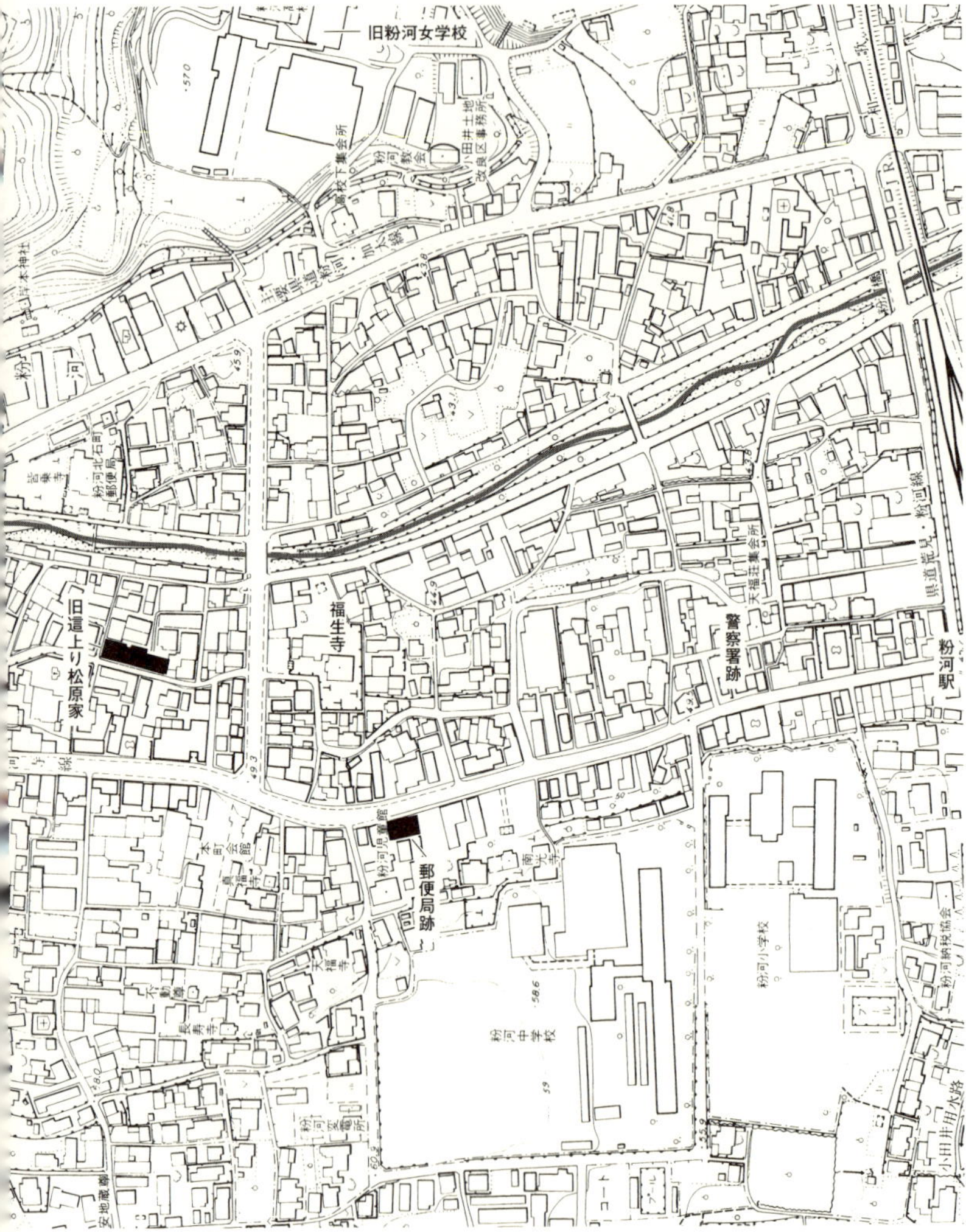

北林トモ関連地図

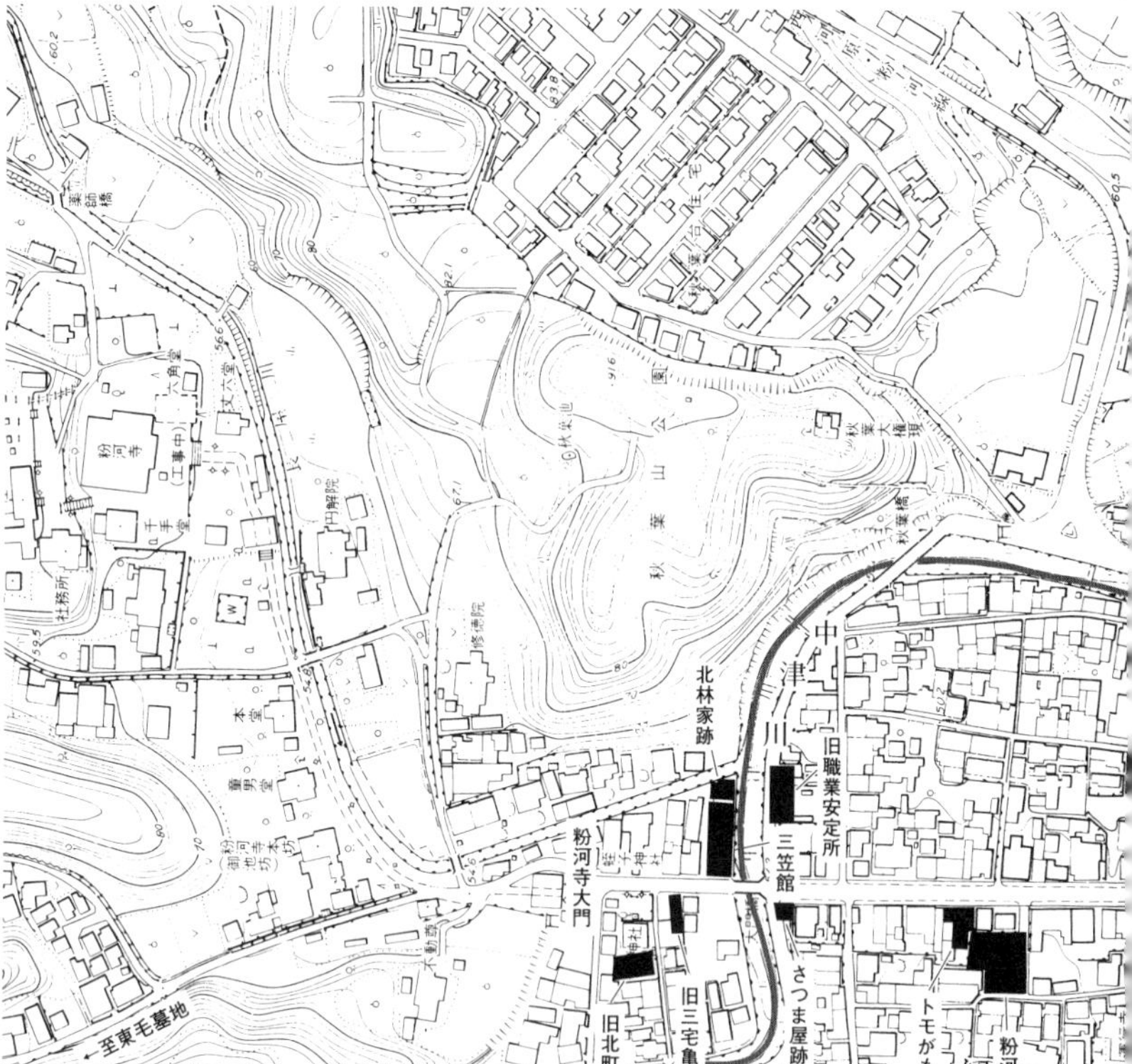

図21－7　粉河における

出典：『北林トモ史料集　粉河での日々』より，筆者作成。

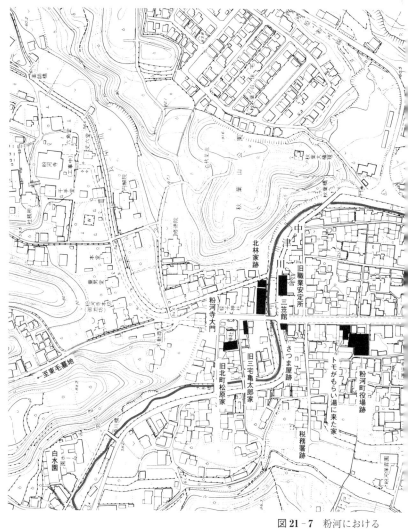

トモに接した粉河の人々は、その誠実さと優しさを半世紀の間、忘れることがなかった。そしてそれを封印しなければならなかった戦争の罪深さも実感したのである。

このような気持ちを込めて、私たちの研究仲間の一人、永野基綱氏は次のメッセージをトモに寄せた。

全ての死者たちよ、願わくば墓処《ぼしょ》を徘徊《はいかい》する者らをしばし赦しつつ静かに眠れ。名を残すことがではなく、ひそやかな余韻を残して忘れ去られてゆくことこそが栄光である生き方も、またあるのだ。

＊　引用した証言は歴史的証言として敬称を略した。『囚われの女たち』抄録校註とともに、海津一朗編『北林トモ〈反戦平和の信念を貫いた女性〉史料集　粉河での日々』（和歌山大学教育学部歴史学教室、二〇〇四年）にすべて収録している。

参考文献

梅田志保「粉河寺門前に生きた女性、『北林トモ』の足跡を求めて」
海津一朗「検証・北林トモの言葉　山代巴著『囚われの女たち』を読む」
古賀牧人「北林トモがいまに語っていること」
知名潤子「アメリカ時代の北林トモ」
永野基綱「北林智覚書」
（以上、『北林トモ史料集　粉河での日々』和歌山大学教育学部歴史学教室、二〇〇四年）

加藤哲郎『ゾルゲ事件――覆された神話』平凡社新書、二〇一四年。
木下順二『オットーと呼ばれる日本人』岩波文庫、一九八二年。
古賀牧人編『「ゾルゲ・尾崎」事典』私家版、二〇〇三年。
源川真希『総力戦のなかの日本政治〈日本近代の歴史6〉』吉川弘文館、二〇一七年。
山代巴『囚われの女たち』全一〇巻、径書房、一九八〇～八六年。
渡部富哉『偽りの烙印　伊藤律・スパイ説の崩壊（新装版）』五月書房、一九九三年。

第22章　イルカボーイズ——熊野の山中に眠る英国人

山口康平

1　熊野の山中にあった人口一万人以上の町

過疎による人口減少が進む紀伊半島の山間部に、かつて一万人以上の人口を持つ町があったことをご存じだろうか。映画館があり、複数の医科をもつ総合病院まで存在したその町とは、一九五五年に入鹿《いるか》村、西山村、上川《じょうせん》村の三村が合併して誕生した旧紀和町である。現在は、平成の市町村合併により三重県熊野市に編入されている。熊野市の統計によると、二〇一七年九月一日現在の紀和町は六八一戸、一一二三人で、最盛期には一〇倍もの数の人々が住んでいたとは、現在の町の様子からは想像がつかない。その紀和町の中心である板屋地区（旧入鹿村）には、英国の国旗が掲げられ、地元住民によりきれいに手入れされた外国人墓地がひっそりとたたずんでいる。熊野の山中になぜ人口一万人以上の町が存在し、英国人の墓地が残されているのか、この町の歴史をたどってみよう。

2　地域発展の源は大地の贈り物

河口部の新宮市から熊野川をさかのぼると、新宮市熊野川町と熊野市紀和町の間に「三和大橋」が架けられている。この橋の付近で熊野川に合流する楊枝《ようじ》川の流域には、「楊枝鉱山」「大谷鉱山」「室谷鉱山」など古代から採掘されてきた鉱山跡がいくつも存在している。

現在、最古の採掘記録とされているのが七〇三（大宝三）年に牟婁郡から朝廷に銀が献上されたことで、『紀和町史』は「大宝三年牟婁、銀を貢すとあるは、けだし楊枝鉱の産なり」という『南牟婁郡誌』の記述を挙げている。古代から中世にかけての採掘については不明なところが多いものの、東大寺大仏鋳造のための銅や大仏に塗られた金が供出されたこと、楊枝川の河床で砂金が採取されたこと、「大谷鉱山」の岩に「延元二（一三三七）年」の文字が刻まれていることが伝えられている。ちなみに「延元」は南朝の元号であるため、ここで採掘された金が南朝方の軍資金となっていたと推測されている。

図22－1　熊野市指定文化財「史跡・外人墓地」
出典：筆者撮影。

ところで、日本で有名な鉱山といえば佐渡金山、生野銀山、石見銀山などがある。しかし、熊野の鉱山からは金・銀・銅のすべてを産出したと伝えられており、いったい何の鉱山だったのか不思議に思われる方もいるだろう。実は、どの鉱山でも鉱石にはいくつかの鉱物が含まれており、メインとなる金属によって〇〇金山、△△銀山と呼ばれているのである。いずれにしても、地表近くにこうした鉱脈が存在するのは、太古の火山活動による賜物である。現在、火山が一つもない紀伊半島であるが、古座川弧状岩脈の存在から阿蘇カルデラ以上の巨大火山があったと考えられている。紀南各地に点在する温泉や瀞峡、古座川の一枚岩、串本の橋杭岩などの奇岩の名勝、鬼御影や宇津木石などの石材も、一四〇〇万年以上前の火山活動の賜物なのである。

話を元に戻そう。近世には紀州藩によって元和年間（一六一五～二四）から採掘が行われたとされている。金・銀の産出量が少なくなり、採掘が中止されていた時期もあったが、長崎貿易での支払いを銅に変更し、全国で銅の生産が奨励された頃から「楊枝鉱山」での採掘も再開されたようである。新宮の長徳寺に伝わる過去帳からは、「楊枝山」「大谷山」「室谷山」など一七カ所の銅山が確認されている。中でも「水車谷」には採掘の坑口跡以外に、鉱石を焼いて溶鉱するための竈跡や廃棄された銅滓、役所跡や番所跡の石垣、そしてこの山で亡くなった人々の墓地が残されている。墓に刻まれた文字を読むと、文化・文政（一八〇四～三〇年）から天保年間（一八三〇～四三年）にかけてのものがほとんどで、生野銀山・多田銀山など他の鉱山から流れてきた者や、伊予・安芸・伊豆・陸奥など他国の出身者がいたことがわかる。成人男性以外に幼児や女性などの名前もあり、家族を含めて多くの人々がこの谷で生活していたこともうかがえる。

このように、江戸時代後半に隆盛が見られた「楊枝鉱山」であったが、経営が新宮藩に委譲された後、経営に値する産出量がないために、明治に入って廃止届が出された。

3　紀州鉱山の開発と鉱山町の誕生

大正時代に入ると、閉山していた旧鉱区での試掘が行われたことが地方新聞の記事に見られるようになる。『紀南新報』によると一九一五（大正四）年から一九一七（大正六）年までに二十数カ所の採掘が出願されたという。第一次世界大戦の勃発で輸入鉱物が減少したことにより、国内で鉱物需要が高まったことがその背景にある。しかし、一九二〇（大正九）年五月一九日の『紀南新報』には、旧紀和町から旧熊野川町にかけての一〇の鉱山（金銀銅山、銅山、石炭山）が、戦後不況の影響を受けて休山、もしくは縮小されたことが報じられている。記事によると、いずれの鉱山も就業人員が二〇名程度かそれ以下の小規模鉱山ばかりであった。

一九二〇年代、日本の鉱業は長期の不況を迎えたが、一九三一（昭和六）年の満洲事変を契機として、戦時体制への移行、軍需産業の活発化によって好況に転じた。一九三七（昭和一二）年からは日中戦争、一九四一（昭和一六）年からは太平洋戦争が始まったことにより、資金、資材、労働力の各方面にわたる政府の強力なバックアップの下で、増産が進められることになる。特に、日本に対して輸出禁止措置がとられ、国内資源の徹底的な開発が必要となり、日本各地で銅鉱山の拡充や旧鉱山の復活が行われた。こうした時代背景のもと、旧紀和町に全盛をもたらす「紀州鉱山」が誕生する。

一九三四（昭和九）年、石原産業海運株式会社（昭和一八年に海運業を日本海運株式会社に譲渡し、石原産業株式会社に社名変更した。以下「石原産業」とする）が紀伊半島の鉱山調査を行い、楊枝川地区、北山川沿いの大峪地区の用地を買収した。一九三五（昭和一〇）年には、楊枝川に石原三和鉱山を開設し、一九三七年には既存の白石鉱山を買収している。その間、鉱脈の調査と主要運搬坑道を兼ねた大トンネルを町内一帯に開削した結果、銅品位一〇パーセントを超える優良な鉱脈を次々と発見し、いくつもの鉱区が開発されていった。「紀州鉱山」は、こうした各鉱山の総称である。石原産業の開発により、機械やダイナマイトによる掘削が行われ、動機による排水ポンプ、深部から二〇〇馬力で鉱石を運び上げる捲揚機、一トン積みの鉄鉱車を二〇車牽引できるバッテリーカー（蓄電池機関車）を備えた近代鉱山として、産出量を年々増大していった。当時の地方紙には、紀州鉱山の盛況ぶりを伝える記事の見出しが躍っている。

○昭和一二年六月三日『伊勢新聞』
「熊野の鉱山一手に日本一の選鉱場　入鹿地内にいよいよ建設　石原産業が乗出して」
○昭和一二年六月『紀南新報』
「失業の萬古職に　入鹿鉱山が救の手　四、五十才の者でも採用　石原の労働仁義」
○昭和一三年四月一四日『伊勢新聞』

「『東洋一』入鹿鉱山の全貌」
「一日千噸の鉱石　何の造作なく粉に　最新科学を誇る選鉱設備」
「うなる黄金景気」

最新科学を誇ると紹介されている大選鉱場は、現在はコンクリート基礎が残っているに過ぎないが、当時の日本の鉱山で一日一〇〇〇トンの粗鉱処理能力をもつ選鉱場があったのは、秋田県の尾去沢鉱山と紀州鉱山だけであったという。この選鉱処理により銅鉱と硫化鉱に分けられ、一日二五〇トンの

図22－2　往時の大選鉱場
出典：熊野市紀和鉱山資料館展示。

図22－3　大選鉱場跡
出典：筆者撮影。

精鉱石が生産された。

4　石原産業とアジアの鉱山開発

「東洋一」と称された「紀州鉱山」を開発した石原産業は、戦前の東南アジアや中国でも鉱山経営を行っていた企業である。紀和町に英国人墓地が築かれた前史として、石原産業のアジアでの活動について見ておこう。

創業者の石原廣一郎（一八九〇〜一九七〇）は、一九一六（大正五）年にマレーシアへ渡りゴム園の経営を始めたが、第一次世界大戦終結によるゴム市況の暴落を見るとすぐにゴム園を売り払い、シンガポールで「石原洋行」を設立して自転車部品やゴム・椰子の貿易を行った。しかし、この事業は失敗に終わり、次にめざしたのはジョホール王国（現在のマレーシア）での鉄鉱山開発であった。当時のジョホール王国は名目上の独立王国であったが、実質的にはイギリス領マラヤの総顧問官による植民地支配下にあった。石原はスリメダンで鉄鉱脈を発見すると、ジョホール政府と交渉し、採掘権と開港場の使用権を手に入れる。交渉に当たってイギリス側は開港に必ずしも賛成ではなかったが、戦後不況でゴム収入が激減していたジョホール王国にとって、鉱山開発にともなう失業者の救済と、鉄鉱石輸出による税収増加が決め手になったようである。石原はこの鉄鉱石を八幡製鉄所に売り込み、台湾銀行からの融資と松方幸次郎（川崎造船所社長）の後援を受け、一九二〇年に南洋鉱業公司（本社大阪市、石原産業の前身）を設立して事業を興した。

その後、自社船による輸送と鉄鉱石の安定供給を実現し、マレー半島のケママン鉱山（鉄鉱、マンガン鉱）を買収して事業を拡大し、一九二九（昭和四）年には石原産業海運合資会社と社名を改めた（昭和九年には株式会社化）。さらに一九三八（昭和一三）年にはフィリピンのパラカン鉱山（ルソン島）と、ハイナチュアン鉱山（ミンダナオ島東北沖のハイナチュアン島）を開発し、アジア太平洋戦争が始まると、海軍からの指令により中国海南島の田独鉱山を開発していった。戦前の石原産業は、これら海外における鉱山事業に加えて、インドネシアのジャワへの海運業やマレーでのボーキサイト開発を手がけるなど経営の多角化を進め、国内では一九三四（昭和九）年に兵庫県の神美金山、大分県の旭金山を買収し、紀伊半島での銅鉱脈調査に着手したのである。

戦前の日本では、石原産業以外にもたくさんの日本企業がアジア各地に進出し、現地の労働力を使って事業展開していた。とりわけ、戦中には軍部と強く結びつき、国策として資源の開発と確保を担っていたわけだが、その歴史の闇の部分には労働力の強制徴用や酷使などの問題がある。日本軍政下にあった海南島にはいくつかの鉱山があり、抗日運動で投獄されていた朝鮮人の囚人が「朝鮮報国隊」として動員されていた。石原産業が経営していた田独鉱山もその一つで、「紀州鉱山の真実を明らかにする会」の現地調査により、朝鮮人や現地中国人に対する虐殺や略奪、慰安婦の存在などが明らかにされている。

5　イルカボーイズと紀州鉱山

表22－1は、「紀州鉱山」における産銅量と従業員数の推移をまとめたものである。新鉱脈が次々と発見され、開発が進んだ一九三九（昭和一四）年から戦況悪化前の一九四三（昭和一八）年までは二〇〇〇トン以上の産銅量を誇り、戦前のピークを迎えている。産銅量の増加とともに従業員数も約三〇〇〇人程まで急増しているが、そのうち（　　）で示した数字は「半島労務者」「捕虜」「臨時夫等」である。

そのうち「捕虜」に含まれていたのが、シンガポールで捕虜となった英国軍人である。最初、彼らは映画「戦場にかける橋（英題 The Bridge on The River Kwai）」（一九五七年公開、第三〇回アカデミー賞受賞作品）で有名な「泰麺鉄道」の建設工事に動員されていた。その建設工事を終えた三〇〇名が貨物船で日本へ送られ、一九四四年六月から紀伊半島の熊野山中にある「紀州鉱山」での労働に就き、終戦により解放されるまでの間に亡くなった一六名が外国人墓地に葬られたのである。

彼らは後に「イルカボーイズ」と呼ばれることになる。しかし、無事に帰国できた彼らが再び紀和町を訪れ、仲間の墓参を果たしたのは、戦後四七年経った一九九二年であった。一九九六年三月に行われた追悼式典でスピーチした元兵士のジェス・アダムスは「かの地（泰麺鉄道の工事現場）で、飢餓、疫病、熱帯モンスーンそして奥深いジャングルの湿気、そうしたすべての恐怖の時間を味わったのです。これらに加えて、日本人および朝鮮人の監視兵たちから受けた屈辱と殴打、こうしたことすべてが私の長い間の怒りと苦しみの原因であります」と述べている。

戦後、彼ら元兵士たちは戦友会等で集まることはあっても、泰緬鉄道の苦役から日本に対する怒りと憎しみの気持ちを抱えていたのである。こうした体験を家族にも話せず、トラウマとして抱えていた元兵士たちもあった。そんな彼らの心を開き、「心の癒しと和解の旅」を実現させたのは、紀和町出身の恵子・ホームズさんであった。きっかけは、イギリス人の夫との結婚により英国に在住していた彼女が、一九八八年に紀和町へ帰省した時に、新しい場所に移築された外国人墓地に生花が飾られているのを見たことである。鉱山閉山後に寂れていった紀和町の住民が多額の資金を出し合って新墓地を築いたこと、しかもクリスチャンなどほとんどいない地域で、亡くなった英国兵を畏敬してクリスチャンの墓にしていること。そのことに感動した彼女は、いつか一六名の遺族や帰還した二八四名の元兵士にそのことを伝えたいという思いで帰国したのである。

しかし、彼女には遺族や元兵士たちとのコネクショ

表22-1　紀州鉱山における産銅量と従業員数の推移

年次（西暦）	産銅量（トン）	従業員数（人）
昭和9（1934）	23	68
10（1935）	166	102
11（1936）	121	422
12（1937）	221	923
13（1938）	585	1,483
14（1939）	2,403	2,387
15（1940）	2,856	2,720（476）
16（1941）	2,489	3,205（486）
17（1942）	2,350	2,723（410）
18（1943）	2,202	3,245（653）
19（1944）	1,338	3,007（222）
20（1945）	465	3,342（ 42）

出典：石原産業株式会社社史編纂委員会編『創業三十五年を回顧して』（非売品）石原産業株式会社，1956年。

図22－4　板屋の英国人捕虜収容所
出典：熊野市紀和鉱山資料館展示。

図22－5　16名の階級と名前が刻まれた墓碑
出典：2016年筆者撮影。

ンはなかった。事態を急展開させたのは、彼女の母親が送ってきたジョー・カミングスという元兵士が書いた手紙のコピーであった。

手紙の宛先は、アイルランド出身で東京にいる宣教師シリル・マーフィ神父であった。彼は和歌山県新宮市で宣教師をしていた友人のビード・クリアリー神父を訪ねた折に板屋の外国人墓地に案内され、その感動を『極東』というカトリック雑誌に寄稿したのである。その記事を読んだジョーがマーフィ神父に手紙を送り、マーフィ神父がそのコピーをクリアリー神父に送り、恵子さんの母親が知り合いのクリスチャン婦人を通じてコピーを手に入れ、彼女のもとへと届けられたのであった。ジョーの住所を知ると彼女はすぐに文通を始め、元兵士たちとの交流を始めた。そして、小冊子『A LITTLE BRITAIN　片隅に咲く小さな英国』を作成し、極東捕虜協会のロンドン戦友会に参加して「外国人墓地」の存在を伝えていった。

しかし、最初に戦友会に顔を出した時の元兵士たちの中には、突然の日本人の出現を嫌がる人たちもいたという。それでも、彼女から手紙をもらったジョーは「あれから何年もの歳月が流れ去り、私たちにとって板屋（入鹿）は、かつて知ってはいたけれど二度と再び耳にすることのあり得ない、いにしえのかなたのものだと思っていました」と返事に書き、元兵士の一人ロバート・ウィルソンは「ニュースが広がり、雪だるまのようになっていくことは、なんて素晴らしいことでしょう！」と、その後の展開に対する感動を記している。こうして彼らは自分達を「イルカボーイズ」と呼ぶようになり、「日本へ行けば、自分の中で続いている日本との戦争を終わらせることができるのではないか」「新しい日本を知ることによって、過去のしがらみから解放されるのではないか」「憎しみや怒りから解放されるのではないか」「戦友の墓を守っているという人たちに一言、感謝の気持ちを伝えたい」と来日を決意したのである。

先に紹介したジェス・アダムスは、スピーチの中で「紀州鉱山」での生活を次のように述べている。少し長くなるが、原文の一部を訳して紹介しておこう。

銅山は新たな経験で、仕事はきつかったですが、労働環境はそれまでよりもずっと良い状況でした。まず食べ物は以前よりずっと多様で、量も十分でした。それでも数週間すると、地元の人たちにも食料不足の影響がありました。私たち捕虜の多くは、一緒に働く日本人労働者とお昼のご飯を分け合いました。

入鹿では以前より長い休息時間がありました。「休み」という日本語が好きになりました。私が詩を書くのはそうした休み時間でした。私は好きな詩を書くことで、過酷な年月を生きながらえることができたのだと思います。また入鹿で行われたコンサートは、私たちの士気を高め、ユーモア精神をよみがえらせる素晴らしい余興でした。

日本の鉱山労働者と一緒に働き、現地の人たち、特に村の子供たちと出会ったことは、入鹿での十五か月に及ぶ捕虜生活をしのぎやすくしました。それに加えて、思いがけない喜びだったのは、天気や気候が私たちのイングランドに近いことでした。残念なことに、入鹿に連れられてきた三〇〇名の捕虜のうち十六名は亡くなりました。そのうち五名は、私とともにケンブリッジシャー連隊に入隊した友人でした。

ついに自由になる時が来ましたが、最終的に解放されるまでにさらに三週間かかりました。その間、私たちは村の人たちと自由に交流しました。村の学校を訪れて子どもたちとサッカーやゲームなどを楽しみました。収容所にも多くの人たちが来てくれて、コンサート班のメンバーが彼らを楽しませました。私たちは楽しく「合唱会」も行いました。戦争が終わり、平和が訪れたことで、私たちは救われました。

いよいよ素晴らしい日がやってきて、忘れられない帰郷の旅が始まりました。幌のないトラックの荷台に乗って収容所を出発し、村を通過したとき、私たちは決して忘れることのできない光景を目にしました。村の人たちが道路の両脇に並んで、「ごきげんよう」「さようなら」と別れの挨拶をしてくれていたのです。その時、私たちが築いた大切な友好の絆をしみじみと感じました。今になっ

て、私は思います。五十年たっても決して壊れることのなかった絆は、真の絆であったと。（後略）

（筆者訳／原文 Experiences of Jesse Adams, written in March 1996）

このスピーチ原稿を訳したとき、筆者は伯母から聞いた話が本当だったということを強く実感した。実は、筆者の祖父が紀州鉱山で働いており、戦中は捕虜を監督して採掘作業に当たっていたのである。一九三六（昭和一一）年生まれの伯母によると、祖父は「体の大きな彼らがかわいそうだ」と自分の握り飯を分け与えるなど、捕虜たちに優しく接していたのでとても慕われており、捕虜たちが帰国する時には「一緒にイギリスへ行って仕事するか？」と冗談交じりに声をかけられていたという。また、捕虜の一人が伯母のために紙でつくった人形をプレゼントしてくれたとのこと。本のしおりに使っていたが、「大切に残していれば貴重な資料となったのに……」と伯母は残念そうに語っていた。捕虜生活の中にも、このような村人との心の交流があったことが、イルカボーイズの来日を後押ししたのだと考えられる。

6　もう一つの外国人追悼碑

イルカボーイズの来日をきっかけに、恵子さんは元兵士やその遺族とともに日本各地やタイを訪れる取り組み（「アガペ」）を始めた。その旅は当事者に「心の癒しと和解」をもたらし、日英の交流に

図 22－6　紀州鉱山で亡くなった朝鮮人を追悼する碑

出典：筆者撮影。

大きな貢献を果たしたことから、一九九八年にエリザベス女王から「大英第四級勲功章（ＯＢＥ）」を授与され、翌年には日本政府からも外務大臣賞を授与された。「アガペ」の活動は、オランダ、オーストラリア、ニュージーランド、アメリカ、カナダ、東南アジア各国、さらには韓国、中国、インドへと広がり、アジア太平洋戦争の被害者と日本の絆を結び直し、民際による平和交流を続けている。

これに対して、戦前の紀州鉱山では多数の朝鮮人が働いており、作業中の事故や病気等で亡くなった者があったことは、なかなか地元でも表向きに語られることが少ない。英国人墓地が戦後ずっと地元の人々によって維持管理され、イルカボーイズとの交流も行われてきたのに対し、朝鮮人については無縁の遺骨が紀和町内の寺院でひっそりと預かられたままで、その氏名や半島での出身地、連行されてきた経緯などほとんど不明の状態であった。

しかし、「紀州鉱山の真実を明らかにする会」の活動により、三二名の名前やプロフィールが明らかにされ、二〇一〇年三月には、紀和町板屋の「熊野市紀和鉱山資料館」のほど近くに追悼碑が建立された。旧紀和町に残された外国人墓地と追悼碑の取り組みを通して、歴史問題の解決に向けた真実の究明と伝承、追悼行事、交流事業を進めていく意義と民際交流の可能性を展望したい。

参考文献

奥貫妃文「近現代日本の鉱山労働と労働法制——三重・紀州鉱山の足跡」『相模女子大学紀要』七七、二〇一三年。

紀州鉱山の真実を明らかにする会『海南島で日本は何をしたのか』写真の会パトローネ、一九九九年。

紀和町史編纂委員会編、酒井一監修『紀和町史（下）』紀和町教育委員会、一九九三年。

恵子・ホームズ、前英兵極東捕虜『A LITTLE BRITAIN 片隅に咲く小さな英国』私家版、一九九一年。

恵子・ホームズ『アガペ　心の癒しと和解の旅』フォレストブックス、二〇〇三年。

安場保吉「石原廣一郎と資源確保論」『東南アジア研究』一八巻三号、京都大学東南アジア研究所、一九八〇年。

AGAPE WORLD Working for Reconciliation　http://agapeworld.com/

紀州鉱山の真実を明らかにする会　http://www.kisyukouzansinjitu.org/

第Ⅵ部　現代への警告

第23章　クジラの町の移民から学ぶ国際理解

中西　健

1　「クジラ」の町、「移民」の町

紀伊半島の先端、和歌山県南部を紀南という。この地域は古くから漁業が中心で、特に熊野灘沿岸の三輪崎、太地、古座、大島などでは盛んに捕鯨が行われてきた。その中でも、特に太地は古式捕鯨発祥の地として有名である。しかし、明治期に入り西洋式捕鯨法が導入され、クジラの回遊も減少するにつれ、熊野灘沿岸の古式捕鯨は徐々に衰退し、三輪崎、古座、大島からも捕鯨は姿を消していった。しかし、現在も太地町では捕鯨を行っており、クジラに関わって生活している人々がいる。太地町の人口は約三三〇〇人と少なく、面積も和歌山県内の三〇の市町村の中で一番小さいが、町のあちこちで捕鯨に関係する光景を目にすることができる。

国道四二号線から太地町への入り口付近には大きなクジラのオブジェが置かれ、さらに町の中心地に入るとクジラの骨で作った鳥居（図23－1）があることにも気づく。漁期になると、船団でゴンドウクジラやイルカを湾内に追い込む漁も見られる。また港近くの太地町漁業協同組合スーパーや道の駅「たいじ」では、鯨肉やクジラのベーコンなども日常的に売られている。

世界一のスケールを誇る太地町立くじらの博物館（図23－2）では、毎日、イルカやゴンドウクジラのショーが行われる他、クジラの生態や捕鯨に関する学習・教育資料など、およそ一〇〇〇点に及ぶ貴重なものが展示されており太地と捕鯨の歴史について学ぶことができる。太地は、今も「クジラの町」なのである。

ところで、太地町には「移民の町」というもう一つの顔があることをご存じだろうか。太地の町中には、日本家屋とは異なる洋風の家があり、「移民の町」であることに気付かされる（図23－3）。

二〇一五年、太地町から一〇〇名を超える人々がアメリカのロサンゼルスに出かけていった。その年は、「在来太地人会結成一〇〇周年の記念セレモニー」

図23－1　クジラの骨でできた鳥居

図23－2　太地町立くじらの博物館

図23－3　太地町で見られる洋風の家

が行われており、それに参加するためである。今から一〇〇年以上前の明治二〇年代、多くの太地の人々がアメリカやオーストラリアに出稼ぎに行っていたのである。

では、なぜ、捕鯨で生活してきた太地の人々が、故郷を離れ海外に出かけて行くことになったのか。また、その後、彼らはどのように生活し現地に溶け込んでいったのか。ここでは、「在米太地人会結成一〇〇周年の記念セレモニー」を手掛かりに、太地町と移民について考察したい。

2　太地鯨組遭難事故

和歌山県は移民県として知られ、県内各地からアメリカ、カナダ、オーストラリア、ブラジルなどの国々に移民や出稼ぎとして出かけていった。移民の動機についてはその土地土地によって、様々な要因があったであろう。太平洋に臨む土地で漁業を生業としてきた人々にとって海外での労働に対するハードルが低かったことも考えられる。また明治三〇年代のアメリカでの労働賃金が日本の一〇～一五倍であったということから、一攫千金及び今後の生活安定を求めたと考えることもできる。また先駆者からアメリカの事情を聞かされ、移民を決意した人もいたかもしれない。

太地の人々が、移民として海外に出かけていくきっかけの一つとなった出来事として、一八七八（明治一一）年一二月二四日に起きた「背美流れ」と言われる太地鯨組の大遭難事故がある。

太地鯨組はセミクジラを発見し、昼夜に及ぶ激闘の末、クジラを仕留めるものの、船団は沖へ流された。漁師たちは必死の思いで漕ぎ帰ろうとしたが、櫓を持つ力さえ失い、荒れ狂う海に次々と沈んでいった。九死に一生を得て伊豆諸島の神津島に流れ着いた者もいたが、百有余名の犠牲者を出すという未曾有の大惨事となり、太地古式捕鯨は壊滅的な大打撃を受けた。これも太地からたくさんの若者が海外に向かうようになった一つの要因と考えられている。

3　アメリカ産業を支えた紀南の人々

図23－4は、一九三五（昭和一〇）年、アメリカに渡った太地の人々によって組織された「太地人会」が行ったピクニックの写真である。ここには二八五名が写っているが、彼らはアメリカでいったいどのような生活を送っていたのだろうか。

太地町からのアメリカへの移民は、一八九二（明治二五）年頃に始まったと言われている。彼らがたどり着いた地はロサンゼルス港の一角にあるターミナルアイランド（図23－5）であった。この島は、ロサンゼルスの港にある人工島で二十世紀初頭から日本人が住むようになった。当時、アメリカ

渡った太地町の人々

西部諸州の産業が勃興し、第一次世界大戦に伴う食糧増産の機運や人口増加に伴って缶詰の需要が高まり、ターミナルアイランドにも缶詰工場が何軒も作られた。

日本人たちは島の缶詰工場が所有する借家で暮らし、男性は漁師として働き（図23－6）、女性は魚をさばいて缶に詰め込む作業に従事したのである（図23－7）。

日本からの移民によって作られた缶詰（図23－8）のラベルには「Chicken of the Sea」と書かれている。「海の鶏肉」という意味である。マグロの中でも一番安いビンチョウマグロは身が白っぽく、味も淡白で、鶏肉のように食べやすいということから名づけられたという。現在でも、マグロの缶詰が「シーチキン」と呼ばれる由来となっている。

紀南ではこのビンチョウマグロを「トンボシビ」と呼び、現在も多くの人たちに好まれている。この「トンボシビ」の油漬けが当時のアメリカでとても人気のある缶詰であり、それらを作っていたのが太地を中心とした紀南の人たちだったのである。

彼らは、ターミナルアイランドに日本人村を作り、そこには

図23－4　アメリカに

出典：太地町歴史資料室提供。

図23－5　ターミナルアイランド
出典：巽幸雄氏所蔵，太地町歴史資料室提供。

図23－6　漁師として働いた人々
出典：巽幸雄氏所蔵，太地町歴史資料室提供。

神社や寺院、商店、学校などが作られコミュニティを形成した。明治後期から始まったアメリカ西海岸での日本人排斥の機運の高まりや日本人に対する差別など、苦労も多かったはずである。しかし、彼らはその中でたくましく生き続け、アメリカの産業を支えていくのである。

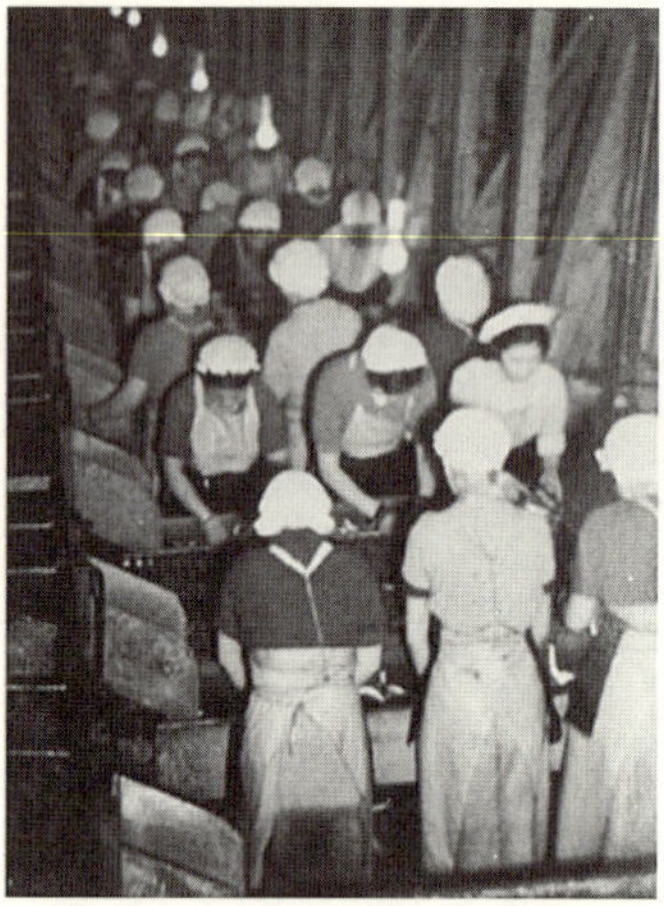

図23－7　缶詰製造に従事する女性たち

出典：巽幸雄氏所蔵，太地町歴史資料室提供。

図23－8　日本人移民によって作られた缶詰の広告

出典：巽幸雄氏所蔵，太地町歴史資料室提供。

4　第二次世界大戦とターミナルアイランド

外国での生活にも慣れ、ターミナルアイランドで幸せな生活を送っていた人々に突然終わりがやってきた。一九四一（昭和一六）年一二月八日（アメリカでは七日）、太平洋戦争が始まったのである。その日から、ターミナルアイランドの一世たちの拘束が始まった。翌年二月九日、ターミナルアイランドに残っていた一世が全員拘束され、二月二六日には、この島に住む日系人全員に対して四八時間以内に強制退去の命令が下された。船や家財道具、生活用具など持っていけないものは置いていかざるをえなかった。この後、西海岸のすべての日系人が強制収容所に入ることを余儀なくされたのである。
ターミナルアイランドの日系人が多く収容されたのがマンザナー収容所である（図23－9）。捕虜収容所と言えば、多くのユダヤ人が収容されたアウシュビッツ収容所を思い浮かべるが、アメリカの収容所の場合、制限があったものの、ある程度の自由もあった。彼らは収容所でも毎日を楽しもうとした。たとえば同じTシャツを作って写真を撮影したり、日本庭園を造ったり、鳥細工の彫刻などを作ったりした人もいた。太地の人々は収容所の中でもたくましく生活をしていたのである。

図23－9　マンザナー収容所
出典：太地町歴史資料室提供。

一九四五（昭和二〇）年八月一五日、終戦を迎えた。収容所から解放された人々がターミナルアイランドに戻ってみると、かつてのふるさとは残っていなかった。収容所生活の間に彼らの町はすべて更地にされてしまっていたのである。しかし、彼らの内の大半はその後もアメリカに残り、漁業とは違う仕事に就くなどして生活を続けるのである。彼らは自らの生活を立て直すにとどまらず、故郷への仕送りを続け、太地の発展にも寄与した。

5　「移民」を学ぶことで深まる国際理解

太地町の隣町、那智勝浦町にある勝浦漁港は生鮮マグロの水揚げ量日本一を誇っている。そのマグロ漁を支えている乗組員の多くが、インドネシアをはじめとするアジア各国の人たちである。マグロ漁での稼ぎの一部は母国の家族に送金されているかもしれない。彼らには楽しいこともたくさんあっただろう。それとは逆につらい思いもしたかもしれない。勝浦の町で見かける外国人労働者の姿に、かつて移民として海を渡った太地の人々が重なって見えるのである。

これからの日本を考えたとき、このように外国人労働者をもっと受け入れなければ、私たちの生活が成り立たなくなる可能性も指摘されている。実際に、私たちの生活は外国人労働者による労働の上に成り立っている面が多々ある。しかし、これは日本だけのことではない。現在、世界中では「移民」や「難民」に関する問題がたくさん起きている。

冒頭でも述べたように、二〇一五年、在米太地人会結成一〇〇周年の記念セレモニーが行われ、一〇〇年以上も前に海を渡った人々の子孫たちと現在の太地町の人たちが交流を続けている。これらの歴史を「知っている」のと「知らない」のとでは大きな違いがあるように思う。「移民」に関して学習することで、世界の問題を解決するヒントが得られたり、少しでもこれからの未来を良くすることに繋がればと願う。

表23-1　ターミナルアイランドの歴史

年	関係事項
1894(明治27)	**日清戦争**
1900(明治33)頃	サンペドロのホワイトポイントでアワビを捕り，干しアワビやアワビの缶詰に加工していた
1902(明治35)	**日英同盟**
1904(明治37)	**日露戦争**
1906(明治39)	サンペドロに漁家38戸くらいで50名ほどの日本人が定住していた。マグロの一本釣りを行うようになった
1914(大正3)	**第一次世界大戦** バン・キャンプ・シーフード社が操業開始。その後「チキン・オブ・ザ・シー」銘柄のツナ缶を生産する
1915(大正4)	ロサンゼルスに日本領事館新設 ターミナルアイランドで太地村人会結成 南加日本人漁業組合設立
1916(大正5)	ターミナルアイランドに日本人の借家50戸完成 マグロ漁船52隻（42隻は和歌山県人）
1920(大正9)	太地町人口3,242人，海外在住者596人 **国際連盟**
1927(昭和2)	サンペドロ人口5万人。日本人2,500人
1929(昭和4)	**世界恐慌**
1931(昭和6)	**満州事変**
1937(昭和12)	**日中戦争**
1939(昭和14)	**第二次世界大戦**
1941(昭和16)	**太平洋戦争**(12月7日)
1942(昭和17)	2.19 大統領命令9066号により日系人に指定地域からの強制退去の命令が下される。 2.26 ターミナルアイランドの日系人に48時間以内に強制退去の命令が下される
1945(昭和20)	**終戦**
1971(昭和46)	ターミナルアイランダーの会結成
2002(平成14)	ターミナルアイランドに記念モニュメント完成
2015(平成27)	在米太地人会結成100周年

参考文献

櫻井敬人『Taiji on Distant Shores 海を越える太地』太地町歴史資料室、二〇一四年。

太地町『太地町史』太地町役場、一九七九年。

竹内幸助「サンピドロ同胞發展録」私家版、一九三七年。

鳥居大吉『太地町海外発展史考』鳥居達也、一九五六年。

和歌山県『和歌山県移民史』和歌山県、一九五七年。

和歌山大学紀州経済史文化史研究所『紀伊半島からカリフォルニアへの移民』和歌山大学紀州経済史文化史研究会、二〇〇九年。

和歌山大学紀州経済史文化史研究所『移民と和歌山』和歌山大学紀州史文化史研究所、二〇一四年。

第24章　紀伊大島のクジラと米探検家アンドリュース

櫻井敬人

1　アメリカの太平洋進出

日本のクジラを求めて、ロイ・チャップマン・アンドリュースがニューヨークから紀伊大島にやって来たのは一九一〇（明治四三）年三月末のことであった。アンドリュースはマンハッタンのアッパー・ウエスト・サイドに偉容を誇るアメリカ自然史博物館（American Museum of Natural History）から派遣されていた。映画『ナイト・ミュージアム』の舞台となったのが同博物館である。

アンドリュースは二〇世紀を代表する探検家の一人である。大島に来てから一二年後の一九二二年から三〇年にかけて、彼は大規模な探検隊を率いてゴビ砂漠に分け入った。一九二三年七月、探検隊が恐竜の卵の化石を発見すると世間は熱狂し、三カ月後に彼の肖像は『タイム』誌の表紙を飾った。そして四年後、アンドリュースはアメリカ自然史博物館の館長の座についた。彼こそが映画『イン

図24－1　アンドリュースの肖像
出典：*Time*, October 29, 1932.

ディー・ジョーンズ』の主人公のモデルであると考える人も大勢いるほどアンドリュースは有名人だが、大島に来たときにはまだ駆け出しの学芸員であった。

アンドリュースが大島にやって来る一〇〇年以上前から紀伊半島の南端には異国船が姿を見せていた。信州高遠藩士の坂本天山が記した『紀南遊嚢《ゆうのう》』によると、一七九七（寛政九）年七月に異国船二隻が太地沖に来て、望遠鏡で四方を見渡していた。太地の鯨舟を招き、銛を見て笑った後、舟と銛を図に写して去ったという。同書には「是等は一向訴えずにこと済みたり。遥の沖をチラチラと怪しき船影の通りて、直ぐに見失うことは折々なりと浦人多く語りぬ」とあり、異国船が頻繁に出没していた可能性を示唆している。レディ・ワシントン号とグレイス号の二隻のアメリカ船は一七九一（寛政三）年の旧暦三月末に古座川河口の黒島（九龍島）と紀伊大島の間に投錨し、短距離の移動を繰り返しながら周辺海域に一〇日間にわたって留まった。グレイス号の航海日誌が二〇一四年末にアメリカで発見されて両船の串本来航の詳細が明らかになった。アメリカ船は一八世紀末までに東アジアに至り、紀伊半島の沖にも現れるようになっていた。

レディ・ワシントン号をはじめとして、独立戦争直後の一七八〇年代に米国東海岸の港を発ったアメリカ船は、先行していたイギリスやオランダに続いて、中国広州における貿易に参入することを目的として東アジアの海域にやって来た。特筆すべきは、ボストンを発ったレディ・ワシントン号が大西洋を南下し、次に西進して、南アメリカ大陸の南端にあるホーン岬を回って太平洋に進出した最初のアメリカ船であったことである。太平洋への道を切り開いたレディ・ワシントン号の後を追って、間もなく米国東海岸の母港からアメリカの捕鯨船が次々と太平洋に出て行った。

2　アメリカ捕鯨産業の盛衰

一七九〇年代、アメリカの捕鯨船はホーン岬を回って太平洋に出て、間もなくニュージーランドやペルー沖で捕鯨を行うようになり、一八一九年までにハワイ諸島へ到達している。やがてハワイ諸島の北西海域から日本列島にかけての広い海域は「ジャパン・グランド」と呼ばれるようになる。

米英戦争（一八一二〜一五）の終結から一八五〇年代の終わりにかけて、アメリカ捕鯨産業は未曾有の成長を遂げた。一八四六年のピーク時には、世界中の捕鯨船およそ九〇〇隻のうち、実に七三五隻がマサチューセッツ州ニューベッドフォード、コネチカット州ニューロンドン、ニューヨーク州サグハーバーなど、米国東海岸の都市を母港としていた。

アメリカ捕鯨船団の太平洋における活動は盛んになったが、その黄金期は長くは続かなかった。石油の普及、南北戦争の勃発、鯨類資源の枯渇などの理由で、一八七〇年代末までにアメリカ捕鯨産業は著しく縮小した。

マサチューセッツ州ボストンの北に位置するセーラムには、全米最古の博物館といわれているピーボディ・エセックス博物館がある。その起源は一七九九年創立の東インド海運協会にある。会員は、喜望峰あるいはホーン岬を越える長期航海を経験した船長だけに限られていた。東インド海運協会が発足した一七九九年は、オランダ東インド会社に雇われたセーラムのフランクリン号が、オランダ国旗を掲げて長崎に入港した年である。翌年、フランクリン号はアメリカ船として初めて日本の商品をアメリカにもたらした。一八世紀末からアメリカは東アジアに関する情報を急速に収集し始めた。やがて捕鯨を含む様々な産業の振興にもとづく経済の発展にともない、世界中からありとあらゆる自然史資料を収集することを目指す巨大な博物館が誕生する時代を迎えた。全米最古の高等教育機関であるハーバード大学は一八五九年に比較動物学博物館を創設している。アンドリュースが勤めるアメリカ自然史博物館の創立はその一〇年後の一八六九年である。アメリカに富と知が蓄積する一方で、捕鯨は斜陽産業となっていた。一九世紀中頃にはたくさんの捕鯨船が日本の沿岸海域で操業していたにもかかわらず、アメリカ科学界が日本産鯨類の生物学的情報を求めるようになるまでにはもう少し時間が必要であった。

3　熊野灘の「六鯨」

スナメリなど体長が二メートルにも満たないものから、三〇メートルを超えるシロナガスクジラまで、世界中には八〇数種類のクジラが存在する。熊野灘の手漕ぎの鯨舟が狙った獲物は、比較的沿岸近くを泳ぐタイプと、体脂肪率が高いために浮力が強く、死んでも沈みにくいタイプのクジラからなる「六鯨」であった。「六鯨」とは六種の鯨類という意味で、すなわちセミ、ザトウ、マッコウ、コク、ナガス、そしてカツオクジラのことである。いくつかの資料では、カツオクジラは別名イワシクジラともいうと書かれている。古座、太地、三輪崎の熊野灘の鯨組が狙ったクジラは比較的大型の種類で、ハクジラ亜目のマッコウクジラを除いて、すべてヒゲクジラ亜目のクジラである。なおそれらのうちナガスクジラ属の二種、すなわちナガスとカツオクジラは、姿がよく似ている複数種のクジラを指していた可能性が高い。ナガスクジラについてはナガスとシロナガスクジラが、カツオクジラについてはカツオ、イワシ、ニタリクジラなどが含まれていたと考えられる。そしてこれらナガスクジラ属のクジラは、「六鯨」に含まれてはいたが、大きく強いクジラなので好んでは獲らないと書かれている資料もある。

「六鯨」をはじめ熊野灘に生息するクジラは日本人の手によって古くから絵に写し取られていた。それらは繰り返し模写されて、多くは巻子に装丁されて現代に伝わっている。捕鯨の様子を描写した絵は熊野地方においては稀で、多いのは「六鯨」を含む様々な種類のクジラの姿を一体ずつ描き並べたものである。中にはクジラの解剖学的な描写もある。現在太地に伝わるクジラの図画はほとんどが模写されたものだが、これらの手本となった絵は、おそらく一七六〇（宝暦一〇）年に出版された『鯨志』にも影響を与えたはずである。『鯨志』は和歌山の薬種商であった山瀬春政あるいは梶取屋治

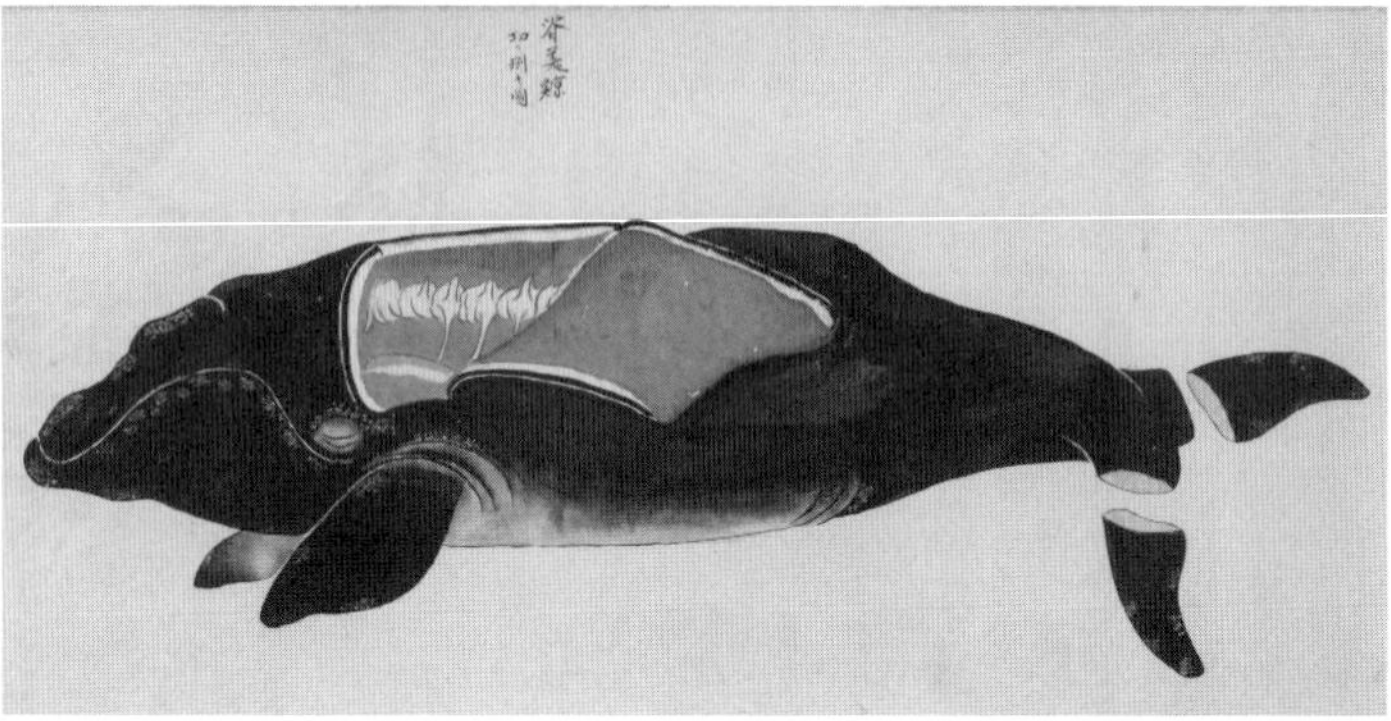

図 24－2　「脊美鯨切リ別キノ図」（太地町立くじらの博物館所蔵）

右衛門と名乗った人物が出版した木版本である。『大和本草』などクジラの記述がある書籍はすでに刊行されていたが、特にクジラに焦点を当てた本として『鯨志』は最も古い。本草学に通じていた著者は、既刊書に記されたクジラに関する情報は「風を捕へ影を捉ふる」ようなものばかりで頼りにならないと考えていた。捕鯨が盛んな紀州に住む著者は調べを進め、クジラは一種類ではなく、その産物の用途も、薬、食料、燃料など多岐にわたることを知っていた。ある画工が熊野地方に数十年にわたって暮らすうちに実地観察して描いたクジラの絵を見る機会を得て、自分がこれまで理解していた情報と合致していることに自信を深め、クジラに関する正しい情報が「病を治し生を養う」一助になることを期待して世に問うたのが『鯨志』である。クジラの噴気孔を口中の水を排出する噴水孔と捉えているものの、瞼の存在や肛門の下にある生殖器の形状から、クジラは魚ではないことも指摘している。画工何某による肉筆画を手本にして描いた一四体のクジラの姿は、同時代のヨーロッパ人が描いたものに見劣りしない。

『鯨志』は、長崎出島オランダ商館の医師であったシーボルトの門弟、岡研介によってオランダ語訳され、「紀州産鯨について」と題されてシーボルトに提出されている。シーボルトは『鯨志』以外にも日本産鯨類に関する書物や絵を入手してオランダへ持ち帰ったので、これらは現在ライデン大学図書館の所蔵となっている。日本遠征を計画していたペリーはシーボルトの日本研究を調査しており、議会に提出した報告書にもそれに対する高い評価を記している。ただしシーボルトが日本で得たクジラの資料や情報がアメリカに伝わったかどうかはわからない。欧米の科学者にとって、日本産鯨類に関する情報は依然として未知の存在であり続けた。

4　ノルウェー式捕鯨の導入

アメリカの捕鯨が衰退した一方で、ノルウェーが牽引した近代捕鯨は拡大していった。一八六〇年代にスヴェン・フォインが確立したいわゆるノルウェー式捕鯨は、捕鯨砲から大型の銛を発射し、それに繋がる強靭なロープを強力なウインチで巻き上げることができるので、アメリカや日本の鯨捕りが見逃してきたナガスクジラ属の大型鯨類をも捕獲できた。

熊野灘にノルウェー式の近代捕鯨船が進出したのは、アンドリュースの紀伊大島訪問に先立つこと四年前の一九〇六（明治三九）年のことである。近代捕鯨を営む日本の会社は主に朝鮮半島に事業所を有していたが、一九〇六年に至って日本列島太平洋沿岸の数カ所に捕鯨基地の建設を始めた。東洋

図 24－3　東洋捕鯨の船，大島港

出典：木野大輔氏提供。

捕鯨の前身である東洋漁業のオルガ丸は、銚子に回航中にシロナガスクジラを発見、捕獲して、この年四月に串本の浜に水揚げした。同年一〇月には同社が大島に事業所を、翌年の一九〇七年には別の複数の捕鯨会社が大島、串本、二木島、そして太地に事業所を開設し、熊野灘で本格的な近代捕鯨を行うようになった。

一九一〇年に紀伊大島にやって来たアンドリュースは、自分が後に「恐竜ハンター」として名を馳せるとは思っていなかったことであろう。彼を受け入れたのは東洋捕鯨大島事業場であった。東洋捕鯨は一九〇九（明治四二）年に全国の大手捕鯨会社の合併によって生まれた新会社である。

熊野灘にノルウェー式の近代捕鯨船が進出した一九〇六年、アンドリュースはウィスコンシン州のベロイト大学を卒業し、すぐにニューヨークへやって来た。憧れのアメリカ自然史博物館であれば床拭きの仕事でも構わないと館長に直訴し、剥製作りの助手として働くチャンスをつかんで程なく、同館が実物大のシロナガスクジラの模型を作ることになった。アンドリュースの偉大なキャリアはクジラで始まったのである。

アメリカ自然史博物館のシロナガスクジラの模型「ザ・ジャイアント・ブルーホエール」は同館に

おける目玉展示の一つである。現在の模型は二〇〇三年に完成した三代目で、その巨体は躍動感にあふれている。アンドリュースが作った初代のそれは、背筋をピンと伸ばした、今となってはやや不自然な印象を与える姿であったが、一九六二年に引退するまで大いに人気を博したという。アンドリュースがシロナガスクジラの模型を作っている最中の一九〇七年二月七日、今度はニューヨーク州ロングアイランド島アマガンセットの海岸にセミクジラが打ち上がった。冬の嵐の海岸で、彼は一週間以上かけて解体作業に従事した。シロナガスクジラの模型製作とセミクジラの解剖を通じて、アンドリュースは鯨類に興味を持つようになったと考えられている。最初の論文 Notes Upon the External and Internal Anatomy of *Balaena glacialis Bonn*（セミクジラの外部および体内の解剖学的所見）は同博物館の一九〇八年度紀要に掲載された。

図24－4　アンドリュースとシロナガスクジラ模型骨組

出典：*Illustrated London News,* July 27, 1907.

一九〇八年の春、剥製作りから解放されて哺乳類部門に配属されるや、アンドリュースはバンクーバー島へ向けて旅立った。パシフィック捕鯨会社で二カ月間、さらに八月にアラスカ南部のアドミラルティ島のタイ捕鯨会社に移って、四カ月間にわたってザトウ、シロナガス、ナガス、そしてマッコウクジラ、合計一〇六体を調べた。同年一〇月にニューヨークへ戻ったアンドリュースは、博物館で働きながらコロンビア大学の動物学の博士課程に籍を置き、同時に企画会社と契約して刺激的な捕鯨の話を講演して回るようになり、鯨類学者として知られるようになった。

翌一九〇九年六月、博物館とニューヨーク水族館の依頼を受けて、アンドリュースはケベック州セントローレンス河でベルーガの捕獲を試みた。生け捕りには失敗したが、五体分の標本と写真を持ち帰った。その直後にバンプス博物館長がアンドリュースに提案した計画が結果的に彼を日本へ連れて来ることになった。アンドリュースの鯨類研究に注目した米国漁業局が、一九〇七年一〇月から調査船アルバトロス号を投入して実施していたフィリピン群島における海洋生物調査に彼の参加を要請したのである。アンドリュースはシアトルから日本郵船の安芸丸に乗り、横浜、上海を経由して香港に着き、そこから別の船でマニラに渡った。アンドリュースは様々な哺乳類、鳥類、爬虫類、昆虫などの標本、そしていくつもの冒険談を得た一方で、クジラといえば数回イルカの群れを見ただけであった。そのままアルバトロス号でアメリカに帰るつもりだったが、帰途に就いた船が長崎に立ち寄ったときに上陸し、何げなく市場を歩くうちに山積みの鯨肉に出くわした。

5　紀伊大島、陸前鮎川での調査

アンドリュースが長崎にやって来たのは、アメリカ自然史博物館で働き始めてから四年目の冬、一九一〇年の二月のことであった。そのときの話を、それから三三年後に出版した自伝の中で以下のように語っている。「アルバトロス号が長崎についた翌日、市場をぶらぶらしたことが、おそらく私の人生を変えることになった。食用のために鯨肉が山と積まれていたのだ。日本沿岸で捕鯨が行われているとは、おそらくどの博物学者も知らなかったであろう。太平洋の鯨類については、科学的には事実上何も知られていなかった」。

知られざる太平洋の鯨類調査を思い付いたアンドリュースは、直ちに東洋捕鯨下関支店を訪ね、調査協力の約束を取り付けた。まず土佐清水事業所に立ち寄って、すぐに紀伊大島事業所へ移動し、そこで一カ月間調査した後、いったん下関に引き返して、次に宮城県牡鹿半島の先端に近い鮎川浜事業所を訪ね、八月の漁期終了まで滞在した。日本における半年間の滞在で、彼はナガス、シロナガス、イワシ、マッコウ、シャチなどの骨格標本を入手し、見聞きしたことを書いて出版した。一九一一年五月発行の『ナショナル・ジオグラフィック』誌に書いたエッセイ Shore Whaling: A World Industry（沿岸捕鯨：世界規模の産業）は合計三一頁に及び、鮎川で撮影されたものを中心に三四点もの写真が掲載されている。

図24-5　アンドリュースとマッコウクジラ，鮎川事業所

出典：*National Geographic Magazine,* Vol. 22, No. 5, 1911, p. 434.

日本滞在の間に、アンドリュースは、アメリカやメキシコでは乱獲のために絶滅したと考えられていたコククジラが朝鮮半島で捕獲されていることを聞いた。そこで博物館の理事長をはじめとする後援者を説き伏せ、一九一一年一二月に再来日した。翌月には東洋捕鯨の蔚山事業所を訪ね、コククジラを「再発見」することに成功した。この調査によって得た情報をまとめてコロンビア大学から修士号を授与され、翌一九一四年に博物館の論文集に The California Gray Whale [*Rhachianectes Glaucus Cope*]. It's History, Habits, External Anatomy, Osteology and Relationship（カリフォルニア・コククジラ：その種の成立ち、習性、外部構造、骨格、そして類縁関係）と題して発表した。その後も様々な雑誌に鯨類に関する論文を発表したアンドリュースは、一九一六年に初めての単行本 *Whale Hunting with Gun and Camera*（銃とカメラで鯨狩り）を出版した。

6　大島の人々とクジラ

アンドリュースの調査日誌がアメリカ自然史博物館研究図書館に残っている。紀伊大島で書かれた合計三七頁に及ぶ日誌によると、彼は、シロナガスクジラの雄を一体、雌を一体、ナガスクジラの雄を一体、イワシクジラの雄を一体、雌を二体、そしてシャチの雌を一体、合計二科二属四種八個体の鯨類を詳しく調べた。最初のクジラ（シロナガスクジラ）に関する記載には一九一〇年四月四日の日付が、最後のクジラ（シロナガスクジラ）の記載には同年四月一五日の日付がある。

大西洋と太平洋の鯨類に違いはあるのか、あるいは両者は二つの海を行き来しているのかなどの疑問を抱いてアンドリュースは紀伊大島で調査に励み、少なくともシャチ一体、シロナガスクジラ一体、ニタリクジラ一体の全身骨格標本を確保した。それらは大島の大工が作った「地球を二周しても壊れない、飾り箪笥のように」美しい木箱に梱包されてニューヨークへ送り出された。アンドリュースは、紀伊大島と鮎川で合わせて四科七属一〇種七〇体のクジラを調査した。アンドリュースが取り組んだ一九一〇年の日本における調査と一九一二年の韓国蔚山における調査は鯨類研究の進展に寄与し、アメリカ自然史博物館は世界で最も優れた鯨類骨格標本のコレクションを手に入れることができた。

ニューヨークに届けられたクジラの骨格標本のいくつかを博物館のホール・オブ・オーシャンライフに展示したアンドリュースは、やがて鯨肉が食料として役立てられている日本の事情を広くアメリカ国民に知らせる機会を得た。第一次世界大戦が勃発し、アメリカがヨーロッパ戦線へ派兵すると国内に出回る肉類が不足する事態が生じた。一九一八年二月、アンドリュースは各界名士を博物館に招待し、一流レストランのシェフに頼んで調理してもらった「バンクーバー風鯨肉ステーキ」や「鯨肉ポトフ」を振る舞った。そして、アメリカやヨーロッパの人々が鯨肉の缶詰を食べることに慣れてしまえば、大都市に暮らす低所得者にとって素晴らしい食料になるであろうと提案したのである。

博物館での鯨肉ランチョンは盛会で、招待客の多くが鯨肉料理に満足したかに見えたが、ついにアメリカで鯨肉が食料として普及することはなかった。そしてアンドリュースもクジラの研究から遠ざかっていった。

著作に精を出したアンドリュースは、探検家として有名になってからも紀伊大島での若き日の経験を何度も思い起こす機会があった。大島に滞在する間、毎日のようにクジラが水揚げされたので彼は休む間もなく働いた。アメリカやカナダと違い、日本の捕鯨は食肉生産を目的としているため解体は迅速に行われるのが常であった。クジラが水揚げされるや否や、アンドリュースによると、大島の男女は「ハゲタカのようにクジラに襲いかかった」ので、クジラの計測や撮影のための時間を稼ごうとアンドリュースは一計を案じた。ときには「さかな」と「さくら」をわざと混同させて、「魚の花が咲いた」などと間違えてみせた。すると解体場が笑いの渦に包まれ、猛烈な勢いで働く人々の手がしばし止んだ。島民との間でそんなとぼけたやり取りを繰り返す間に、アンドリュースは仕事を済ませたという。アンドリュースは、大島の老若男女がクジラの血と脂にまみれて溌剌と働く様子に快哉を叫び、その場の熱気を以下のように描写して読者に伝えようとしている。

着物の裾をたくし上げた男女、そして青い着物や薄い股引を履いた子どもたちが、テラテラと輝くクジラの血の池のぬかるみの中を走り回り、ヌラヌラとベタつくクジラの脂肪の上で転びながら、鬼気迫る表情でまだ湯気が立っている大きな肉塊を切り裂く。「ヤラクラサー（Ya-ra-cu-ra-sa）」という、特に意味のない掛け声を発して、いくつもの途方もなく大きい骨を綱で引っ張り巻き上げる。まったく奇妙で、この世のものとも思えない。まるで悪魔たちが神を信じない人々を拷問にかけている地獄の光景のようだ。

アメリカ自然史博物館は、一八六九年の創立時から止まることなく第一級の博物館活動を展開し、比類無き世界最大の自然史コレクションを築き上げた。現在では年間五〇〇万人以上の来館者を世界中から受け入れているという。重厚巨大な建物の中で、世界中から集めた希少実物資料に最新の研究情報を与え、先端技術を駆使した装置を使って展示しており、見る者を飽きさせない。それだけに、アジア、アフリカ、南北アメリカ、そして太平洋地域の民族学的資料をジオラマ展示している「世界の文化ホール」は時代遅れの感がある。日本文化コーナーに、サムライの絵や田植えの風景画に並んで、素足に草履を履き、手ぬぐいを姉さん被りにした日本人女性の白黒写真が壁に掛かっている。タイトルは「日本の片田舎、一九一〇年」で、解説には「野良仕事に向かう途中に立ち止まった若い女性」とある。解説文に記述は無いが、当時一八歳でキヌという名の彼女のことをアンドリュースは詳しく自伝に書いている。彼女はアンドリュースのために食事を作ったり部屋を掃除したりして、忙しい彼の身の回りの世話を担当した。鮎川に彼女がいたかのようにアンドリュースは書いているが、アメリカ自然史博物館に残る記録によると、写真は彼が一九一〇年四月に紀伊大島で撮影したものである。

図24-6　アメリカ自然史博物館に展示されているキヌさんの写真
出典：2015年に筆者撮影。

　鮎川のクジラと違って、紀伊大島からアメリカ自然史博物館にもたらされたクジラが博物館展示場で一般公開されていたかどうかは実はわからない。同博物館が所蔵する鯨類骨格標本のうち数体と、ザルを右手に提げて田舎道に立たされて、硬い表情でカメラを見つめた日本人女性の故郷が紀伊大島だったことに気づいた来館者はまず無かろう。いずれにせよ日本産のすべてのクジラは随分前に展示から降ろされ、今はブルックリンにある資料収蔵庫で眠っている。一方のキヌさんは今も現役である。

参考文献

宇仁義和「ロイ・チャップマン・アンドリュースの鯨類調査と東洋捕鯨鮎川事業場」『東北学院大学論集歴史と文化』第五五号、二〇一七年。

宇仁義和・ブラウネル、ロバート・櫻井敬人「ロイ・チャップマン・アンドリュースの日本と朝鮮での鯨類調査と1901-1910年の日本周辺での行程」『日本セトロジー研究』第二四号、二〇一四年。

近藤勲『日本沿岸捕鯨の興亡』山洋社、二〇〇一年。

坂本天山「紀南遊嚢」『高遠町図書館資料叢書』第二九号、一九九六年。

櫻井敬人「鮎川、紀伊大島における探検家R・C・アンドリュースの鯨類調査」『セトケンニューズレター』第三〇号、二〇一二年。

大日本水産会事務所『大日本水産会報告』第二八六号、一九〇六年。

ドリン、エリック・ジェイ著、北條正司・松吉明子・櫻井敬人訳『クジラとアメリカ・アメリカ捕鯨全史』原書房、二〇一四年。

森弘子・宮崎克則『鯨捕りの社会史』花乱社、二〇一六年。

山瀬春政「鯨志」『日本科学古典全書』第一一巻、朝日新聞社、一九四四年。

Andrews, Roy Chapman, "Shore Whaling : A World Industry," *National Geographic Magazine*, Vol. 22, No. 5, 1911.
Andrews, Roy Chapman, *Whale Hunting with Gun and Camera*, New York : D. Appleton and Company, 1916.
Andrews, Roy Chapman, *Under a Lucky Star*, New York : Blue Ribbon Books, 1945.
Ridley, Scott and Sakurai, Hayato, *America's First Visit to Japan April 29–May 8, 1791*, Frostfish Press, 2016.

第25章　濱口梧陵と「世界津波の日」

福田光男

1　「世界津波の日」の制定

二〇一五年一二月二二日、第七〇回国連総会本会議で「世界津波の日」を定める決議が採択された。この決議は、第三回国連防災世界会議及び持続可能な開発のための二〇三〇アジェンダのフォローアップとして、我が国をはじめ一四二カ国が共に提案したもので、一一月五日を「世界津波の日」として制定したものである。近年、世界中で、チリ地震やスマトラ島沖地震、東日本大震災などの大地震や巨大津波が発生し未曾有の被害が起きている。「世界津波の日」の制定により、世界中の人々が津波への脅威と関心を高め、その対策がより一層進むことが期待されている。

ところで、「世界津波の日」に制定された一一月五日は、日本における「津波防災の日」でもある。二〇一一年三月に起きた東日本大震災で甚大な津波被害が発生したことから、日本政府が、同年六月、津波被害から国民の生命・身体・財産を保護することを目的に「津波対策の推進に関する法律」を制定し、一一月五日を「津波防災の日」と決定した。本章では、「津波防災の日」と「世界津波の日」が、なぜ、一一月五日に定められたのかについて、考えてみたい。

2　ラフカディオ・ハーンと「稲むらの火」

一一月五日は、一八五四（嘉永七／安政元）年に起きた安政南海地震で紀伊国広村（現 和歌山県有田郡広川町）を津波が襲った際、稲むら（積み重ねられた稲の束）に火をつけて、暗闇の中で人々を高台に誘導したという逸話「稲むらの火」にちなんでいる。

安政元年（一八五四）十一月五日のことである。村人たちが秋の収穫を祝う祭りの準備をしている時に大きな地震が村を襲う。高台に住む庄屋の五兵衛老人は地震の後、海の水が退いていくのを見て、昔から言い伝えられている大津波が来る危険を感じる。そこで、祭りの準備に夢中な村人に知らせて避難させるため、五兵衛は自分の田のすべての稲むらに松明で火をつけたのである。村人たちは「庄屋さんの家が家事だ」と、先を争って高台へ駆けつけた。火を消そうとする村人を五兵衛は止める。その直後に大津波が押し寄せるが、五兵衛の犠牲的精神と機転で津波から救われ、ようやく火事の意味がわかり、五兵衛に感謝するのである。

この話は、一八九七年、ロンドンとボストンで出版されたラフカディオ・ハーン著『仏陀の畑の落ち穂拾い』（Gleanings in Buddhas Field）の最初に「生ける神 A Living God」と題して載せられている。日本の文化に深く傾倒したハーンは作品の中で、日本では尊敬される人物は生きながらにして神として祀られることがあるとして、取り入れたばかりの稲むらに火を放って村人たちを高台に導き津波から救い、神として祀られた濱口五兵衛の活躍を描いた。

ハーンは、一八九六（明治二九）年六月一五日に三陸地方で起きた大地震と大津波について、同年六月二一日付『大阪毎日新聞』の記事から知り、これを基にして物語を書いたため、実際の話とは少し異なる。たとえば、実際に起きたのは三陸地震ではなく安政の南海地震であった。また、五兵衛のモデルとなった濱口梧陵は、老人ではなく三四歳の壮年であり、稲むらに火をつけたのも、暗闇の中、津波で逃げ遅れた人々の目印にするためであった。救助の詳しい状況などについては、ハーンの創作によるものと考えられている。

これが、「稲むらの火」として人々に知られるようになったのには、さらに次のような経緯があった。

濱口梧陵が創設した耐久社の流れをくむ耐久中学校を卒業した中井常蔵は、和歌山師範学校で *A Living God* を読み、深く感動した。一九三四（昭和九）年、南部中学校に在職時、文部省国定国語教科書の教材公募に応募した作品「燃ゆる稲むら」が入選し、一九三七（昭和一二）年から一〇年間、小学校国語読本（五年生用）に掲載されたことで多くの人々に知られるようになったのである。

3　濱口梧陵について

濱口梧陵は、一八二〇（文政三）年、紀州広村でヤマサ醬油の創業家系の分家の長男として生まれた。一二歳で本家の養子となり、家業を継ぎ、仕事で千葉と和歌山を行き来するかたわら、江戸で佐久間象山や勝海舟、福沢諭吉らと交流をもち、海外へも眼を向けていた。また、教育の重要性にも気づき、彼の思いに共感する人たちとともに広村で文武両道の稽古場（私塾）である「耐久社」をつくった。安政南海地震の際には、これまでの知識と経験から冷静に対応し、津波で逃げ遅れた村人たちの目印とするため稲むらに火をつけ、多くの人々を救った。

図25－1　濱口梧陵
出典：広川町教育委員会提供。

また、津波の被害に遭った村人らには、家を造り、食べ物や農具も与えた。さらに、梧陵は、二度と村が津波の被害に遭わないように堤防造りを考えつき、私財を投じて、村人らを雇い、長さ約六〇〇メートル、高さ約五メートル、幅約二〇メートルの防潮堤を造った。堤防の海側にはクロマツを、村側にはハゼの木を植え、津波への防波堤とするとともに村人の蝋燭作りにも役立てたのである。三年一〇カ月の歳月を費やし完成した堤防は、

図 25－2　広村の堤防
出典：筆者撮影。

一九四六年、昭和の南海地震の際にも広村を津波から守った。その後、梧陵は、明治政府の駅逓頭（のちの郵政大臣）や和歌山県議会の初代議長を務めた後、一八八四（明治一七）年、長年の希望であった欧米視察旅行に出かけ、翌年、ニューヨークで客死した。

4　海外への普及

「稲むらの火」の話は、海外でも多くの人々に感銘を与えた。濱口梧陵の子、濱口擔《たん》（明治五年生まれ）は、東京専門学校（早稲田大学の前身）を卒業した後、一八九六（明治二九）年に渡英してケンブリッジ大学に学んだ。一九〇三（明治三六）年五月一三日、ロンドンの The Japan Society に招かれて「日本歴史上の顕著なる婦人」と題して英語で講演を行った。講演が喝采裡に終わり、質疑応答も一巡して、座長アーサー・デイオシーが閉会宣言しようとした時、聴衆の中にいたひとりの婦人が立ち上がって講演者である濱口に向って言った。

「ここにおいでの皆様はハーン氏が『仏陀の畑の落ち穂拾い』の冒頭に掲げた「生神様」の美談のことを御記憶でございましょう。それはいまから一〇〇年ほど前に、紀州沿岸に大津波が襲来した時、身を以て村民を救った濱口五兵衛の物語でございました」と手短にかいつまんで話し、彼女が深く五

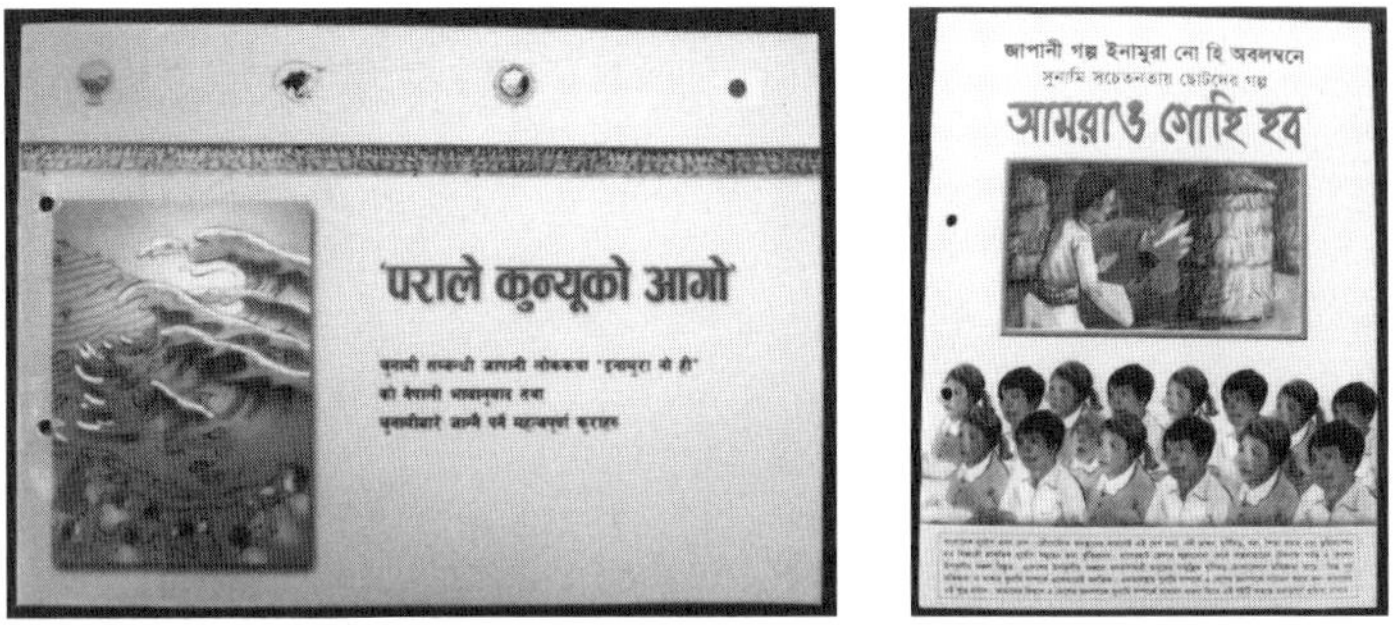

図25－3　ネパール（左）とバングラディシュ（右）版「稲むらの火」

兵衛に傾倒しているむねを述べた。そして、壇上の濱口に向って、「今夜の講演者の濱口様は私の崇拝してやまぬ濱口五兵衛となにか御親戚でいらっしゃいますか」と質問した。濱口に代って座長が、「今夜の講師濱口擔氏こそ正しくハーンの物語の主人公濱口五兵衛の御子息なのであります」と告げると、満堂はたちまち拍手と歓呼にどよめいたという。ハーンが著した *A Living God* は海外でも広く知られていたのである。

一九九三年頃、アメリカ合衆国コロラド州の小学校では「稲むらの火」を英訳した"The Burning of The rice Field"が副読本として使われていた。また、二〇〇四年のスマトラ島沖地震では津波による大きな被害が発生したことを受けて、二〇〇五年に神戸市で開催された世界防災会議でも「稲むらの火」が紹介され、各国の防災担当者からも注目された。アジア防災センターでは、アジア地域における「稲むらの火」普及プロジェクトとして、英語・ベンガル語・ヒンディー語・タミル語・ネパール語・シンハラ語・タガログ語に訳したテキストを配布している。このように、「稲むらの火」の話は海外でも広く知られており、多くの人々に感銘をもって受け入れられた。

5　防災教育に取り組む広川町と和歌山県

現在、広川町では、「稲むらの火」と「濱口梧陵」を中心に、「稲むらの火と笑顔のあるいきいきとしたまち広川」をキャッチフレーズに防災に強い町づくりを進めている。近い将来起きると言われている東海・東南海・南海地震に備え、「梧陵翁の意を継ぎ故郷を守る」として、防災体制の確立、防災訓練の実施、防災諸施設の整備、津波・高潮対策の実施、海岸保全及び改修等を展開している。具体的には、ハザードマップの作成、無電柱化、避難道への蓄電池内蔵型避難誘導灯の導入、戸別受信機の全戸配布、町内消防団消防倉庫の高台移設等である。また、「稲むらの火祭り」や「津波祭り」を開催し町民の防災意識の高揚を図っている。

このような動きは、和歌山県内の各地で見られる。特に、海に面した地域では避難タワーを造ったり、防災無線を設置したり、公共機関の建物を高台に移転するなどの取り組みを進めている。こうした中で、改めて注目されているのが和歌山市にある「水軒堤防」である。初代紀州藩主徳川頼宣の寛永年間（一六二四〜四四年）に、朝比奈段右衛門（号は水軒）によって築造された堤防は、全長約二・八メートル、高さ約四メートルで、江戸時代の石積み堤防では日本最大級の長さであった。堤防のうち中堤防と南堤防からは、石積みが発見されている。もともと古代の紀ノ川砂州であったところに堤防が造られたもので、中・南の堤防は築造当時より幅が狭かったため、長年の海からの風で堤防がどんどん崩れ、石積み堤防で補充しなければならなかったのである。

水軒堤防は、安政および昭和の南海地震の津波や第二室戸台風などでも大きく崩れることもなく、和歌山市を守ってきた。二〇一七年には小学校副読本『水軒堤防ものがたり』が作成されるなど、和歌山市における防災教育のシンボルとなっている。

図25－4　稲むらの火の館

出典：筆者撮影。

図25－5　水軒堤防

出典：筆者撮影。

参考文献

「水軒堤防ものがたり」編集委員会『水軒堤防ものがたり』花王株式会社、二〇一七年。

杉村広太郎編『濱口梧陵傳』広川町教育委員会、二〇一六年。

戸田四郎『津波とたたかった人――浜口梧陵伝』新日本出版、一九〇〇年。

広川町誌編纂委員会編『広川町誌』広川町、一九七四年。

府川源一郎『「稲むらの火」の文化史』久山社、一九九九年。

第26章　三度の危機を乗り越えた第五福竜丸

左近晴久

1　古座で誕生した第五福竜丸

古座川の河口に、「第五福竜丸建造の地」と書かれた碑がある。碑は古座川を見下ろすように建てられており、ここから古座の町並みを一望することができる。このあたりはまだまだ古い家々が多く、甍がつらなる風景は、人々の心を和ませてくれる。

古座川沿いの地域は古くから、林業が盛んであった。伐採された木材は、川を流して河口で集められた。河口の古座には多くの木材加工業者や取引業者が集まり、往時は殷賑《いんしん》を極めた。その名残を今も感じることができる。

この古座の地に存在した古座造船所（旧古座町の古座川中州、現 串本町古座）で、ビキニ環礁の水爆実験で被爆した第五福竜丸（建造当初は第七事代《ことしろ》丸とよばれた）は誕生した。一九四七年三月二〇日の

図 26 - 1　古座川河口に建つ「建造の地」の碑
出典：筆者撮影。

ことである。もっとも、串本町在住で第五福竜丸に詳しい仲江孝丸氏によれば、この日に進水式が行われたが、登録上は四月建造となっているそうである。

船を発注したのは、太地町出身の漁業家で神奈川県加茂郡三崎町（現 三浦市三崎町）の寺本正市氏であった。氏は一九四六年に「事代漁業株式会社」を設立、翌年、春のカツオ漁までの完成をめざして、郷里の親戚を通して古座造船所に発注した。「平和の集い実行委員会」が二〇〇四年一二月に発行した『第七事代丸＝第五福竜丸資料集』によると、当時、鋼船の建造にはすべてＧＨＱの許可が必要で、木造船は一〇〇トン未満に限って許可なく建造ができた。そのため公称九九トンの木造船として登録されたが、実際は四〇トンほどオーバーしていたらしい。資材の大半は三重県南部のものが使われ、「東紀州ほっとネットくまどこ」のウェブサイトにある「熊野市百科大事典　第五福龍丸」によると、鵜殿村（現 紀宝町）の東正寺の松を竜骨に使ったそうである。

古座造船所は、古座川河口の中州にあった。現在も古座川河口の古座大橋に中州が存在するが、当時の中州は現在地から左岸（中湊）寄りにあり、規模もはるかに大きく、サーカスや大相撲の興行、運動会なども開催され、多くの人で賑わったという。当時の地図を見ると、古座漁協網干場、矢敷石材店、岡田古物商、山七石油倉庫、カフェー、中田精米所、伊藤木材、三鬼鉄工所、泉辰木炭、杉本造船所、古座（植村）造船所などが確認できる。しかし、南海地震による津波や古座川の氾濫、左岸の埋め立て工事による水路の変化などから、中州は衰退していく。古座造船所も、遠洋漁業の解禁による船の大型化などで鉄船の時代となって木造大型船の需要が急激に減少したため、第七事代丸建造の二年後の一九四九年三月に閉鎖された。

第七事代丸は建造後の四年間、カツオの一本釣りで日本一の座を占めるほど活躍している。操業海域は、フィリピン・台湾からカムチャツカ半島に及んだ。船大工たちが丹精をこめて建造した第七事代丸は、期待どおりの活躍をしたのである。

図26－2　進水間近の第七事代丸
出典：平和の集い実行委員会編「第七事代丸＝第五福竜丸資料集（html 版）」2004年。

一九五一年のサンフランシスコ講和条約締結を受け、終戦直後にＧＨＱが出した漁業水域の制限（マッカーサー・ライン）が翌五二年に廃止された。これを見越して船主の寺本正市氏は、第七事代丸を五一年に静岡県清水市（現 静岡市清水区）の金指造船所でマグロ延縄つり漁船に改造した。カツオ一本釣りを行うための船首の釣台が取り外され、五槽あった魚倉はマグロ用に四槽に改造、延縄を巻き上げるラインホーラーも取り付けられた。一九五三年五月には静岡県焼津市の西川角市氏に売却され、船名も第五福竜丸と改称された。

図26-3　改造されて出漁する第五福竜丸
出典：平和の集い実行委員会編「第七事代丸＝第五福竜丸資料集（html版）」2004年。

第五福竜丸は一九五三年六月に第一次航海を行い、約四五トンの漁獲をあげた。翌五四年一月、五度目の漁のため焼津港を出港、そして三月一日早朝（午前三時四二分）に運命の時を迎えるのである。第五福竜丸にとっての、第一の危機であった。

2　ビキニ環礁での被爆

ビキニ環礁での第五福竜丸の被爆について、第五福竜丸展示館に展示されている「第五福竜丸当直日誌」には、以下の記述がある。

ピキニン島に於て原爆実験行わる夜明前なるも非常に明るくなり煙柱あがり二時間後にはE八〇浬の地点の本船には爆発灰多数の落下を見る五時間に至る。身の危険を感じ只ちに揚縄を開始しこの海域から脱出をはかる。終了後燃料の調査する厳重な警戒をもって帰路につく。

また、（財）第五福竜丸平和協議会が二〇〇〇年一月に発行した『第五福竜丸ものがたり』には、

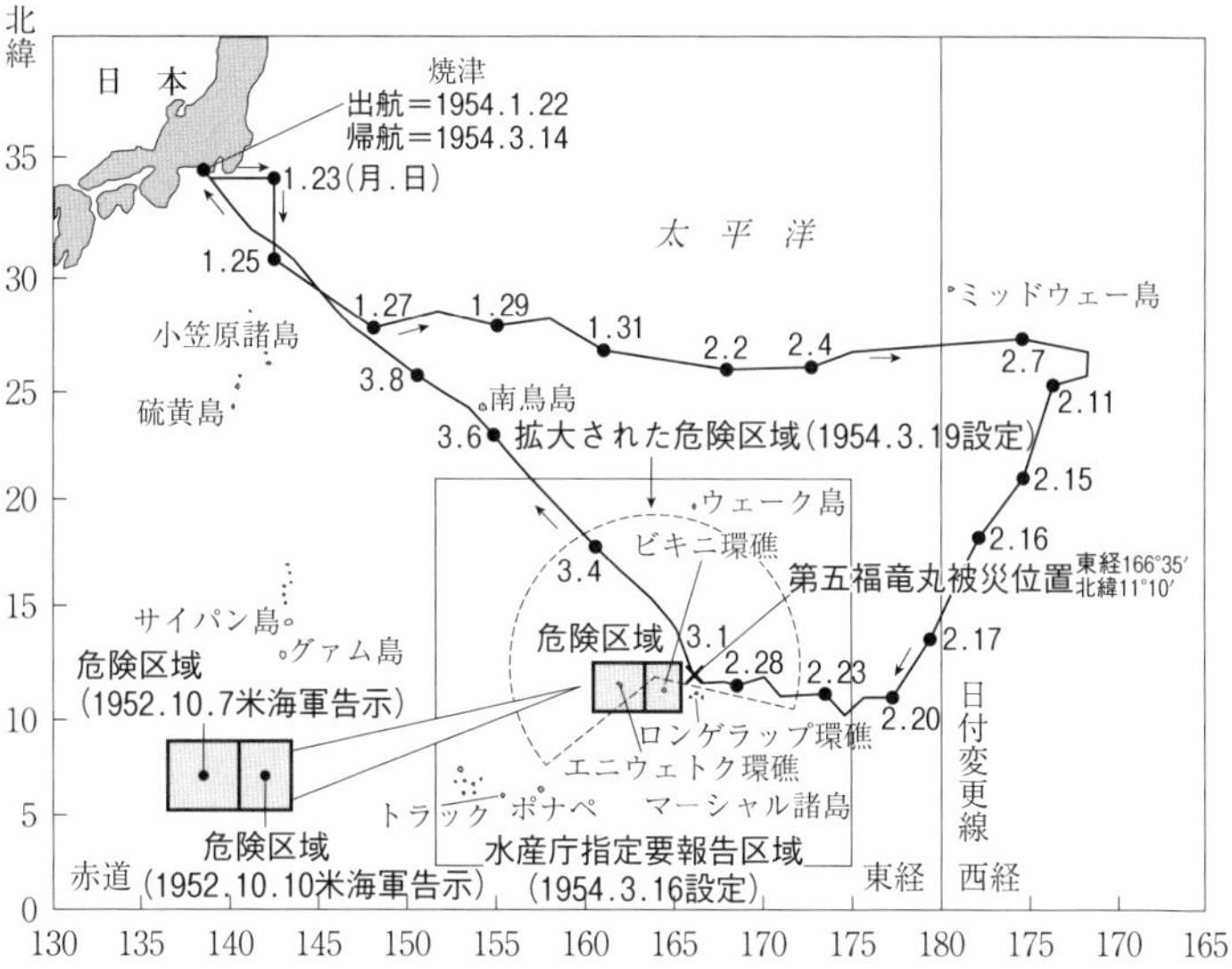

図26－4　第五福竜丸の航海と被災地点

出典：(財) 第五福竜丸平和協議会編『第五福竜丸ものがたり』第五福竜丸展示館，2000年。
航跡は航海日誌による。

この間、白い灰は乗組員の顔、手、足、髪の毛に付着し、腹のまわりにもたまった。鼻や口からも体内に吸い込んでしまった。白い灰が付着したところは放射線により火傷の状態になった。乗組員は口々に頭痛、吐きけ、目の痛みを訴え、顔はどす黒くなり、歯茎から血がにじみ出た。髪の毛を引っ張ると根元から抜けてしまうなど、全員が急性放射線症状になってしまった。

とある。

この水爆実験の計画段階では爆発威力を四～八メガトンとしていたが、実際には一五メガトンに及んだ。そのため、設定していた危険水域外にも被害が及び、爆心地より二四〇キロメートル離れたロンゲラップ環礁などにも死の灰の降灰があり、二万人以上が被曝した。

第五福竜丸は三月一四日に焼津港へ帰還した。しかしこの時はまだ、被爆の惨状は知らされていなかった。翌一五日に読売新聞焼津通信部の安部光恭記者が噂を聞いて取材を行い、三月一六日の読売新聞朝刊一面にヒロシマ・ナガサキにつぐ衝撃の三度目の被爆の全容を報じた。新聞の見出しには、「邦人漁夫ビキニ原爆実験に遭遇」、「二三名が原子病」、「水爆か」とある。

第二次世界大戦後も冷戦構造の下で、核兵器の開発が進められてきた。世界初の核実験は、一九四五年七月にアメリカがニューメキシコ州アラモゴードにある実験場で行ったものである。これは八月の広島と長崎での実戦使用に先立つものであった。ところが一九四九年八月にソ連も原爆実験に成功し、アメリカの核優位が崩れることになる。さらに一九五三年八月には、ソ連が世界初の水爆実験にも成功する。このような状況の下で行われたのが、ビキニ環礁での水爆実験であった。

帰還した船員たちは治療を受けたが、無線長だった久保山愛吉氏が半年後の九月二三日に死亡した。その他の乗組員たちも、被爆による後遺症で苦しむことになる。

また、放射能で汚染されたマグロは流通が禁止され、一九五四年三月から一二月までに八五六隻の漁船から計四八五・七五トンが破棄された。和歌山県内では田辺、串本、勝浦で放射能検査が行われ、田辺、古座、太地、勝浦所属の船舶から汚染した魚が検出された。この慰謝料として、一九五五年四月の閣議決定により全国で五億八〇〇〇万円が支払われ、県内では一九七六万二二〇〇円が支払われた。

その後、第五福竜丸は文部省が買い上げ、一九五六年に三重県伊勢市の造船所で改装された。デッキから上は鉄製となり、デッキそのものも張り替えられ「はやぶさ丸」と改称、千葉県館山港を母港として東京水産大学（現 東京海洋大学）の練習船となった。一九六七年に廃船となって解体業者に払い下げられ、船体は夢の島に放置された。これは第五福竜丸にとっての、第二の危機であった。エンジンは解体業者から三重県尾鷲市の奥地寿太郎氏に売却され、貨物船第三千代川丸として使用されることになった。

一九六八年三月、朝日新聞への投書がきっかけとなり、夢の島に放置された「はやぶさ丸」保存の動きが高まる。一九七四年には船体が東京都に寄附され、一九七六年に「都立第五福竜丸展示館」が完成、保存公開され現在に至っている。

一方、一九六八年七月に第三千代川丸は、横浜から神戸に向けて潤滑油のドラム缶を積んで航行中に熊野灘の御浜町沖で霧のため座礁し、七里御浜に乗り上げ沈没した。これが、同船にとっての第三の危機であった。

3　核兵器廃絶運動と第五福竜丸

第五福竜丸の被爆事件をきっかけに、核兵器や核実験への反対運動がはじまった。第五福竜丸被爆の報道二日後に、神奈川県三崎町（現　三浦市）議会は原爆実験禁止の決議を行った。四月と五月には国会の衆参両院で核兵器使用禁止の決議を行い、全国の自治体でも同様の動きがおこった。さらに東京杉並区の女性たちが原水爆禁止の署名活動を行い、すぐに三〇〇〇万人の署名が集まった。

やがてこれは世界的に広まり、一九五五年八月六～八日に広島で第一回の原水爆禁止世界大会の開催となり、翌年は長崎で開催された。後に運営方針をめぐっての対立から大会は分裂して開催されるようになったが、核兵器廃絶を願う理念は継承され、現在も会は続いている。また一九五五年七月には、イギリスの哲学者であるバートランド＝ラッセルとアメリカの物理学者であるアインシュタインが中心となり、核兵器廃絶と科学技術の平和利用を訴えた、ラッセル・アインシュタイン宣言が発表された。宣言文の中には、ビキニ環礁での核実験について述べられた、以下の一節がある。

But we now know, especially since the Bikini test, that nuclear bombs can gradually spread destruction over a very much wider area than had been supposed.（しかしながら今私たちは、特にビキニでの核実験によって、核爆弾がこれまで考えられていたよりも、はるかに広範囲にわたって、徐々に破壊力が増大しうることを知ることになった。）

さらに、この宣言に則り、世界中の科学者が集まっての第一回パグウォッシュ会議がカナダで開催され、この会議も現在まで、回を重ねている。古座で建造された小さな船が偶然に遭遇した事件が、核兵器廃絶の動きを全世界に広げることになったのである。

4　第五福竜丸からのメッセージ

第三千代川丸が沈没してから二八年後の一九九六年、沈没したエンジンを引き上げて船体とともに保存しようという活動が始まった。その中心になったのが和歌山県海南市在住の杉末廣氏であった。氏は九六年一二月に、五〇メートル沖合の深さ一〇メートルの海底に沈むエンジンを自費で引き上げ、三重県紀伊長島町（現 紀北町）の長島造船所で錆落としをしてから各地で展示を行い、その後、生協

図26－5　展示館で保存されている第五福竜丸のエンジン
出典：筆者撮影。

図26－6　展示館で保存されている第五福竜丸の船体
出典：筆者撮影。

や平和団体などとともに、船体と一緒にエンジンを夢の島で展示するよう求める市民運動を進めた。この運動が実を結び、一九九八年三月に東京夢の島公園にエンジンが運ばれて船体と再会、また二〇〇〇年からは一般公開が始まり現在に至っている。

第五福竜丸の被爆事件から五〇年以上が経過した。しかしこれは、過去の解決された事件ではない。ビキニ環礁での水爆実験時に周辺海域で被爆した元船員や遺族らによる国家賠償請求訴訟が、二〇一六年から始まった。原告は高知県内を中心に神奈川県や兵庫県からも集まり、四五人になった。これに対して、国側は棄却を求めて全面的に争う姿勢を示している。また船員保険の適用による事実上の労災認定の申請も行われた。これは第五福竜丸以外に周辺海域で操業していた漁船に乗り組み、後に癌を発症した高知県内の元船員や遺族計一〇人が起こしたものである。

水爆実験の現場近くに住んでいた多くの住民も、被爆による後遺症に苦しんだ。さらには放射能汚染により居住地からの強制移住を余儀なくされた人々もあり、まさに多くの人々が塗炭の苦しみを味わうことになったのである。そして今に至るも、住民の全面帰還は実現していない。

以上見てきたように、和歌山に縁が深く、三度も危機を迎えるという数奇な運命をたどり、ついに展示館に安住の地を得て保存されている第五福竜丸。この船が、私たちに伝えるメッセージをしっかりと受け継いでいきたい。

参考文献

（財）第五福竜丸平和協議会編、第五福竜丸展示館『第五福竜丸ものがたり』二〇〇〇年。

平和の集い実行委員会編「第七事代丸＝第五福竜丸資料集（html）」二〇〇四年。

あとがき

高校の歴史教育が大きく変わろうとしている。文部科学省は、二〇二二年から高校の必修科目として新たに「歴史総合」を導入することを決定した。「歴史総合」は、世界の中で日本の近現代史を考える科目で、日本と世界の動きを関連づけて理解させることで、国際社会で活躍できる日本人の育成を狙いとしている。

世界史は、一九九四年、学習指導要領で「国際化」の一環として必修科目になったが、これまでの高校の歴史教育は生徒の思考力を培うという趣旨は活かされず「知識詰め込み型」に至る傾向が強く、生徒から敬遠されてきた。高校現場においては、世界史の時間が日本史や地理に充てられることすらあり、二〇〇六年に「世界史未履修問題」が露見した。

これを、歴史教育の危機と受け止めた日本学術会議は史学委員会の下に、「高校歴史教育に関する分科会」を設置し、これからの高校歴史教育はどうあるべきかを巡って議論を行い、従来の世界史と日本史を融合した新しい科目を開設することを提唱した。また、大学と高校教員の新しい全国組織「高大連携歴史教育研究会」も新科目の在り方を検討してきた。このような動きを受けて、文部科学省は、指定研究開発学校における実践研究を計画し、さらに二〇一五年八月には中央教育審議会で新科目「歴史総合」の設置を公表した。その後、内容の具体的検討に入り、二〇一八年二月一四日、高校の学習指導要領改定案が公表された。しかし、これまで世界史と日本史を別物として捉えてきた教員や生徒にとって、両科目を結びつけて考えることは容易なことではない。ましてや生徒たちが、自分が生きている地域が世界史と結びついていることなど考えたことすらなかったのではないだろうか。

例えば、一八九〇年、紀伊大島沖で沈没したトルコ軍艦エルトゥールル号については、二〇一五年一二月、映画「海難一八九〇」として一般公開された。トルコ人を救助した大島の人々の人道的行為と、九五年後の一九八五年、イラン・イラク戦争の最中、テヘラン空港に取り残された日本人を救出したトルコ航空をはじめトルコの人々の勇気と誠意に多くの人々は感動したことだろう。しかし、この出来事を単に友好や人道的美談で終わっては真に歴史を理解したとは言えない。「なぜ、エルトゥールル号が日本に派遣されたのか」という問いのもと、世界史の中で捉えることで、遭難事件の背景としてヨーロッパ列強の中東進出や「瀕死の病人」と喩えられた一九世紀後半のオスマン帝国の姿が見えてくるのである。

また、遭難から一二七年が過ぎた現在に至るまで、地域の人々が墓域を清掃し、花を手向けてきたことも忘れてはならない。エルトゥールル号の遭難事件を通して、地域と世界史が結びつき、さらに現在に繋がっていることに気付くのである。ここに歴史教育の醍醐味を見いだすことができる。

二〇〇七年、石見銀山の世界文化遺産登録をきっかけに、高校教員や研究者らが日本列島各地に世界史と繋がる史実があるものと考え、同年八月、「地域から考える世界史」プロジェクトを発足させた。これ以降、全国の高校や大学で地域と世界史を関連付けた研究や授業実践が行われてきた。和歌山県でも、二〇一六年五月、和歌山大学教育学部教授海津一朗氏の呼びかけで、「紀伊半島から考える世界史研究会」が発足し、大学、高校、中学校教員、学芸員など一五名が研究テーマを持ち寄り執筆に取り組んできた。本書が地域から世界史を考えるためのケーススタディとなればと願っている。

本書は歴史教育に携わる教員だけでなく、和歌山県や紀伊半島の歴史・文化に関心を持つ多くの方々にも読んでいただきたい。折しも、二〇一七年一〇月、世界的旅行ガイドブック「ロンリープラネット」が最も旬な旅行先を紹介する「Best in Travel 2018」において、紀伊半島が訪れるべき世界の一〇地域のベスト5に選ばれた。紀伊半島の雄大な自然や世界遺産、歴史・文化などが、今、まさに世界から注目されているのである。本書が、和歌山県や紀伊半島を知るための一助となれば幸いである。

本書は、東京大学名誉教授村井章介先生に監修いただき、『世界史とつながる日本史——紀伊半島からの視座』と題して出版されることとなった。村井先生は、『世界史のなかの戦国日本』、『琉球からみた世界史』などローカルとグローバルの視点から多くの著書を出版されるなど、まさに「地域から考える世界史」の先駆者である。村井先生監修の下で本書を出版できることは望外の喜びである。

本書をまとめるにあたり、これまで多くの方々にお世話になった。とりわけ、大阪大学大学院文学研究科世界史講座教授桃木至朗氏、東洋大学文学部教授岩下哲典氏、「地域から考える世界史」プロジェクト代表山口県立宇部西高等学校教諭藤村泰夫氏からは、温かい励ましと共に適切なご助言を頂いたことに改めて御礼を申し上げたい。最後に、本書の出版に際し、懇切丁寧にご指導並びにご配意下さった株式会社ミネルヴァ書房編集部岡崎麻優子氏に深く感謝申し上げたい。

二〇一八年二月

稲生　淳

人名索引

さ 行

た 行

な 行

は　行

ま　行

や・ら・わ　行

事項索引

あ　行

か 行

さ　行

た　行

な　行

は 行

ま・や　行

ら・わ　行

関係年表

西暦	紀州	日本	世界
前334			アレクサンドロスの東征（～前324）
前221			秦，中国を統一（～前206）
前200	徐福，蓬萊の国へ赴く（伝）		
前97			司馬遷『史記』完成
431			エフェソス公会議，ネストリウス派を異端とする
500ころ	大谷古墳にアッシリアのパルメット文様馬具	古墳文化	
618			唐建国（～907）
635			景教（ネストリウス派），中国に伝播
663			白村江の戦（倭国が朝鮮で大敗）
703	紀州「楊枝鉱山」が自然銀を献上（伝）		
743	熊野銅山より東大寺大仏鋳造のため銅が供出される（伝）		
752		東大寺大仏開眼	
753		鑑真来日	
770	唐僧為光が来朝，紀三井寺建立（伝）		
781			長安大秦寺に大秦景教流行中国碑建立
806	空海帰国。鴻漸が徐福を引合いに詩を詠む		
894		遣唐使廃止	

907			唐滅亡
960			宋建国（～1127）
1127			南宋建国（～1279）
1142	日前宮と根来寺が境界争い，為光入道が勧進聖として訴状に引用される	この頃，荘園公領制が成立する	
1167	重源，最初の渡宋（以後7回と伝）	平清盛，太政大臣となる	
1176	重源，高野山延寿院に梵鐘寄進（新別所に1187まで）		
1181		重源が東大寺大勧進職に（東大寺再建）	
1221		承久の乱，この頃，博多に唐船が頻繁に来航	
1249	無本覚心，杭州径山寺に入寺		
1254	覚心，帰国し高野山に入る。宋の典籍・味噌など伝える	鎌倉幕府，人身売買禁令を出す	モンゴル帝国，高麗に軍事侵攻（第6次）
1271		日蓮，佐渡流刑	モンゴル帝国が国名を元と改称
1279			南宋滅亡
1281	亀山上皇，天皇として最後の熊野参詣 高野山僧，志賀島で異国降伏祈禱（元寇）	元寇（弘安の役）	蒙古軍，日本征討で大敗（元寇）
1285	蒙古呪詛のため高野山の石造町石道が完成。	安達泰盛の乱（霜月騒動）	
1288	大伝法院，高野山より下山（根来寺成立）		
1333	後醍醐天皇，空海秘宝「御手印縁起」の主張を認め高野の国をうちたてる（紀州惣国の起源）	鎌倉武家政権滅亡，建武の新政へ	
1337	紀州楊枝川の大谷鉱山の岩に延元二年銘	越前金崎（北陸朝）落城 南北朝時代	白蓮教徒の乱

1368			明建国（～1644）
1467	応仁の紀ノ川合戦。高野山・粉河寺用水戦争	応仁の乱。京都焼亡	
1517			ポルトガル人，広州に来航
1553			嘉靖大倭寇アジア海域制圧（～57）
1540			ポルトガル，倭寇本拠双嶼(リャンポー)到達
1543	紀州海賊衆，王直より鉄砲を入手，根来衆津田家これを製造する(～44)	ポルトガル人来航，鉄砲伝来	王直の倭寇船，ポルトガル製鉄砲を日本種子島にもたらす
1570	雑賀衆，鉄砲3000挺で信長軍を圧倒		
1581			イェルマーク，シベリア征服
1585	秀吉軍，国境近木川で紀州勢を撃破 秀吉，太田城を水攻め。紀州惣国滅亡	刀狩令（88全国令）	
1590		秀吉の全国統一	
1592		秀吉，朝鮮侵略（文禄の役）	壬辰倭乱
1597		秀吉，朝鮮に再侵略(慶長の役)	丁酉倭乱
1598	沙也可，秀吉軍を裏切り朝鮮に投降（降倭），鉄砲の技術を伝える		この頃，東アジアに兵器革命起きる
1600		関ケ原の戦い	イギリス東インド会社設立
1603		江戸幕府	
1607		第一回朝鮮通信使(回答兼刷還使）来日	
1616			後金(清)建国(～1912)
1619	徳川頼宣，初代紀州藩主となる。李真栄，対馬に派遣される		

1622	和歌祭始まる		
1639		ポルトガル船の来航禁止 オランダ商館を出島へ移す	
1642	沙也可（金忠善）死去。大邱に書院できる		
1646	「東照宮縁起絵巻」に朝鮮通信使が描かれる		
1655	李梅渓，第6回朝鮮通信使と面会		
1660	徳川頼宣，父母状を領内に配布		
1696		伝兵衛，カムチャツカに漂着	
1705	吉宗，5代紀州藩主に就任		
1716	吉宗，8代将軍に就任		
1758			乾隆帝，貿易を広州一港に制限
1776			アメリカ独立宣言
1782		大黒屋光太夫，アリューシャン列島に漂着	
1786	新宮に徐福の墓ができる		
1789			ワシントン，初代大統領に就任
1791	レディ・ワシントン号とグレイス号，紀伊大島に寄港	大黒屋光太夫，エカチェリーナ2世に謁見	
1792		ラクスマン，根室来航	
1804		レザノフ，長崎来航	
1808		間宮林蔵，樺太探検 フェートン号事件	
1811		ゴローニン事件	
1819			米国捕鯨船がハワイ諸

			島に到達
1825		異国船打払令	
1837		モリソン号事件	
1840			アヘン戦争（～42）
1842		天保の薪水給与令	
1847			ムラヴィヨフ，東シベリア総督となる
1853		ペリー来航	クリミア戦争勃発(～56)
1854	プチャーチンのディアナ号，紀州沖に現れる。安政南海地震	日米和親条約・日露和親条約	
1855	友ヶ島に台場建設，濱口梧陵，広村堤防に着工（～58）	幕府，蝦夷地直轄	
1858		日米修好通商条約締結	
1864		四か国艦隊下関砲撃	ノルウェーで捕鯨砲が発明される
1865		駐日英国公使にパークス就任	
1866		江戸条約（横浜開港に備え10か所に灯台設置が決まる）	
1867		大坂条約（神戸開港に備え5か所に灯台設置が決まる）	
1868	ブラントン，大島を視察	明治維新。ブラントン来日	
1869			スエズ運河開通，アメリカ自然史博物館創設
1870	樫野埼灯台点灯・潮岬灯台仮点灯		
1871	陸奥宗光，和歌山藩欧州執事として渡欧	岩倉使節団が欧米視察に出発	
1972	友ヶ島灯台点灯		
1876	最初の日本人真珠貝ダイバー		アブデュル・ハミト2世即位

1878	太地鯨組遭難事故		
1883		鹿鳴館で舞踏会	
1884		駐日英国公使にプランケット就任	
1886	ノルマントン号，熊野灘で沈没		
1889	ビゴーが『トバエ』を創刊	大日本帝国憲法制定	
1890	エルトゥールル号，大島沖で沈没		
1894		日英通商航海条約調印，日清戦争(～95)	ドレフュス事件
1895		下関条約	
1896		ラフカディオ・ハーン *A Living God* 発表	
1897	木曜島在住日本人約900人		
1901			*A Living God* がロンドンとボストンで出版 オーストラリア連邦発足。オーストラリア移住制限法制定
1902		日英同盟	
1904		日露戦争（～05）	
1911	ゴードン，高野山奥之院に大秦景教流行中国碑を建立		
1914			第一次世界大戦(～18)
1915	ターミナルアイランドに太地村人会結成。和歌山県がケシ栽培で全国第12位		
1919	木曜島在住日本人約600人		
1924			移民法成立
1925	ゴードン死去74歳。真言密教の伝法灌頂をうける		

	初めての西洋人		
1929		世界恐慌	
1930	北林トモ，渡米しアメリカ共産党に入党		
1931		満洲事変	
1934	「石原産業」が紀伊半島での鉱脈調査に着手		
1935	石原三和鉱山開設（紀州鉱山の始まり）	モルヒネ生産額世界第４位／ヘロイン第１位	
1938	和歌山県がケシ栽培で全国第１位		
1939			第二次世界大戦勃発（〜45）
1941	北林トモ，粉河の自宅で検挙（ゾルゲ事件発覚）	日米開戦	スパイゾルゲ，日本の南進政策を諜報してソ連に打電（ゾルゲ事件）。日系人強制収容始める（豪）
1942			日系人強制収容始める（米）
1944	英国人捕虜300人，紀州鉱山に送られる		
1945	英国人捕虜284人が帰国する	広島・長崎に原爆投下，日本降伏	
1949			中華人民共和国建国，ソ連が原爆実験に成功
1950		文化財保護法制定	ソ連が水爆実験に成功
1951		サンフランシスコ平和条約	
1954	第五福竜丸，ビキニ環礁で被爆		
1955			ラッセル・アインシュタイン宣言
1960	三重県熊野市波田須で秦代鋳造（推定）大型半両銭発見		
1978	紀三井寺に日中友好の碑	日中平和友好条約調	

	建立	印	
1989			ベルリンの壁撤去
1990			ドイツ統一
1992	イルカボーイズ初来日		
1995		阪神・淡路大震災	
1998	和歌山県とサンティアゴ・デ・コンポステーラ（スペイン）が姉妹都市		
1999	第2回世界半島会議が那智勝浦町で開催		
2004	「紀伊山地の霊場と参詣道」世界遺産（文化遺産）に登録		スマトラ島沖地震
2010	熊野市紀和町板屋に朝鮮人追悼碑が建立		
2011	紀伊半島大水害	東日本大震災，「津波防災の日」制定	
2015			「世界津波の日」制定
2014	田辺市とサンティアゴ・デ・コンポステーラ（スペイン）が姉妹都市		

《監修者紹介》

村井　章介（むらい・しょうすけ）

1949年　生まれ。
1974年　東京大学大学院人文科学研究科修士課程修了。
1993年　博士（文学）（東京大学）。
現　在　立正大学文学部史学科教授，東京大学名誉教授。
主　著　『日本中世境界史論』岩波書店，2013年。
　　　　『日本中世の異文化接触』東京大学出版会，2013年。
　　　　『東アジア往還——漢詩と外交』朝日新聞社，1995年。

MINERVA 歴史・文化ライブラリー㉝
世界史とつながる日本史
——紀伊半島からの視座——

2018年4月30日　初版第1刷発行　〈検印省略〉

定価はカバーに
表示しています

監修者　村井章介
編著者　海津一朗
　　　　稲生淳
発行者　杉田啓三
印刷者　坂本喜杏

発行所　株式会社　ミネルヴァ書房
607-8494　京都市山科区日ノ岡堤谷町1
電話代表　(075)581-5191
振替口座　01020-0-8076

冨山房インターナショナル・新生製本

ISBN 978-4-623-08240-7
Printed in Japan